U0502499

英雄主义

魅力型企业领导发展史

[美] 理查德·S.泰德罗◎著

（Richard S. Tedlow）

赵倩◎译

中国科学技术出版社

·北 京·

北京市版权局著作权合同登记　图字：01-2022-0163。

图书在版编目（CIP）数据

英雄主义：魅力型企业领导发展史/（美）理查德·S.泰德罗著；赵倩译.— 北京：中国科学技术出版社，2022.10

书名原文：The Emergence of Charismatic Business Leadership

ISBN 978-7-5046-9754-7

Ⅰ.①英… Ⅱ.①理… ②赵… Ⅲ.①企业领导学—研究—世界 Ⅳ.①F279.1

中国版本图书馆 CIP 数据核字（2022）第 152860 号

策划编辑	申永刚　刘颖洁	**责任编辑**	申永刚
版式设计	蚂蚁设计	**封面设计**	仙境设计
责任校对	焦　宁	**责任印制**	李晓霖

出　　版	中国科学技术出版社
发　　行	中国科学技术出版社有限公司发行部
地　　址	北京市海淀区中关村南大街 16 号
邮　　编	100081
发行电话	010-62173865
传　　真	010-62173081
网　　址	http://www.cspbooks.com.cn

开　　本	880mm×1230mm　1/32
字　　数	257 千字
印　　张	11.5
版　　次	2022 年 10 月第 1 版
印　　次	2022 年 10 月第 1 次印刷
印　　刷	北京盛通印刷股份有限公司
书　　号	ISBN 978-7-5046-9754-7/F·1048
定　　价	79.00 元

目录

第一部分

大变革

第二次世界大战以后，美国的大公司变成了千篇一律的"官僚机构"。通用汽车公司（General Motors）、标准石油公司（Standard Oil）、美国钢铁公司（United States Steel）等公司的名称就体现了这一特征。即便我说出1955年这些公司的首席执行官（CEO）的名字，你可能也不认识他们。事实上，在1955年，很少有人知道他们是谁。之所以我选择1955年，是因为当时《时代周刊》（*Time*）将通用汽车公司的首席执行官评选为"年度风云人物"。之所以他能够当选，是因为他所在的职位，而不是因为他本人。是工作造就了人，而不是人造就了工作。

1956年，威廉·H.怀特（William H. Whyte）出版了经典著作《组织人》（*The Organization Man*）。怀特认为，在美国大公司中取得的成功关键在于"适应"（fitting in）。例如，他提到一部关于一家大型化工公司研究实验室的纪实影片，片中的旁白自豪地说："这里没有天才，只有一群普通的美国人在一起工作。"

这与我们当今的世界形成了鲜明对照。如今的大公司往往有个性化的名字：亚马逊（Amazon）、苹果（Apple）、脸书①（Facebook）等。这些公司的领导者或最近上任的领导者的名字在全美国乃至全世界都广为人知：杰夫·贝佐斯（Jeff Bezos）、史蒂夫·乔布斯（Steve Jobs）、马克·扎克伯格（Mark Zuckerberg）。

---

① 现已更名为元宇宙（Meta）。——编者注

在这些公司里，如果人们刻意回避天才而赞美普通人，那么这种做法简直匪夷所思。

为了维持美国商业界的活力，这种大变革是至关重要的。为什么会这样？导致这一变革的原因是什么？一个重要的因素，就是魅力型领导力的兴起。

在20世纪五六十年代，也有魅力型首席执行官，就像在今天也有非魅力型首席执行官一样。但我们要描述的是一种总体趋势，即首席执行官不再是在公众注视下努力让公司的车轮不停转动的首席机械师，首席执行官已经变成了集魅力、智慧与运筹帷幄于一身的人，他们重新定义了行业，甚至在某些情况下改变了整个社会，并在这个过程中成为名人。

什么是魅力？这是一个含义多变的词语。我们通过观察有魅力和没有魅力的领导者，尝试概括这个词的含义。提到魅力，我们首先会想起史蒂夫·乔布斯，他总是被形容为魅力非凡，但我们从未给这个形容词下过定义。

第1章

史蒂夫·乔布斯的三个故事之结束与开始

2011年10月5日，乔布斯逝世，苹果公司收到了来自美国和世界各地铺天盖地的哀悼信。其中一些内容令人感动。其余一些信件的内容想必也是如此，只是难以确定这些信件的具体含义，因为它们由各种各样的语言写成，我们很难逐一翻译。更困难的是，我们（我在2010年至2018年就职于苹果公司）还收到了很多用没人认识的字母写成的信件。

除了位于加利福尼亚州库比蒂诺（Cupertino）的苹果公司总部，世界各地的苹果零售店也收到了这样的信件。它们被贴在零售店的橱窗上。此外，一些人还在苹果零售店门前留下鲜花束。很难想象，由于一位首席执行官去世，人们就在他生前所在公司的零售店门前留下了鲜花束，但这真的发生了。

我们也不知道到底收到了多少信件。苹果公司官网上"纪念乔布斯"的页面显示，"来自世界各地的一百多万人分享了他们有关乔布斯的记忆与感想"。在乔布斯临终前，许多人前往他位于加利福尼亚州帕洛奥图（Palo Alto）的家看望他。乔布斯的女儿曾写道："有几个父亲不认识的人也来看他……有的在院子里徘徊。有个身穿纱丽①的陌生人请求见他一面。还有一个人径直走进大门，

① 印度妇女的裹身长巾。——编者注

说是乘飞机从保加利亚专门来看他的。"

乔布斯逝世后，加利福尼亚州州长杰里·布朗（Jerry Brown）宣布每年的10月16日为"乔布斯日"（Jobs Day）。当时的美国总统贝拉克·奥巴马（Barack Obama）和第一夫人米歇尔·奥巴马（Michelle Obama）也发布了悼文。

乔布斯的离世早在人们的预料之中。2003年10月，他被诊断出患有胰腺癌。他将手术推迟到2004年7月31日。手术第二天，他向苹果公司的全体员工发送了一封电子邮件，宣告自己的手术非常成功并且自己将完全康复。与此期间，蒂姆·库克（Tim Cook）将管理公司，表示"我们不应该因此乱了阵脚"。

2005年6月12日，乔布斯在斯坦福大学的毕业典礼上发表演讲。一般的演讲者在这种场合很难说出什么值得一听的内容，但乔布斯做到了。他是这样开场的："我想向你们讲述我人生中的三个故事。"其中一个就是他罹患癌症并与死神擦肩而过的故事。他最重要的建议是"求知若饥，虚心若愚"。截至我开始写这本书的时候，这段演讲在油管（YouTube）网站上的播放量已接近3500万。

关于乔布斯，人们已经说了很多，写了很多。没有人怀疑他不会讲故事。而在斯坦福大学的那一天，他讲了一个好故事。他所说的未必全是真的，但有魅力的人往往能在现实和想象之间游刃有余。

2008年初，他的癌细胞扩散了。这是一个无法掩饰的事实。乔布斯的体重减轻，他大部分时间都被疼痛折磨着。2011年8月24日，他通知苹果公司董事会，自己已"无法承担首席执行官的职责，满足人们的期望"。此时除了等待，什么也做不了。2011年10

月5日，他的生命走向终点。

死于癌症的痛苦无法用语言形容。很多癌症病人一直拒不接受自己即将死亡的现实，直到最后一次呼吸结束。但这真的是结束吗？在2003年，乔布斯就忍受着癌症的折磨。他一次又一次地挺了过来。

就在2010年1月，他还发表了主题演讲，介绍了另一款变革性产品iPad（苹果平板电脑）。还会有这样的产品吗？苹果公司未来将会怎么样？1985年9月17日，苹果公司解雇了乔布斯。而在1997年9月16日（距离他离开苹果公司的12周年还差一天），在苹果公司还有一两个月就要破产的时候，他回来力挽狂澜。只有他能做到。没有他的世界将会怎样？

为什么乔布斯的逝世会成为全球事件？在发来哀悼信的数百万人中，只有极少数人见过他。虽然有许多在苹果公司诞生之初关于乔布斯的传说，但了解他或认识他的人认为他并不是一个很好相处的人。那为什么还有那么多人觉得自己与他非常亲近，将自己的感情投射到他身上？为什么他们觉得乔布斯是属于他们的……与他们心灵相通？

是因为乔布斯推出的产品打动了这么多人吗？是因为产品的设计高级，富有美感，在某种意义上体现了对买家的尊重，而其他竞争对手的产品没有做到这一点吗？是因为他的生命终结于事业巅峰期吗？是因为他在毫无优势的情况下取得了成功吗？

乔布斯出生于1955年2月24日。他的父亲阿卜杜勒法塔赫·钱德里（Abdulfattah Jandali）是一位来自叙利亚的移民，出身显赫；

母亲乔安妮·西贝尔（Joanne Schieble）在美国威斯康星州的一座农场中长大。二人相识于威斯康星大学（University of Wisconsin），当时钱德里担任西贝尔所修的政治学研究生课程的助教。那一年他们都是23岁，没有结婚。

钱德里想与西贝尔结婚，但女方的父母反对。当时西贝尔的父亲已到了弥留之际，她不想让父亲难过。西贝尔与钱德里在叙利亚霍姆斯（Homs）共同生活了一段时间。后来她离开叙利亚前往旧金山，住在一个接收未婚准妈妈的收容所里。乔布斯出生后，西贝尔没有与钱德里商量，立刻为孩子寻找领养家庭。

第一对想领养这个孩子的夫妻"受过良好的教育且非常富有"。这非常符合西贝尔的要求。但不幸的是，这对夫妻最后改变了主意，因为他们希望领养一个女孩。

第二对想领养孩子的夫妻是克拉拉·乔布斯（Clara Jobs）和保罗·乔布斯（Paul Jobs），而他们并不是西贝尔的理想人选。因为他们都是工人阶层，连高中都没有毕业，更不用说上大学了。

西贝尔拒绝在领养文件上签字，并去法院阻止领养。直到几周后，乔布斯夫妇在一份保证书上签字，承诺设立专款，送这个孩子上大学，西贝尔才松口。然而，乔布斯最终也没有获得大学学位。

所以，乔布斯的生母是一位未婚妈妈。乔布斯是"非婚生子"。这个词在今天看来没什么。在今天的美国以及其他国家，许多情侣都选择在未婚的情况下生育和抚养孩子。但乔布斯出生于1955年，那时候的社会环境并不像现在这样包容。在历史上，非婚生子女有时会被剥夺继承权，甚至一些公民权利。乔布斯夫妇生活在中下阶层。乔布斯遇到的大多数孩子都是合法的婚生子，而他在这一点上与众不同，这在当时给他造成了极大的影响。

1955年8月，西贝尔的父亲去世。他是西贝尔与钱德里不能结婚的主要阻力。所以那一年他们两人结婚，并生下了第二个孩子。这是一个女孩，他们为她取名莫娜（Mona），由夫妻两人亲自抚养。这个孩子长大后成为杰出的小说家莫娜·辛普森（Mona Simpson）。

乔布斯有一半的叙利亚血统。他长相英俊，但看起来与标准的中产阶级家庭的孩子有些不同。其实他和所有同龄孩子都不太一样。

从出生和成长的环境来看，乔布斯的人生从一开始就与其他人不同。

让我们快进到1983年。苹果公司创立于1976年4月1日。乔布斯23岁的时候已经非常富有了。两年后，他的身家达到2.5亿美元，并已闻名世界。对于一个大学辍学生来说，这相当不错。乔布斯表示，他并不为钱所动。事实并非完全如此，但这是他为自己树立的形象，也是构成他个人魅力的基石之一。他年轻、富有、英俊，不是靠攀爬公司晋升阶梯，以平庸的方式来赚钱，而是通过创造令人兴奋的全新产品来获取财富。

从一开始，苹果公司看上去就是一个赢家。从1977年到1980年，苹果公司销售额每年呈数量级增长，利润也同步增长。1980年，苹果公司首次公开募股（IPO），销售额超过1.17亿美元，利润1170万美元。这是一项惊人的成就，它让大约300人变成了百万富翁，超越了当时历史上任何一次首次公开募股。

但苹果公司的目标不只是赚钱。它是一项事业，是一场让普通人也能掌握技术的世界革新运动。乔布斯曾按照自己的节奏前进，也无意遵守规则，他只想改变规则。

正如他自己所说："当你长大后，总有人对你说，这个世界有它的规则，你在这个世界上生活，别总想着去打破规则……试着去组建一个美好的家庭，获得快乐，再存点钱。但这样的人生太狭隘了，人生可以更加宽广；只要你能领悟一个简单的道理——你身边一切所谓生活的东西，都是由一些并不比你聪明的人造出来的，你可以改变人生。当你意识到你可以触碰到人生中的一些未知领域之后，你的头脑中就会灵光闪现。你可以改变人生、塑造人生。最重要的是，摆脱那种'生活就那样，你只能适应'的错误观念。"

乔布斯的确是这么做的。他敢于"触碰人生的未知领域"。但他没有说的是，要过上他所描述的生活需要勇气，痛苦也常常与他所珍视的自由相伴而生。他做出的选择并不适合所有人，只适合少数魅力非凡的领导者。

尽管如此，当年像苹果公司那样快速发展的企业必须得到妥善的管理。很难想象年轻的乔布斯会成为总经理。他对管理工作没有兴趣，也不具备管理技巧。1981年到1983年，苹果公司由一位名叫迈克·马库拉（Mike Markkula）的硬件工程师管理，他比乔布斯大13岁，是第一位为苹果公司投资的人，并在公司成立之初找到了其他几位投资者。马库拉本人和他的妻子都不希望他继续担任苹果公司的管理者。苹果公司的员工是一群年轻人，他们在一位热衷于创造未来且具有远见卓识的人的激励下奋发工作，公司需要找一位能够管理他们的首席执行官。

第一个人选是唐·埃斯特里奇（Don Estridge），他曾开发了国际商用机器公司（IBM）个人电脑。这是一个有趣的想法。埃斯特里奇在佛罗里达州的博卡拉顿（Boca Raton）建立了一个"臭鼬工厂"①（skunk works），距离位于纽约州北部阿蒙克市（Armonk）的IBM总部很远。他和团队制造出了一台电脑，于1981年8月12日推出，到1982年底，该电脑的销量超过了苹果电脑。

乔布斯亲自邀请埃斯特里奇担任苹果公司的首席执行官。埃斯特里奇摆脱了IBM压抑的企业制度，成功制造出了IBM个人电脑。他的团队对他就像乔布斯的苹果团队对乔布斯一样忠诚。两人都属于任务驱动型人格，也是规则的破坏者。但埃斯特里奇对苹果公司的职位不感兴趣。他为在IBM工作而感到自豪，尽管他的忠诚并未得到回报。

接下来乔布斯和马库拉找到了著名的企业猎头格里·罗齐（Gerry Roche），请他为苹果公司物色管理者。"乔布斯特别嘱咐我，他需要一个了解消费市场的人，因为他们的电脑将投放到市场上。我的猎头经验告诉我，我最中意的永远是我找不到的人！越优秀的人，越难寻。"罗齐回忆道。所以，在与罗齐打交道时，"欲擒故纵"才是正确方法。而罗齐为苹果公司物色的首席执行官人选正是这么做的。

---

① "臭鼬工厂"是指一个小组在某个组织内以高度自治的方式从事高级别或秘密的项目。——译者注

约翰·斯卡利（John Sculley）比乔布斯大16岁，与乔布斯的背景也截然不同。他曾就读于新英格兰地区的私立预科学校圣马克学校（St. Mark's），后来又分别在布朗大学和宾夕法尼亚大学沃顿商学院取得学位。斯卡利来自一个富裕的家庭，住在纽约市曼哈顿上东区的"丝袜区"①。他的父亲是一名华尔街律师，他的母亲用他的话来说是"著名的园艺家和得过大奖的插花师"。

斯卡利在百事公司（PepsiCo）步步高升，于1983年初已成为百事可乐部门总裁。此时罗齐联系了他。斯卡利是一位备受关注的高管，因为当时百事可乐是一款引人注目的产品，公司也进行了大量的广告宣传活动。他说自己接到过很多猎头的电话，大部分他都懒得回复。但罗齐不一样。业内有句话："你一定要回复格里·罗齐的电话。"斯卡利也是这么做的，于是"求贤之旅"开始了。

罗齐的开场白是这么说的："约翰……我知道你不想离开百事公司，我也不愿意劳烦你。但请相信我。你能去一趟加利福尼亚，见见这些家伙吗？"不出所料，斯卡利飞去了加利福尼亚。

斯卡利的第一站是洛杉矶，他要看望和前妻所生的两个孩子，女儿19岁，儿子17岁。他们与母亲住在一起，可以想见，他们的母亲也是一位有钱人，是百事公司首席执行官，即斯卡利的老板唐·肯德尔（Don Kendall）的继女。

斯卡利带着两个孩子去了一家电脑商店，孩子们问他为何会对

---

① "丝袜区"是富人区的旧称，因为以前只有富人才穿得起丝袜。——译者注

电脑感兴趣，他立刻说自己要去会见乔布斯。"乔布斯？你要去见乔布斯？"女儿兴奋地叫道。

"乔布斯所引起的反应令我非常吃惊，尤其是我的孩子们。他们在好莱坞的环境中长大，和影视明星的子女念同一所学校，对名人没什么兴趣。但一提到乔布斯似乎就另当别论了。"这是因为魅力比名气更重要。

斯卡利没过多久就被"迷住了"。他确实在欲擒故纵。"但是去硅谷创造新生活、共同实现乔布斯的梦想，这令我着迷。"斯卡利表示。乔布斯的梦想是什么？他想建立的公司是通往未来的高速公路，而不是一堵扼杀想象力的砖墙。

斯卡利在百事公司度过了自己的职业生涯，公司总部位于纽约州帕切斯市（Purchase）韦斯切斯特（Westchester）郊区，占地144英亩①，拥有大量无价艺术品。1982年，百事公司市值75亿美元，在《财富》（Fortune）杂志全球500强排名中位列第49。这是一家位于美国东部的企业，高管们非常重视自己的形象，搭乘商务客机是当时的风尚，每个人都穿西装。当斯卡利去加利福尼亚参观苹果公司时，他是唯一一个穿西装的人。直到今天，你也很难在苹果公司的园区内看到一个穿西装的人。

百事公司的产品未必能得到所有人的喜爱。产品不是最重要的，百事公司的关键是营销。饮料部门出售的是"嘶嘶声"，即"百事新一代"（Pepsi Generation）。当斯卡利本人接受"百事挑

---

① 1英亩≈4046.86平方米。——编者注

战"[①]（Pepsi Challenge）时，他选择了可口可乐。在强势的首席执行官肯德尔的领导下，百事公司取得了巨大成功。

关键问题是如何衡量成功。斯卡利说："在百事公司，衣帽间里的'战争故事'[②]都与竞争有关。一位经理如何在一个州或地区抢占四分之一的市场份额。一位公司英雄如何在周末夜以继日地工作，保证自动售货机里的糖浆机在特殊活动期间正常运行。"

换句话说，在百事公司，程序与经济效益最重要。这是一家用传统指标管理的传统公司。"特殊活动"是吸引顾客的窍门。"四分之一的市场份额"是底线。你会热爱这个公司。你可以享受与同事在一起的时光。你可以领取高薪，沉浸在胜利的喜悦中，同时又承担着失败的风险。这是一场"胜利的喜悦与失败的痛苦"之间的竞赛，它只对参赛人员有重要意义。

产品本身没有什么特别之处。正如斯卡利本人所说，百事可乐和可口可乐在口味上的差异"微乎其微"。最重要的是达到目的的手段，而最终的目的就是赢利。斯卡利毕业于宾夕法尼亚大学沃顿商学院，在他位于康涅狄格州格林威治镇的豪宅中，有一本迈克尔·波特（Michael Porter）的经典著作《竞争战略》（*Competitive Strategy*），收藏于漂亮的私人图书馆中。斯卡利是商业领域的行家，而乔布斯是梦想家。

---

① 1975年百事公司举办"百事挑战"活动，邀请顾客品尝各种没有品牌标志的饮料，然后说出哪种口感最好。——译者注

② 战争故事是指一段令人难忘的经历，往往涉及危险、困难或冒险因素。——译者注

乔布斯，他在苹果公司所打造的世界以及硅谷的文化都与斯卡利取得成功的商业世界截然不同。在会面的过程中，乔布斯问他："你想一辈子卖糖水，还是改变世界？"这成了"商界最著名的台词之一"。

1983年春，斯卡利离开百事公司，来到苹果公司。同年5月，他来到库比蒂诺。"当时我44岁，是苹果公司年龄最大的员工……苹果员工的平均年龄是27岁。在很多公司，这个年龄的员工还在做接待。"斯卡利说道。

在那10年间，计算机行业一直处于动荡状态。新面孔和新技术层出不穷。一些公司创立了，一些公司倒闭了。从苹果公司的角度来看，最重要的挑战是IBM推出的个人计算机。一方面，IBM进入市场，使整个行业规范化，这是其他公司无法做到的。正是这个业界巨头——它在20世纪60年代中期推出了IBM 360电脑，改变了整个行业——宣称面向大众市场的台式个人电脑不仅仅是电脑爱好者的玩具，它应该得到普及。

苹果公司在《华尔街日报》（*Wall Street Journal*）上刊登了整版广告，标题为"欢迎IBM，说真的。"苹果公司的工程师并未重视IBM个人电脑技术，因此整个公司都低估了IBM。比尔·盖茨（Bill Gates）不仅出色地自学了编程，还是美国历史上最精明的商人之一。当IBM发布其产品时，他就在苹果公司总部。"他们似乎并不在意，他们花了一年的时间才意识到发生了什么。"盖茨在谈到苹果公司的员工时说。

为什么斯卡利会加入苹果公司？有很多众所周知的理由。一是苹果公司要为消费者生产个人电脑，而他在消费品营销领域创造了辉煌的业绩。二是乔布斯过于年轻，难以经营一家市值20亿美元的上市公司。我们经常听到的一句话是：公司需要"老人监督"。这些都是事实。但斯卡利被苹果公司聘用的真正原因是他要管理乔布斯。但在此项任务中，他完全失败了。

伙伴关系可以在商业中发挥作用。没有比比尔·休利特（Bill Hewlett）和戴维·帕卡德（Dave Packard）更好的例子了。但他们都是工程师。他们共同创立了公司并共同运营。他们是同龄人，都能约束自我。而斯卡利和乔布斯不符合上述任何一个条件。

斯卡利并不适合这个岗位。他所了解的营销策略针对的是消费者可以在不假思索的情况下购买的快消产品。相比之下，1983年一台台式电脑的价格为2000～3000美元。对消费者来说，这太昂贵，等于是在一个复杂的耐用消费品上下注。

斯卡利后来写道："我没有意识到，苹果公司从来不是一家消费品公司。它是一家科技型电脑公司。"1983年到1984年，由于库存管理不善，该行业遭受了20亿美元的损失。"这类公司要么因库存过剩导致业务发展放缓，要么错误预估销售量。在消费品领域，你不必担心库存价值，因为库存价值通常保持不变。在百事公司，你可以在前一天晚上生产苏打水，第二天就发货。"

斯卡利也无法管理乔布斯。入职苹果公司时，斯卡利担任公司总裁兼首席执行官，直接向董事会报告。乔布斯任董事会主席和公司副总裁，负责麦金塔电脑（Macintosh，Mac）部门。他也是苹果公司最大的股东，在1982年"福布斯美国400富豪榜"（Forbes

400）中位列第286。按照程序，斯卡利要向董事会主席乔布斯报告，而乔布斯要向首席执行官斯卡利报告。乔布斯需要一个严格执行纪律的人，而斯卡利无法承担这个责任。"乔布斯的行为没有给我敲响警钟，"斯卡利说，"也许是因为我从他身上清楚地看到了年轻的自己。"这简直糟糕透顶。一名"高管教练"不能被他的"学生"所迷惑。

一开始事情进展顺利，甚至可以说是太顺利了。在苹果公司内部人员私下聚餐时，斯卡利说："苹果公司只有一位领导者——乔布斯和我。"直到1984年11月26日，《商业周刊》（*Business Week*）还用乔布斯和斯卡利做封面，标题为"苹果公司的活力二人组"。

但其实问题已经出现了。生意突然变得不景气。销售量增加，但利润首次在1984财政年度出现下滑。乔布斯和斯卡利之间的联盟——如果说一开始的确有联盟的话——崩溃了。他们之间的甜蜜关系被怨恨压垮。在经历了无休止的波折和痛苦之后，乔布斯被迫离开了。据知情人透露，乔布斯被苹果公司解雇的整个过程"非常完整，目的是羞辱他"。乔布斯于1985年9月17日提交了辞职信，此后再也没有和斯卡利说过话。

斯卡利成功解雇了美国商业史上最伟大的首席执行官之一。问题出在哪里？乔布斯说："这很痛苦。我能说什么呢？我选错人了。"据斯卡利表示，分歧在于两人对麦金塔电脑的意见不合，乔布斯想更积极地推销麦金塔电脑，但斯卡利认为麦金塔电脑的技术过时，无法取得成功。

事实上，乔布斯无法与他人一起站在聚光灯下。斯卡利也不明白乔布斯与那些曾与他共事的人有多么不同。"我来自这样一个世界，"乔布斯于1987年写道，"在那个世界中，高管基本都是千篇一律、枯燥无味的生物……"人们不禁好奇，百事公司的员工读到这句话时有何感想。无论如何，乔布斯笔下的那个无聊的世界与苹果公司、乔布斯或高新技术公司的世界格格不入。

就乔布斯而言，他是一个出了名的极端的人。如果他爱你，那么他知道怎么做才能让你感觉自己是全世界最棒的人。但这种爱可以在瞬间变成恨。曾与乔布斯在麦金塔电脑部门共事的朋友安迪·赫茨菲尔德（Andy Hertzfeld）表示，这种转变是必然的。"乔布斯就是忠诚的反义词。他完全处在忠诚的对立面，总会抛弃那些和自己亲近的人。"与其他魅力型高管一样，乔布斯创造了一个不同于真实自我的角色。那个角色会让你以为，你就是被他选中的人。但是当他不再需要你的时候，你会发现自己从来没有真正地接近过他。

斯卡利说乔布斯"会告诉你一些只有你自己知道的事情"。乔布斯长期以来的"残酷行径"非常有效，因为他对所有人的恐惧和不安有着独特的洞察力。他会毫不留情且毫无顾忌地利用人们的这些弱点。

1981年，黛比·科尔曼（Debi Coleman）加入苹果公司，成为麦金塔电脑团队的一员，1982年麦金塔电脑部门成立后担任财务主管。对于乔布斯，她说道："他会在开会的时候大喊'你这个蠢货，你从来就没把事情做对过'。类似的事情好像每个小时都会发生。但我还是认为，能够和他并肩作战，我真的是世界上最幸运的人。"

这是为什么？

乔布斯身上有一个谜团：他为什么能够吸引那些无疑是才华横溢的人，使他们比一般人更加努力地工作，不断压榨他们，最终使他们甘愿献身于他的事业？为什么这些人在硅谷积累了所谓的"fuck-you money"①之后，还要忍受乔布斯的种种行径呢？他们的能力足以在其他公司找到工作，为什么还要留下来？

在乔布斯的这段职业生涯中有两个故事，这两个故事可以表明，他不只能"将别人的脸按进泥里"，也能以独一无二的方式为他人的努力赋予崇高的含义。

在最初的麦金塔电脑——这是乔布斯的特别项目——设计完成后，乔布斯召集团队开会。他说："真正的艺术家会在作品上签上名字。"于是他请设计团队的45名成员逐一上前，在一张纸上签名。乔布斯本人最后签上自己的名字。这些签名被刻在每一台麦金塔电脑内部。传记作家沃尔特·艾萨克森（Walter Isaacson）写道："没有人会看到这些名字，但团队里的每个成员都知道那里面有自己的名字……"

仪式结束后，乔布斯以香槟向大家祝酒。比尔·阿特金森（Bill Atkinson）是乔布斯聘请的第51位苹果公司员工，他开发了MacPaint软件②，并创造了其他诸多成就。阿特金森说："在这样

---

① fuck-you money是指如果你有这笔钱，当老板要你做这做那，否则就解雇你的时候，你就可以理直气壮地说："我不干了！"——译者注
② MacPant软件是苹果公司为麦金塔电脑开发的位图编辑应用软件。——译者注

的时刻，乔布斯让我们觉得自己的成果就是艺术品。"

第二个故事关于1984年的电视广告，该广告宣布麦金塔电脑首次亮相。乔布斯既没有构思这个广告，也没有撰写广告脚本。他想要的只是"酷毙了"的东西。乔布斯做了什么指示？他说："我想要一种能让人们当场停下来观看的东西。我想要的是一声惊雷。"他不顾一些人的质疑，坚决支持发布这则广告，结果这成为历史上最伟大的电视广告之一。

该广告由Chiat/Day广告公司制作。这家公司的李·克劳（Lee Clow）值得特别一提。这则广告的导演是雷德利·斯科特（Ridley Scott）（即现在的雷德利爵士）。这样的阵容注定使这则广告的成本不菲。最准确的猜测大概是75万美元。这则广告长达60秒，但它涵盖的内容非常丰富，难以用语言描述。观众感觉自己好像看了一部完整的电影。

广告开始时出现了一排脸色苍白的死气沉沉的男人，如同僵尸一般，正盯着礼堂里的一个巨大屏幕，屏幕上一个像"老大哥"①一样的人物用严厉、富有威严的声音胡言乱语。男人们一动不动地坐着，呆若木鸡，仿佛被麻醉的病人。

就在这位没有爱、性冷淡、没有情感的邪恶"老大哥"唠唠叨叨地讲话时，一位强壮的年轻女性出现了，她的外表迷人，留着一头浅金色的短发。她从压迫者身边跑开，冲进礼堂，跑向屏幕，抢

---

① "老大哥"是乔治·奥威尔（George Orwell）的小说《1984》中的独裁者角色。——译者注

起手中的铁锤旋转了三四圈，积累了足够的冲力后一口气将铁锤甩了出去。铁锤砸在巨大的屏幕上，屏幕在一道耀眼的白光中爆炸。

破碎的屏幕中吹出一股强劲的风，吹向如囚犯般呆坐在一起的男人们的脸上，每个人都沉默地坐在那里，一脸傻气，无能为力。这部扣人心弦的迷你剧结束后，传来一个画外音："1月24日，苹果电脑公司将推出麦金塔电脑，你将明白为什么1984年不会变成《1984》。"

挥舞铁锤的是一位女性。她强壮、独立、矫健、孤身一人、无所畏惧。这位强大的女性象征着苹果公司的技术的积极潜力，将人类从压抑技术潜力的"老大哥"手中拯救出来，而"老大哥"很容易被当成是IBM的代表。这则广告原定在"超级碗"[①]（Super Bowl）中播放，这是美国每年观看人数最多的电视节目。

在"超级碗"播出前不久，乔布斯向董事会展示了这则广告。董事会不喜欢，甚至讨厌这则广告。它没有做任何广告应该做的事情，没有传达任何关于产品的信息。它看起来就像是在集中营里拍摄的。

据一位消息人士透露，斯卡利本人对这则广告"信心全无"。苹果公司已经（关于这一点说法各异）购买了两个广告时段，一个60秒，另一个30秒。斯卡利让Chiat/Day广告公司卖掉这两个广告时段。于是Chiat/Day广告公司出售了那个时长30秒的广告时段，但表示另一个广告时段卖不出去。事实上，Chiat/Day广告公司根本没打

---

① "超级碗"是美国国家橄榄球联盟的年度冠军赛。——编者注

算出售这个时长60秒的广告时段。克劳和他的同事们对这则广告充满信心。幸运的是，乔布斯也是。

这则广告在一场无聊的比赛的第三节后的休息时间播出。观众们几乎是出于责任感才观看这场比赛。毕竟这是"超级碗"。突然，广告出现了。广告没有开头。观众们还在等着电视即时重播奥克兰突袭者队（Oakland Raider）触底得分的画面（突袭者队始终领先，最后轻松获胜）。取而代之的是，"电视屏幕突然诡异地黑屏了两秒"，然后广告开始了。

"连体育节目的解说员都不淡定了，"斯卡利说，"一个解说员说：'哇，那是什么？'"斯卡利说："当广告成本被泄露出去时，一些愤怒的股东写信向公司抱怨，他们认为这是在浪费钱。"但这样的抱怨没有持续很久。

这则广告成了热门新闻。所有的电视频道都报道并重播了这则广告。毫不夸张地说，它已成为当时美国的全国性话题。《电视指南》（TV Guide）和《广告时代》（Advertising Age）将它评为有史以来最伟大的商业广告之一。

这则广告是伟大的。这是一个科技进入家庭的时代。你可以掌控技术，因为你不会与按照"老人哥"的指令行进的机器人产生共鸣，而与一个矫健、强壮、独立、无所畏惧的强大女性产生共鸣［这个角色由英国运动员兼女演员安雅·梅杰（Anya Major）扮演］，她用铁锤敲碎了"老大哥"的脸。这则广告抓住了苹果公司从成立开始延续至今的核心信息：你掌控着你的技术。只有乔布斯才愿意制作这样的广告，只有他才会不顾批评，积极推出这样的广告。

乔布斯的周围常常被形容为充满"现实扭曲力场"。这个词语由盖伊·L.特里布尔（Guy L.Tribble）——人称巴德（Bud）——创造，他是麦金塔电脑团队成立初期的关键成员。特里布尔是这样解释这个词语的："乔布斯在场的时候，现实都是可塑的。他能让任何人相信几乎任何事情。等他不在的时候，这种力场就会逐渐消失，但这种力场让我们很难做出符合实际的计划……陷入乔布斯的'现实扭曲力场'中是一件很危险的事情，但也正是这种力场让他可以真正地改变现实。"

"他可以欺骗他自己，"阿特金森说，"因此他可以说服别人相信他的观点，因为他自己已经接受并内化了这个观点。"

创造"现实扭曲力场"是一种复杂的掩饰行为。为什么像特里布尔这种真正的计算机科学家能够容忍这一点，这是一个未解之谜。并非每个人都能欺骗自己。

亚瑟·罗克（Arthur Rock）做不到，他是苹果公司董事会成员、早期投资者，也是硅谷的风险投资人之一。他现在仍然坚定地把握现实，任何异想天开的人都无法改变这一切。

盖茨做不到。他本人是一个技术专家，钦佩乔布斯那无与伦比的演说技巧，但并没有被乔布斯构建的"空中楼阁"所吸引。

斯卡利的第二任妻子卡罗尔·李·亚当斯（Carol Lee Adams）——也叫利兹（Leezy）——做不到。她从来都不喜欢乔布斯。当乔布斯与她的丈夫关系破裂时，她在午餐时间追着乔布斯来到了一家餐厅。"我本能地想打他，但我控制住了自己……"她对乔布斯说："你知不知道，能认识像斯卡利这样好的人是多么荣幸？他一直把你当成真正的朋友，但恐怕你直到临终的那一天才能知道……当我看着你的眼睛时，我看到了一个无底洞，一个空洞，一个死区……我为你感到难过。"（几年后，利兹的愤怒转向了斯卡利。他与在苹果公司结识的一位女士陷入了婚外情，2011年利兹和他离婚。四年后，她起诉斯卡利在离婚协议中隐瞒了资产。）

20世纪90年代英特尔公司辉煌时期的首席执行官安迪·格罗夫（Andy Grove）也做不到。当格罗夫被诊断出患有前列腺癌时，他直面事实。但乔布斯没能做到这一点。

乔布斯的确可以欺骗自己，但他无法欺骗癌症。2003年10月，他被诊断出患有一种罕见的胰腺癌。发现癌症是一个"偶然事件"。也就是说，医生是在进行其他检查时发现了它。"令朋友和妻子感到害怕的是，乔布斯不愿进行恶性肿瘤切除手术……"他选择了替代疗法，毫无疑问这完全无效。据格罗夫说："乔布斯告诉我他尝试吃些杂七杂八的草根来治疗，我说你疯了吧。"

即使乔布斯在确诊后第二天就做手术，癌症可能还是会要了他的命。但专家意见的重要之处在于为他战胜癌症提供了可能性。而替代疗法则给他判了死刑。

"现实是无情的。"苹果公司董事会成员、基因泰克（Genentech）董事会主席亚瑟·莱文森（Arthur Levinson）如是说——他本人有癌症生物学背景。正如另一位专家所说，乔布斯"基本上是自杀的"。

在做出一生最重要的决定时，乔布斯的个性不再发挥作用。他很幸运，能及早发现恶性肿瘤，然而他最终还是死于这种肿瘤，这印证了古希腊人"性格决定命运"的观点。

第2章

什么是超凡魅力？

"超凡魅力"（charisma）一词起源于古代，当时这个词语的含义是"天赐恩宠"（gift of grace）。如今，这个词已被广泛使用。它有什么含义？

唉，这是一个难题。哈佛学院（Harvard College）院长拉凯什·库拉纳（Rakesh Khurana）是这方面的权威，他写道："超凡魅力与'爱'或'艺术'一样难以定义……人格特质难以通过主观推测感知，且无法精确化。"

根据字典上的定义，魅力是指"能够吸引人的力量或特性，可以激发他人的喜爱之情"。这个定义好像说明了什么，但又好像什么都没说清楚。对谁有吸引力？可以激励别人做什么？

在将"超凡魅力"一词引入普通用语方面，德国社会学家马克斯·韦伯（Max Weber）的贡献无人可比。他有一段重要论述："'超凡魅力'用于指称个人的某种品质，而正是由于这种品质，某人被看作不同寻常的人物，被认为具有超出常人的、至少是特别罕见的力量和素质。这些力量和素质是普通人不可企及的，而且被认为具有神圣性或示范性，在此基础上，有关的个人则被视为'领袖'。"30年前，组织学学者艾伦·布莱曼（Alan Bryman）指出，这段话是"社会科学中被引用次数最多的段落之一"。

韦伯认为，超凡魅力有4个特点。第一，超凡魅力是天赐恩宠。第二，具有超凡魅力的个人有追随者。第三，这些追随者形成了所谓的新自我。第四，具有超凡魅力的人必须通过奇迹证明自己。这个定义不太令人满意。人类学家克利福德·格尔茨（Clifford Geertz）说："韦伯的超凡魅力概念中包含多个主题……他对这些主题主要进行陈述而非发展。"同时期的一位历史学家表示，超凡魅力"保留了神秘、难以捉摸的特质"。

为了使超凡魅力成为一个更加科学的概念，学术界做出了大量努力。其中的代表人物之一是瑞士洛桑大学（University of Lausanne）教授约翰·安东纳基斯（John Antonakis），他与多位同事合作，希望能为超凡魅力下一个准确的定义。他研究了有关超凡魅力的文献，这类文献规模庞大，且数量正在迅速增加。他和同事写道："变革型领导力是一个无用的短语，因为它语义重复。此外，我们在定义中省略了远见一词，因为远见实际上也是一个相当模糊的概念，在任何情况下，远见都源于象征性沟通方式的使用，这些沟通方式有助于触发心理意向，从而形成远见。"安东纳基斯和同事给出的定义是：魅力是一种信息信号，以象征性的、情感的和基于价值的方式传递信息。

这个定义也不太令人满意。"信息信号"一词又将我们置于另一个错综复杂的定义中。的确，在提出该定义前几年所发表的论文中，安东纳基斯和其他几位同事用另一种略微不同的措辞进行了定义，即"将魅力定义为具有象征性的领导者影响力，以情感和意识形态为基础"。

这两个定义都忽略了具有超凡魅力的人及其所创造的文化之

间的关系。信任是这种关系中必不可少的组成部分。此外还包括沟通。很难想象哪个魅力型领导者不具备出色的沟通能力。

更大的问题是，这个定义中省略了远见。人们普遍认为，远见是具有超凡魅力的个人的首要特征。魅力型商业领袖的本质（能力）不在于能够看到如今正在发生什么——我们都能做到这一点，而在于能够看到未来可能发生什么。要给超凡魅力这个模棱两可的概念下定义，我认为最好的方法是归纳总结，观察哪些做法被视为有超凡魅力的做法以及有超凡魅力的人取得了什么成就，以此来了解何谓超凡魅力。

尽管如此，安东纳基斯教授的成果依然有意义且发人深省。通过全面地回顾文献，他提炼出了学者们用来定义超凡魅力的13个要素。

在我研究的魅力型人物当中，有些人并不具有所有要素，但所有人都具备其中的部分要素——部分要素可以通过后天习得。事实上，亚里士多德在两千多年前提出说服力的三要素：气质（简单来说是指你试图说服他人时表现出的信服力）、共情（简单来说是你在试图说服他人时站在对方角度看世界的能力）和逻辑（简单来说是你在进行论证时的逻辑推理）。

能够教授他人如何掌握超凡魅力的特质，是一种很有意义的能力，同时也具有危险性。你可以教一个人如何看起来很有魅力，但你不能教一个人如何具备魅力。想想那些公认的具有超凡魅力的历史人物。在美国政治史上，我们公认华盛顿和林肯符合条件。他们具备超凡魅力的部分特征，并加以运用，如上面提到的远见和说服力。

你教得了"表"，但教不了"里"。一个人不可能按照要求创造出像华盛顿或林肯那样的人物。事实上，这些人都很有魅力，但又彼此不同，这说明我们很难概括超凡魅力的概念。我们在本书提到的每一位魅力型人物都是独一无二的。我们会将他们视为老师，从他们身上了解魅力型领导风格与其他领导风格的差异。

我们无法提供秘诀。超凡魅力的一个重要特点就是我们无法全面地描述它。将魅力型领导力的"神秘、难以捉摸的特质"同质化，就等于改变了它那多变且富有创造力的本质，而正是这样的本质才使魅力型领导力如此具有吸引力。

艾伦·布莱曼写道："在超凡魅力的概念中，我们找到了一种探讨领导力的方式，它使人心向往之，却又因难以捉摸而令人恼火。"超凡魅力确实是诱人且无形的，但我们不应该因它的这些特点而恼火。我们应当接受这样一个事实："超凡魅力"这个词不可能有一个在科学上令人满意的定义。在讨论超凡魅力的时候，我们必须适应它的这种含混不清，而不是被它激怒。用另一句话来说，"它是一个永远无法解开的谜语"。

美国最高法院大法官波特·斯图尔特（Potter Stewart）在讨论何为赤裸裸的色情作品时，提出了一个非常著名的说法："只要看到它，我就知道它是不是。"你会发现，这句话同样适用于判断一个人是否具有超凡魅力。只要看到他，你就知道他是不是具有超凡魅力的领导者。有一篇关于埃隆·马斯克（Elon Musk）的文章这样描述他："他设法令全世界相信，他有能力实现他所说的目标；这些目标如此崇高，但如果从其他人的嘴里说出来，就会被当成幻想。"这就是超凡魅力的体现。对于我们一口否决的事情，这个有超凡魅力的人却让它听起来有了可能性。

在现代，最经常被描述为魅力型商业领袖的就是乔布斯。他是其他领导者的参照标准——当然主要是指高科技领域的领导者。乔布斯究竟有什么魅力？

乔布斯与朋友共同创办了苹果公司，后来又于危难之际拯救了苹果公司。迈克尔·戴尔（Michael Dell）有一段著名的评论（虽然他坚持认为这是他人的断章取义）："（如果让我经营苹果公司）我会怎么做？我会关闭公司，把钱还给股东。"但乔布斯没有这么做，而是使苹果公司成为至少在一段时间内世界上最有价值的公司和美国第一家市值突破20 000亿美元的公司。乔布斯和苹果公司都获得了"重生"。

连戴尔这样聪明的人都认为是不可能的事情，为什么乔布斯能够成功做到？他重返苹果公司后展开的第一场宣传活动可以给我们一些提示。活动名为"非同凡想"（Think Different）。根据我的个人经验，我认为这个词仍然对苹果公司具有重要意义。要理解"非同凡想"对苹果公司的意义，你必须摆脱其他人对待机会和问题的方式，让自己脱离传统观念。

举一个小例子。史蒂夫·鲍尔默（Steve Ballmer）是盖茨之后的第二任微软公司首席执行官，同时也是亿万富翁，他认为智能手机必须有键盘才行。2007年，苹果公司推出iPhone（苹果智能手机）。到目前为止，它已成为21世纪最重要的消费品之一，而且它没有键盘。它的创造者"非同凡想"。这是一个奇迹，而奇迹正是超凡魅力的重要组成部分——这个词从未完全失去其根源。

　　每一家公司都有一位领导者，一位首席执行官，他要对当前的问题做出最终决策。大多数首席执行官都不具备超凡魅力。那些少数有超凡魅力的领导者首先是有远见的人。他们做出努力不是为了"持续改进"，而是重新定义整个经营方式，并在这个过程中——用科技公司常说的一句话来形容——"在宇宙中留下印记"。

　　以下是历史学家兼记者兰德尔·E.斯特劳斯（Randall E.Stross）对乔布斯和超凡魅力的看法：乔布斯的个人魅力源自"他对人类存在的首要问题的理解。乔布斯不会去卖早餐麦片或浴室水龙头，他甚至不关注利润本身。其他人可能会追求平凡。而他所追逐的是一个更大的目标——改变世界，将计算机用户从现有的平庸的牢笼中解救出来，在宇宙中留下印记，掀起革命，在历史上占据不朽的地位；这非凡的雄心壮志正是他非凡吸引力的根本来源。"

　　斯特劳斯还说："之所以乔布斯有说服力，仅仅是因为我们将自己的需求与他的需求结合在了一起。社会迫切需要这位英雄人物，如果乔布斯在几乎无人能与之匹敌的情况下发挥他的说服力，那么功劳或责任……也应该归结到听众身上。"

　　魅力型领导者的远见能将信念一直延伸到（但不超过）人类想象的临界点。当想象越出了这个临界点时，它就会疯狂地飞奔。我们这些驾驶过内燃机汽车的人很难想象一个由电池驱动的自动驾驶汽车主导的世界。这就是该行业的发展方向，尽管前不久很多人提出了实现这一目标所面临的无法克服的障碍。魅力型领导者非常清楚这些障碍。但他们爬上了一个想象中的梯子，越过这些问题，看到了实现愿景的可能性。

魅力型商业领袖富有吸引力。这是一个必要的特性，因为他们必须吸引一支才华横溢的团队，将他们的愿景转化为现实。团队必须攻克并战胜阻碍愿景实现的重重障碍。有超凡魅力和远见的人无法独自完成这一任务。

要实现根本性创新，具备超凡魅力是必不可少的条件。魅力型领导者希望改变世界。如此规模的创新并非轻易就能被他人所理解。因此领导者要向实现梦想所必需的那些人推销自己的愿景，超凡魅力是必不可少的工具。

下面列出我在写作本书过程中总结出的超凡魅力/魅力型领导者的7个特征。

1.超凡魅力离不开野心、侵略性和统治欲。

2.人们天生就有具备超凡魅力的潜力，但是这种潜力如果未得到开发，就会逐渐枯萎。魅力离不开先天的潜力和后天的滋养。

3.超凡魅力无法用数字显示——无法被量化。一个人可能有一定的个人魅力，或者一个人在某些方面有魅力，而在其他方面没有魅力。

4.魅力型领导力存在不稳定性。创造奇迹的尝试随时都有可能失败，而失败会有损个人魅力。领导风格很重要，但它不能取代结果。

5.基于上一条特征，魅力型领导者往往偏执多疑。

6.对魅力型领导者而言，远见至关重要。

7.在当今这个媒体时代，超凡魅力是领导大型组织的重要品质。这与20世纪50年代有显著差异，在那时的商业领域，媒体对于个性创新的重要性远不及现在这么大。普林斯顿大学教授戴维·A.贝尔（David A. Bell）在讨论民主革命时代（大约1770年到1820

年）超凡魅力在政治中的作用时，强调了那个时代正在进行的"媒体革命"的重要性。

第二次世界大战刚刚结束后的几年里，美国的商业界没有多少魅力型人物，这是因为当时几乎不需要创新。1956年的雪佛兰（Chevrolet）与1955年的雪佛兰有什么不同吗？没有不同。那时通用汽车公司没有，也不需要有一位魅力非凡的首席执行官。那是"穿灰色法兰绒西装的男人"（见第4章）的时代。

大约从1975年到1995年，美国国内经济滞胀，全球竞争出现新局面，能够与传统管理者争夺美国公司控制权的积极投资者突然出现，美国的商界领导者不得不进行创新。这个时代的一些名人你可能耳熟能详，比如"垃圾债券大王"迈克尔·米尔肯（Michael Milken）。

1995年8月，微软公司推出Windows 95操作系统，网景通信公司（Netscape）进行首次公开募股，此后我们一直生活在一个可能是商业史上最具革新精神的时代。超凡魅力极大地促进了创新。在这一时期，具有超凡魅力的美国商业领袖的名字几乎尽人皆知。有一次，贝佐斯（Jeff Bezos）突然造访华盛顿哥伦比亚特区的一所高中，一名中学生不认识他，他问身旁的同学："谁是贝佐斯？"这个问题在当时竟成了新闻。

超凡魅力可以吸引注意力。它让我们相信，许多事都有实现的可能性。这令人兴奋。

第3章

战后美国的商业领袖：以通用汽车公司为例

1945年9月2日，星期日，第二次世界大战正式结束。当天，在停泊于东京湾的密苏里号战列舰（USS Missouri）上，日本政府和军方代表签署了投降书。密苏里号是一艘具有极大破坏力的军舰。它的主炮是9门16英寸①口径的火炮，能够发射2700磅②重的穿甲弹，射程为20英里③。那天停泊在东京湾的还有美国第三舰队。

想想这艘战舰和停靠在东京湾的舰队所带来的心理冲击。想象一下，如果你是美国人，看到一艘有类似武器装备的日本战舰停泊在纽约港，你的感受如何。这一天成为"抗日战争胜利纪念日"（V–J Day）。而5月8日是"欧洲胜利日"（V–E Day），是德国在柏林正式向盟军投降的日子。

那一天，密苏里号及其随行战舰展现了磅礴的气势，除此之外，另一件事更加令人印象深刻、令人畏惧。当道格拉斯·麦克阿瑟（Douglas MacArthur）在受降仪式上的最后一句发言结束时，飞行表演开始了。当天，记者西奥多·H.怀特（Theodore H. White）就在密苏里号的甲板上。40年后，他回忆起该事件：

就在此刻发生了一件事，那是当天最令人难忘的一幕——飞

---

① 1英寸≈1.2539厘米。——编者注

② 1磅≈0.453千克。——编者注

③ 1英里≈1.609千米。——编者注

行表演。就在麦克阿瑟将军庄重地宣告"仪式全部结束"的时候，我们听到一阵嗡嗡声，纷纷抬头仰望。现在很难忆起……我们那些天有多么激动。400架B-29轰炸机在几个小时前从关岛（Guam）和塞班岛（Saipan）起飞，在这个高潮时刻精准地飞抵密苏里号的上空。它们穿越地平线的边缘，沉重的低鸣声几乎立刻就与柔和的嗡嗡声融为一体，1500架运输机从我们的战舰上起飞，加入了飞行行列。

飞机飞得很低，围绕着战舰盘旋。之所以它们能够低飞，是因为没有任何东西可以阻止它们。然后，飞机飞往横滨和东京，"消失在天际"，那两座城市几乎已被它们摧毁。

B-29是一种大型四引擎重型轰炸机，将近100英尺①长，翼展长达141英尺，最大航程超过5500英里。1945年3月9日晚，279架B-29轰炸机发动了东京大轰炸，摧毁了东京东部大部分地区。8万~10万日本人死亡，其中大部分是平民。美国人损失了14架轰炸机和96名飞行员。日本对此无能为力。

但B-29轰炸机将被人铭记，因为它是唯一向城市投掷核武器的飞机。广岛是1945年8月6日原子弹投掷的目标。三天后是长崎。密苏里号的火力虽然强大，但无法与核武器相提并论。在地球的历史上，人类第一次掌握了一种足以毁灭全人类的工具。第二次世界大战结束时，美国是这一工具的唯一拥有者。

1941年2月17日，《时代周刊》和《生活》（Life）杂志的创始人亨利·R.卢斯（Henry R. Luce）曾预言，这注定是"美国世纪"

---

① 1英尺≈0.304米。——编者注

（American Century）。4年半后，在密苏里号甲板上发生的事验证了卢斯的预言。美国在经济和军事上都在世界上占据了领导地位。日本和德国被与他们为敌的国家占领。苏联被战争摧毁，伤亡人数超过任何其他国家。法国被德国占领了将近5年。英国彻底耗光了家底，工业一塌糊涂，曾经的大英帝国一蹶不振。

再看看美国。这片土地上没有燃起一丝战火，工厂和城市也没有遭到过轰炸。（当然，珍珠港于1941年12月7日遭到袭击，阿留申群岛中的两座岛屿被日本占领。但在1959年之前，夏威夷和阿拉斯加还不在美国48州之中。）美军死亡人数超过405 000人，而苏联损失了2000多万战斗人员。与其他国家不同的是，几乎没有美国平民在战争中丧生。

据说约瑟夫·斯大林（Joseph Stalin）曾表示，英国为世界提供了时间，美国为世界提供了金钱，苏联为世界提供了鲜血。无论是否真的出自他之口，这句话都有一定的道理。1940年底，富兰克林·罗斯福（Franklin D.Roosevelt）将美国描述为"民主兵工厂"（arsenal of democracy）。从经济上来说，这场战争对美国极为有利。20世纪30年代是美国商业在整个20世纪中所经历的最严酷的10年。在大萧条时期，美国的国内生产总值（GDP）暴跌，最惊人的是失业率飙升。直到1938年，美国失业率高达惊人的19%。而1944年，美国失业率仅为1.2%。

纵观每场战争的结局，美国都被一种不亚于"抑郁症精神病"的情绪所笼罩。美国参与的每一场战争几乎都带来了经济紧缩。第一次世界大战后也是如此，1919年到1921年，美国经济急剧下滑。

在第二次世界大战期间，美国人因一个"严酷的新事实"而更加恐惧：这场战争发生在美国最严重的经济萧条之后。当战争结束时，军费开支告竭（"民主兵工厂"已经完成了任务），数百万士兵重返平民世界，美国怎么可能不再次陷入萧条？1945年1月的盖洛普民意测验问道："你认为战后找工作的人都能找到工作吗？"不出所料，68%的受访者回答"不"。

但这一次真的不同。美国联邦政府推行了经济新政，以防止失业率上升，并释放战争期间被压抑的需求。例如，1944年通过的《退伍军人权利法案》（*GI Bill of Rights*），让100万退伍军人可以上大学，另外100万人可以开办自己的企业。财政部和美联储确保退伍军人及其家属能够全额出售在战时购买的数十亿美元的债券。

从1945年到1946年，政府开支的确大幅削减，但可支配收入、消费和投资的增长弥补了这一削减。结果，美国迎来了战后的繁荣，失业率几乎没有上升。这为美国企业创造了一个良好的经营环境。早在1943年，IBM的首席执行官小托马斯·J.沃森（Thomas J.Watson Sr.）就表示，"这场战争改变了一切"。他是对的。

到了1950年，全球近40%的经济活动都集中在美国。让我们看看20世纪上半叶的标志性产品——汽车。1950年，全球85%的汽车由美国制造。直到1960年，全球200强企业70%以上的销售额来自美国公司。这200家企业中超过五分之三的企业总部设在美国。

"民主兵工厂"的核心是通用汽车公司。"珍珠港事件"爆发后不久，美国停产民用汽车。通用汽车公司的工厂开始制造战争物资，如飞机、坦克、卡车和各种发动机。第二次世界大战期间，

7.9%的军用合同由通用汽车公司承包，通用汽车公司成了当时美国战争物资第一大生产商，第二大承包商执行了4.1%。

查尔斯·E.威尔逊（Charles E.Wilson）于1941年到1953年担任通用汽车公司总裁兼首席执行官。查尔斯·E.威尔逊的职业生涯在当时就职于大公司的年轻人中非常有代表性：1919年，他入职雷米公司（Remy）。这是一家总部位于印第安纳州的初创企业，在第一次世界大战期间为军方生产电气设备，并于1919年被通用汽车公司兼并。随后他一步一步地爬上了公司顶层。

1953年1月，查尔斯·E.威尔逊被当时的总统德怀特·D.艾森豪威尔（Dwight D. Eisenhower）提名为国防部长。他在参议院军事委员会（Senate Armed Services）的任职听证会上说了一句广为人知的名言。当被问及他是否会做出符合国家利益但不符合通用汽车公司利益的决定时，查尔斯·E.威尔逊回答说："是的，先生，我会。"

查尔斯·E.威尔逊本应就此止步，但他随后又说了一段话，这段话将伴随他度过余生。"我从来没思考过这件事，因为多年来我始终认为，对美国有利的事情，必然会对通用汽车公司有利，反之亦然。两者不存在分歧。我们的公司规模庞大，它与国家利益息息相关。我们为国家做出了重要贡献。"

这段话被吓坏了的自由主义者歪曲为"对通用汽车公司有利的事情，就对美国有利"。查尔斯·E.威尔逊不断纠正这一误解，但最后也学会了接受它。考虑到通用汽车公司在战时对美国的贡献，即使词不达意，他的观点也可以被理解。

哈洛·H.柯蒂斯（Harlow H. Curtice）接替查尔斯·E.威尔逊

担任通用汽车公司总裁兼首席执行官。他从1953年到1958年担任上述职务。也许你在读到这句话之前从未听说过哈洛·H.柯蒂斯的名字。但是，如果你在1956年1月2日路过一间报刊亭（这东西现在还有吗？），你会在《时代周刊》的封面上看到他的笑脸。《时代周刊》将柯蒂斯评选为1955年"年度风云人物"。

之所以柯蒂斯会当选，是因为他是全球最大行业中的最大公司的第11任总裁。《时代周刊》着重报道了他的一项举措。据报道，1954年初，那些认为经济发展会放缓的商界人士都被悲观的情绪所笼罩，"柯蒂斯站在500位美国顶级实业家面前，发表了他对未来的看法"。通用汽车公司用10亿美元扩建工厂，以满足它预期的销量增长需求。《时代周刊》的标题令人震惊：通用下10亿美元赌经济不会衰退。通用汽车公司当时的销售额为130亿美元，是第二大公司新泽西标准石油公司（Standard Oil of New Jersey）的两倍，它也成为20世纪50年代中期主导美国商业格局的底特律—匹兹堡经济结构的基石。它有足够的资金可用。

柯蒂斯是位典型的出身于商界的政治家，是一个彻头彻尾的组织人。1914年，20岁的柯蒂斯从费里斯商学院（Ferris Business College）——当时该校是一所两年制学院，后发展为费里斯州立大学——毕业后直接加入通用汽车公司。他起初是通用汽车公司AC火花塞部门的簿记员，后来晋升为部门主管，然后进入别克轿车（Buick）部，之后成为公司副总裁。

柯蒂斯乘公务机往返于位于弗林特（Flint）的家（他会在家中度过周末）和底特律之间。在底特律，他住在通用汽车公司大楼的一套有九个房间的套房里。1955年柯蒂斯住在弗林特的时候，那里什么样？据一篇文章介绍："在弗林特，求职者不愁找不到工作。在135 400名劳动人口中，约有86 700人受雇于通用汽车公司。"在弗林特，平均每2.8人有一辆汽车，而全美平均每3.7人才有一辆汽车。弗林特近80%的居民有自己的房子，其中80%的家庭有电视。据该市最大的百货公司的总裁说："人们有钱了，就会有安全感。"

1955年，柯蒂斯过着什么样的生活？从许多方面来说，他的生活超出了大部分通用汽车车主的想象。他一动，下属们就会纷纷跳起来。他的车库里摆满了闪闪发光的豪华轿车，笑容满面的司机站在一边，随时准备把他送到他想去的任何地方。由18架多引擎的红白蓝飞机组成的私人机队随时待命。私人秘书和公关人员负责处理琐事，确保凯迪拉克轿车、酒店套房、餐厅桌子和剧院座位都能合他的心意。高薪助理为他铺平道路，保证他无论到哪里都有人迎接，为他点饮料、拿报纸。

柯蒂斯每年的薪水加奖金足有80万美元。通用汽车公司的83 000名员工的平均周薪为109美元，锻造车间里一些技术熟练的老员工年收入为1万美元。

据我们了解，严酷的淘汰机制绝对可以防止冒牌货得到那份工作（即柯蒂斯的工作）。一篇文章中的另一个观点值得注意："通用汽车公司的每一任总裁都不会成为独裁者，因为即使他有这种倾向，公司也有不成文的章程，能起到一定的制约与平衡作用。最高层的重大决策都需要经过委员会的同意，总裁必须说服高层委员同意他的决策，然后才能执行这些决策……通用汽车公司的章程为具有竞争实力的部门保留了相当大的自由裁量权。"文章最后提道：
"在所有奢华的背后，朋友们认为柯蒂斯本质上还是来自密歇根州
佩特里维尔（Petrieville）的小镇男孩。"

这篇文章谈到了竞争，但事实上当时的竞争并不激烈。通
用汽车公司占据了一半的美国汽车市场。当时与它并称为"三巨
头"的另外两家公司福特汽车公司（Ford）和克莱斯勒汽车公司
（Chrysler）都有自知之明。而其他国家的公司根本没有任何影响
力。1955年，进口汽车占美国市场的0.71%。对于通用汽车公司来
说，最令人担忧的不是其他汽车公司，而是美国司法部反垄断部门
造成的威胁。

柯蒂斯的人生（他生于1893年8月15日，于1962年11月3日逝
世）与事业，与埃隆·马斯克之间的差异，以及柯蒂斯的通用汽车
公司和乔布斯的苹果公司之间的差异，充分说明了美国商业界在过
去几十年中所发生的变化。

柯蒂斯可能很聪明。他当然在工作上投入了很多时间。大家都
知道他每个工作日从早上7点工作到晚上8点。但是没有人会说他有
魅力。乔布斯在斯坦福大学的毕业演讲结束时说："求知若饥，虚
心若愚。"难以想象柯蒂斯会给出这样的建议。

如果说出现在《时代周刊》文章中的柯蒂斯显得有些自满，那
么他的这种态度也不无理由。1955年是美国汽车工业破纪录的一年，
全美汽车销售量达7 169 908辆，比前一年增长了近30%。通用汽车公
司的市场份额为51%。销售额为12 443 277 420美元，利润为1 189 477
082美元，分别比1954年增长了26.7%和47.6%。通用汽车公司成为

第一家单年创收超过10亿美元的公司。投入资本回报率高达50%。

通用汽车公司由威廉·杜兰特（William Durant）始创于1908年。第一次世界大战后，公司营业额急剧下滑，他被迫离开了公司。通用汽车公司在濒临破产之际，被皮埃尔·S.杜邦（Pierre S.Dupont）及其家族掌管的公司接管。到1923年杜邦一直担任通用汽车公司首席执行官，然后他将通用汽车公司交给小艾尔弗雷德·P.斯隆（Alfred P. Sloan Jr.），此后到1937年，由斯隆担任总裁，并担任董事会主席，直到1956年。

斯隆（1875年5月25日—1966年2月19日）是通用汽车公司的伟人，也是美国20世纪少数几个最重要的商人之一。他是通用汽车公司的"总设计师"，设计了一个分工体系，实现了集中协调下的分散经营。他的自传《我在通用汽车公司的岁月》（*My Years with General Motors*）广受好评。斯隆的经营方法对查尔斯·E.威尔逊、柯蒂斯和其他继任者产生了深远的影响。对他们来说，斯隆定义了商业界以及通用汽车公司在其中所扮演的角色。

斯隆的自传本身是非常客观的。在这本书中，有两段提到了他的父亲和兄弟姐妹，却对他的妻子只字未提。历史学家欧文·伯恩斯坦（Irving Bernstein）对斯隆有一段最为精妙的描述：

斯隆非常聪明，意志坚强，善于掌管复杂的组织（幸亏如此，因为他为通用汽车公司创建的组织结构极其复杂）。他非常果敢，那修长的体型、瘦削的脸庞、富有表现力的双眼、始终处于动态中的手脚以及极为专注的倾听姿态，都是明显的证明……他的举止总是端庄，甚至显得有些冷漠。他"畏惧"娱乐潜在买家的美式商业管理方法。"我喜欢与客户合作，"他写道，"但和他们一起玩乐则是另一回事。"他完全投身于管理通用汽车公司这一挑战中，正如他所说的那样，他沉浸于此，"可能到了过分的程度"。他没有孩子，对书和艺术也不感兴趣，认为高尔夫和其他运动都是浪费时间，不抽烟，也几乎不喝酒。他只对一件事感兴趣：生意。他的成功秘诀是"努力工作……没有捷径"。一位同事将他比作滚柱轴承：自动润滑、减少摩擦并承载重荷。

斯隆是如何定义他非常感兴趣的"生意"的？他在自传中解释道："衡量一家公司价值的……不仅仅是销售额或资产的增长，而是股东投资的回报，因为他们的资金处于风险之中，公司的运营首先应符合股东的利益……"1955年的成绩一定令他欣喜。著名经济学家米尔顿·弗里德曼（Milton Friedman）的阐述最简明扼要。

需要强调的是，斯隆写到股东的时候，所想的并不是那些绿票讹诈①者和活跃的投资者。他所想的是像他和同事查尔斯·F.凯特林（Charles F.Kettering）这样的人。凯特林是通用汽车公司的研发负责人，他从来没有为其他公司工作的念头，他与斯隆几十年来一直持有大量股票。斯隆也想到了杜邦家族及其公司，他们曾在1920年拯救了即将破产的通用汽车公司。1955年，通用汽车公司有32名董事会成员，按照今天的标准来看，其董事会规模非常庞大。董事会中的5名成员与杜邦家族有直接关系。1917年到1919年，杜

---

① 绿票讹诈（greenmail）是指大量购入目标公司的股票，并以恶意收购的威胁迫使目标公司溢价回购这些股票。——译者注

邦家族向通用汽车公司注资5000万美元（这在当时是一个惊人的数字），成为公司的最大股东。到了1957年，出于反垄断的原因，杜邦家族才在最高法院的强制要求下出售了股份。

与斯隆熟识的商业作家彼得·德鲁克（Peter Drucker）在斯隆自传的前言中写道："领导力不是'个人魅力'。"事实上，斯隆不是一个有魅力的人。他的继任者更不是。查尔斯·E.威尔逊和柯蒂斯代表了那些将自己的一生奉献给公司的人。他们技术娴熟，工作勤奋，但他们对首席执行官这个角色的阐释十分有限。

这些局限性明显将其他利益相关者排除在外。难以想象他们会在全球观众的面前站上舞台，去赞美一款新产品。乔布斯的主题演讲都会经过精心准备，并且完美地执行。这些年来，通用汽车公司没有发生过类似的事。尽管公司规模庞大，但其首席执行官们并不把自己视为社会名人。公众也没有将他们视为社会名人。例如，1953年，查尔斯·E.威尔逊担任国防部长，当时他在《纽约时报》（*New York Times*）上得到的关注度是1950年担任通用汽车公司总裁时的10倍。

《时代周刊》上关于柯蒂斯的文章提到，通用汽车公司的119家工厂分布在全美19个州的65个城市中，员工数达到514 000名。这几十万工人可能并未持有多少公司股份。但很明显，他们通过自己的劳动为公司投资。他们发挥了哪些作用？

1936年12月29日，在密歇根州弗林特市，美国汽车工人联合会（United Automobile Workers）成功组织通用汽车公司的工人进行了为期44天的罢工。在自传中，斯隆只是轻描淡写地说："我没有任何兴趣去回顾与这些劳工组织早期接触的痛苦经历。"这是有充分理由的。通用汽车公司处理得非常糟糕，招致了许多员工的不满。

到20世纪50年代中期，业内形成了这样一种模式：美国汽车工人联合会迫使汽车公司提高工人工资，汽车公司通过提高产品价格维持利润。在汽车行业的全球竞争加剧之前，汽车公司尚能应付这种局面。

如果你想在1955年的美国汽车行业中寻找魅力型人物，那么与汽车公司相比，在美国汽车工人联合会中可能更容易找到。当时的工会领导人是沃尔特·鲁瑟（Walter Reuther）。1955年，为了使美国汽车工人联合会成为全球最富有、最强大的劳工组织，他遭受了殴打和两次暗杀。

1955年，通用汽车公司的利益相关者还包括消费者。不可否认，通用汽车公司本应更好地服务于客户，尤其是在安全领域。1955年，美国发生了36 688起与机动车相关的死亡事故。那时候通用汽车公司才想起安全问题。借用1972年李·艾柯卡（Lee Iacocca）关于福特平托汽车（Fort Pinto）的一句话，汽车行业认为，"注重安全不会带来销路"。福特汽车公司在1956年的车款中推广其安全性能（一则广告语是"56福特让你更安全！"），结果这款车的销售量并没有增加。

通用汽车公司在这一方面也没有开辟新天地。事实上，在1965年，当拉尔夫·纳德（Ralph Nader）出版《任何速度都不安全》（*Unsafe at Any Speed*）时，通用汽车公司窃听了他的电话，并设法引诱他妥协。当时在汽车安全问题上身先士卒的是纳德，而不是通用汽车公司总裁詹姆斯·罗奇（James Roche）。在这个至关重要的问题上，国家利益与通用汽车公司的利益并没有像查尔斯·E.威尔逊所宣称的那样达成一致。

柯蒂斯说："通用汽车公司必须始终领先。"他从1953年到1958年担任总裁，其间通用汽车公司的市场份额和赢利能力的确遥遥领先。但在其他方面并非如此。

1955年是美国汽车行业的巅峰时期，但当时并没有人意识到这一点。1956年，汽车销量急剧下滑。1958年——柯蒂斯在通用汽车公司担任高管44年的最后一年，经济衰退，汽车销量为4 654 514辆。直到1963年，美国汽车行业的销售量才超过1955年的，但此时进口汽车的市场占有率达到了5.11%。这种趋势一直持续到20世纪80年代，美国对日本汽车实施进口限制。那时，日本已经成为全球最大的汽车制造国，自1908年福特汽车公司推出T型车以来，这个地位曾始终为美国所有。2018年，外国制造商在美国生产的汽车和卡车数量超越了过去被称为"三巨头"的公司所生产的汽车和卡车总数。

通用汽车公司于2009年6月1日申请破产。公司出售了铭牌，关闭了工厂，解雇了四分之一的员工，并终止了与数千名经销商的合作。后来通用汽车公司更名为通用汽车有限责任公司（General Motors Company LLC），并重新上市。它的重生借助了美国财政部提供的510亿美元的援助。

在柯蒂斯卸任首席执行官半个世纪后，人们基本上不会将美国国内汽车行业的崩溃和公司破产归咎于他。但我们可以从他身上看到公司最终倒闭的征兆。与此形成鲜明对比的是，1987年到1998年英特尔（Intel）公司辉煌时期的首席执行官安迪·格罗夫曾经说过："只有偏执狂才能生存。"1996年，他出版了一本同名书，成为畅销作品，直至今天依然值得一读。在20世纪50年代，柯蒂斯、通用汽车公司以及整个美国汽车业所欠缺的正是这种偏执，这是魅力型人物的特征——对未知的恐惧可能会令你却步。

通用汽车公司最初是亨利·福特（Henry Ford）及其创办的福特汽车公司的竞争对手。可以说，是福特汽车公司让美国成为"车轮上的国家"，该公司当时在汽车市场占有很大的份额。据斯隆说，在20世纪20年代，汽车行业处于自1908年福特T型车面世以来最激烈的变革之中。他写道："之所以我说我们幸运，是因为作为当时已经确立了市场地位的福特汽车的挑战者，变革帮了我们的忙。我们不在乎汽车行业中所谓的传统方法，对我们来说，变革就意味着机遇。"

到了20世纪50年代，通用汽车公司没有想到，其他企业家也像斯隆30年前看待福特汽车那样看待他们。但事实就是如此，尤其是日本丰田汽车公司的高管，该公司决定进军全球汽车市场（这是必然的），特别是要冲击20世纪50年代被日本人称为"汽车王国"的核心。斯隆写道："这个老将未能把握住新的变化。"他所指的是亨利·福特。"不要问我为什么。"但我们都知道原因。福特汽车公司陷入了能力陷阱，变得目光短浅。著名的商业领导力学者吉姆·柯林斯（Jim Collins）解释说："要想完成从优秀到卓越的转变，就必须打破能力紧箍咒。"这是"老将"及其继任者都没有做到的事情。

汽车行业的发展史中有很多值得借鉴的地方。但这需要想象力和一点偏执，而柯蒂斯不具备这些品质，当然他身上的优点也毋庸置疑。

通用汽车公司出现问题的一个重要征兆是，一些"必要之恶"（necessary evil）开始被赋予正面意义。（"这不是一个漏洞，这是一个特性。"）例如，公司相当不情愿地采纳了年度车型的变化。斯隆于1923年说："考虑到推出年度车型可能会造成很多不利影响，我们都反对这一提法，我不认为还可以就此问题做些什么。"

此时福特汽车公司还没有推出过年度车型。20年来，从1908年福特T型车推出到1927年停产，福特T型车是福特汽车公司所生产的唯一车型。据斯隆所说："伤感主义者之中流传着一个传说，在这个传说中，福特先生留下了一款伟大的汽车，一款价格低廉、满足基本交通需求的汽车。事实上他所留下的汽车已经不再适合购买，即使是作为基本的原始交通工具也不再适合。"

20世纪二三十年代，汽车行业内没有人会反对这样一个观点，即汽车作为一种产品，应当不断改进。然而，关于变化与改进、款式与实用性之间的关系，存在着大量的争议。为了制造出更好的汽车，最佳方法是每年推出一款新车型而不是持续改进原有车型，关于这一点也没有定论。谈到每年的车型变化，斯隆表示，费希博德公司（Fisher Body）"在制造所有车身方面承受的压力确实有些可怕"。

然而，1927年福特T型车停产造成了深远的影响。20世纪50年代，通用汽车公司、克莱斯勒汽车公司开始采用"计划报废"

（planned obsolescence）策略[①]，后来福特汽车公司也采取了这一政策。在福特T型车寿命即将结束的时候，福特汽车公司面临的一个主要问题是，它无法与自己的二手车竞争。"计划报废"正好解决了这个问题，但又造成了其他问题。

每年调整车型需要耗费大量成本。根据一项计算，在20世纪50年代后半期，这项成本约为50亿美元，导致汽车的平均售价增加了25%以上。这么做值得吗？柯蒂斯说："经过深思熟虑后我认为，每年调整车型是保证行业发展和活力的最重要的方式。"由于斯隆看不到其他选择，因此斯隆只能勉强采纳该策略，柯蒂斯却将该策略视为整个行业发展的关键。

在1973年和1979年的石油危机以及20世纪70年代末的经济滞胀之后，真正的变革（如丰田生产体系的建立）令美国汽车行业无法招架。美国汽车行业陷入了萎靡状态，此时只有具备超凡魅力的领导者才能将整个行业拉出泥潭。柯蒂斯和他的继任者都做不到这一点。

人们对柯蒂斯本人的了解并不多。没有人写过他的传记，并且可以肯定的是，未来也不会有人写。他似乎是一个正派顾家的人，注重细节，公司的下属愿意忠诚于他。对一家资源丰富的公司而言，他是合格的受托人和管理人。但从来没有人说他有魅力。柯蒂斯时代的通用汽车公司拥有无数的委员会和制衡机制，与其说它是一家企业，不如说它是一个"政府"。你见过魅力型委员会吗？有

---

① "计划报废"策略是指为增加销量，故意制造不耐用商品，使其很快损坏或过时。——译者注

人认为，即使柯蒂斯的前任查尔斯·E.威尔逊没有成为国防部长，而是继续当几年首席执行官，即使柯蒂斯的继任者弗雷德里克·G.唐纳（Frederic G.Donner）提前几年当上首席执行官，让柯蒂斯没有机会担任这一职务，通用汽车公司和美国汽车行业的历史也不会有多少改变。前文说过，是工作造就了人，而不是人造就了工作。《时代周刊》中关于柯蒂斯的这篇文章标题是"同侪之首"（First Among Equals）。柯蒂斯是首席执行官，但要紧的是这个职位而不是他这个人。

1958年8月31日，柯蒂斯从通用汽车公司退休，两周前他度过了65岁生日，为通用汽车公司奉献了44年。他一直在董事会任职，直到1962年11月3日逝世，享年69岁。柯蒂斯逝世时，《纽约时报》在第88页刊登了一篇两栏的讣告。正如讣告中所说，他的人生几近完美，只有一件事敲击出意外的不和谐音符。

柯蒂斯喜欢打猎。1959年11月，他和好朋友，也是通用汽车公司的前副总裁哈里·W.安德森（Harry W.Anderson）以及另外两位朋友去圣安妮岛（St.Anne Island）打猎，这是圣克莱尔湖（Lake St. Clair）位于加拿大一侧的一处占地7000英亩的专属保护区。（底特律位于圣克莱尔湖位于美国的一侧。）11月18日，柯蒂斯误用猎枪枪杀了安德森。

几十年后，安德森的遗孀维达（Veda）回忆起柯蒂斯到她家里吊唁的情景。"他那么心烦意乱。我永远也忘不了他当时的样子。他几乎不知道怎么走路，怎么说话。他太痛苦了，这件事令他非常伤心。事实上，他也'死了'……他的心碎了。他始终没有从这件事中走出来。"

柯蒂斯是"组织人"的典范。他非常能干，尽职尽责，诚实正直。在世界第一大经济体中，这些素质是在一家成长型企业中获得晋升的必要条件。这个悲惨的结局本不应该出现在他的人生剧本中。但是，即使是一个非常遵守规则的人，可能也不得不面对生活中巨大的不确定性。

第4章

小说中20世纪50年代的企业主管：穿灰色法兰绒西装的男人和组织人

1955年，哈洛·柯蒂斯成为《时代周刊》的年度风云人物。同年，史蒂夫·乔布斯出生，斯隆·威尔逊（Sloan Wilson）出版了他的第一部小说《穿灰色法兰绒西装的男人》（*The Man in the Gray Flannel Suit*）。此书一度热卖，并于1956年改编成电影，由格雷戈里·派克（Gregory Peck）主演，同年威廉·H.怀特出版了《组织人》。

作为一部小说，《穿灰色法兰绒西装的男人》很容易被人遗忘。电影也拍得糟糕透顶。但作为一部反映时代特色的文献，这部小说值得一提，它曾在公众中引发共鸣。它对小说的价值就像《组织人》对于新闻业的价值一样。

这部小说被翻译成26种语言。裁缝们想免费为斯隆·威尔逊提供灰色法兰绒西装，而那些从预科学校就穿着这种西装的商人们开始改穿运动服上班，以证明他们在精神上是自由的。记者戴维·哈伯斯塔姆（David Halberstam）称为"50年代最具影响力的小说之一"，他写道："这部小说直击心灵。"

小说中的故事发生在1953年。主人公叫汤姆·拉斯（Tom Rath），他是一个正派的好人，与妻子和三个孩子组成了美满的家庭。他住在美国康涅狄格州南湾的一个虚构的小镇上，距离韦斯特波特（Westport）不远，每天乘火车前往纽约市的一个非营利基金会工作。

小说开始时，拉斯听说联合广播公司（小说虚构的一家公司）有职位空缺，如果他能获得该职位，他每年的收入将增长为1万美元，而他当时在基金会的年薪是7000美元。

拉斯得到了这份工作，成为联合广播公司首席执行官拉尔夫·霍普金（Ralph Hopkins）的私人助理。我们会看到他破解政治阴谋的过程，这占据了小说的大部分篇幅。

我们还了解到，拉斯在第二次世界大战期间是一名伞兵，空军上尉。他杀死了17个人，其中至少有一人是他亲手杀死的。在这17人中，有一位是他最好的朋友，他死于一场误伤事故。在服役期间，他与一位年轻的意大利女孩有一段露水情缘。在得知对方怀孕后不久，他遵从部队命令抛弃了女孩。

给读者留下深刻印象的是拉斯紧张刺激的战时经历和战后空虚的平静生活之间的对照。有时他坐在联合广播公司的办公桌旁无所事事。

更引人注意的是，拉斯是一个空虚的人，他的妻子也同样空虚。斯隆·威尔逊写到他的主人公时曾说："在商界所要求的温文尔雅的外表下，汤姆·拉斯的内心充满了愤怒。当我叫他'拉斯'[①]（Rath）时，我原以为有人会批判我取名的用意太过明显，但在书中由于拉斯举止斯文，并没几个读者觉察到这一点。"

[①] Rath有"愤怒"之意。——译者注

　　我承认自己就是未能"觉察到这一点"的读者之一。根据D.H.劳伦斯（D. H. Lawrence）的格言，"永远不要相信艺术家，相信故事"，拉斯没有那么愤怒，而是非常空虚。斯隆·威尔逊并没有理解这个人物。

　　即使在第二次世界大战期间，当生命处于极度危险之中的时候，小说中的拉斯也完全没有向读者揭露战争的本质，对敌人也没有表现出特别的厌恶，当然也没有仇恨。他并非出于爱国精神而战斗。他参军是因为当时像他这样的哈佛大学毕业生都这么做。

　　退伍后，拉斯不想要什么事业，只想要一份工作。如果工作的内容是取悦老板，那也没关系。他不是一个有感召力的人，也没有雄心壮志。一想到要和这个人一起参加真正的战斗或在商场竞争，就会令人觉得很可怕。总而言之，拉斯是一个随波逐流的人。他的妻子也是。他们就是超凡魅力者的反义词，简直是无聊透顶。

　　那么联合广播公司首席执行官拉尔夫·霍普金是什么样的人呢？读者对他有什么看法？他似乎是个相当不错的人，总是彬彬有礼。按照当时的标准来看，他非常富有，年薪20万美元，坐拥500万美元的资产。小说不止一次提到他身材矮小，身高不超过"五英尺三四寸"。在第一次见面之前，汤姆还以为对方是个"七英尺高"的人。

　　当要在爱情和权力之间做出抉择时，霍普金选择了后者。他那娇生惯养、不招人喜欢的18岁女儿嫁给了一个比她年长一倍的不中用的花花公子。霍普金的妻子郁郁寡欢，夫妻间有很深的隔阂。霍普金本人是个工作狂，没有时间处理这些事情。我们可以从小说中得知，霍普金50岁，但读者会感觉他至少有60岁了。他被迫过着这样的生活。他没有自由意志。

尽管有人认为联合广播公司是一家大公司，但我们看到的其他高管几乎全都无所事事。他们都是马屁精。唯一的工作就是应付霍普金，同时让他意识不到自己被应付了。霍普金受到的待遇就像柯蒂斯一样（"他一动，下属们就会纷纷跳起来"）。

尽管霍普金取得了世俗意义上的成功，但他对幸福却一无所知。小说结尾处，他对拉斯说："总得有人做大事！……这个世界是由我这样的人建立的！要真正做一件事，你必须全心全意！你们这些只肯花一半心思工作的人都在愚弄我们！"电影剧本对这段离别宣言进行了一点修改，使霍普金的论点更加清晰："……全身心投入，心无杂念。如果没有像我这样的人，就不会有成功的大企业。我错就错在成为这些人中的一员。"我们每个人都背负着自己的十字架，但霍普金发现他的十字架尤为沉重。对他来说，"成功"的确"是魔鬼也是女神"。

他是一个受害者，不值得羡慕或效仿。我们很少遇到这么欠缺魅力的人。也许身居高位是孤独的。但他孤独吗？我见过一些不喜欢自己工作的首席执行官，但这样的人真不多。

1956年，威廉·H.怀特出版了《组织人》。正如一位专栏作家所说："怀特书中的'组织人'很快就跟斯隆·威尔逊的畅销小说《穿灰色法兰绒西装的男人》中的主人公混淆在一起。"这种混淆是可以理解的。汤姆·拉斯，一个身穿灰色法兰绒西装的男人，是对《组织人》中的典型人物的虚构化描述。如果说两者有什么区别的话，那就是这种混淆对威廉·H.怀特是不公平的，他的洞察力比斯隆·威尔逊更加敏锐。

对于大企业在20世纪50年代美国人生活中的支配权，威廉·H.怀特和斯隆·威尔逊都毫不怀疑。他们提出的问题是个人如何应对这种社会体系？

在威廉·H.怀特的书中，社会对像公司这类组织的需求非常明确。组织表现出仁慈的一面。它会为你支付足够的报酬，从而让你过上比父辈更加优渥的生活。组织会照顾你。

这种仁慈的代价一开始是看不见的，但绝不是微不足道的。在组织中，你的目标是符合它所要求的平庸。请记住："这里没有天才，只有一群聚在一起工作的普通美国人。"普通就是目标。要实现这一目标，需要遵守组织和委员会（组织借此实现自我管理）的规定。归属该组织所付出的代价是牺牲你的个性。那些让你与众不同的东西都必须留在组织的门槛之外。组织仁慈地"杀死了你"。威廉·H.怀特写道："与明显的暴政作斗争很容易；与仁慈作斗争并不容易……"后者是天鹅绒手套，而不是铁拳。但这副手套会紧紧地束缚你。

威廉·H.怀特出生于美国费城郊区的一个中上阶层家庭，读预科学校，1939年毕业于普林斯顿大学。1941年到1945年，他在海军陆战队服役，1946年到1958年，他供职于《财富》杂志，担任撰稿人和编辑，后来成为一名独立作家。

从普林斯顿大学毕业后到参加海军陆战队之前，威廉·H.怀特在维克化工公司（Vick Chemical Company）找到了一份工作，该公司现已被宝洁公司（Procter & Gamble）收购。威廉·H.怀特在书中描述了维克化工公司的培训项目，这正是该书的价值所在。维克化工公司的经商方式与威廉·H.怀特笔下的战后情况截然不同。

这个培训非常注重实际。威廉·H.怀特和他的同学们的大部分时间都花在"对于标价、销售说辞、反驳意见，以及其最大竞争对手的价格和技术的记忆上"。威廉·H.怀特解释道："我们得到的管理理念可谓再简明不过。"公司总裁H.S.理查森（H.S. Richardson）先生带着参加培训的学员来到位于克莱斯勒大厦（Chrysler Building）顶楼的云俱乐部（Cloud Club）。38名学员都去了。大家都明白，再过一段时间，他们当中只有六七个人会再次受邀回到这里。

理查森向学员们提出了一个问题：假设你是一名制造商，多年来，一家小供应商一直都在为你的产品生产纸箱。你对该供应商十分满意，对方也十分专业，完全依赖你的生意。但有一天，另一个人来告诉你，他能以更低的价格提供相同的纸箱。你会怎么做？

参加培训的学员们有些坐不住了。他们追问道：便宜了多少？原有的供应商能否给出更低的报价？理查森对他们的回答显得很不耐烦。其实这个决定很简单。报价更低的新供应商签下了合同。你必须明确自己想不想成为一名商人。如果你想，那么答案就简单明了。

在这堂赤裸裸的社会达尔文主义课程之后，学员们进入实地实习。这是见分晓的地方，是商业领域的"帕里斯岛"①（Parris

---

① 自1915年起，帕里斯岛一直是美国海军陆战队的新兵站，每年训练数以千计的海军陆战队士兵。——译者注

Island）。威廉·H.怀特被分配到肯塔基州东部地区。他住在一家破旧的旅馆里，起早贪黑，但白天的工作也进行得不怎么顺利。

"我们的任务是，说服经销商（即一家杂货店的老板）接受我们公司一年的供货量，当然，若是能够说服他接受更长时间的供货量则更好，这样他就没有多余的资金去购置其他品牌的商品，或者是将多余的货架空间留给其他品牌的商品。在做过一番推销之后，我们会转而进行市场调查，记下'狡诈的'竞争对手的销量（我们的报告中没有提及任何其他类型的对手）。"接下来，学员们要瞅准机会向经销商的鼻子里喷一些Vatranol（这是一种用于预防或缓解普通感冒症状的减充血剂）。此外，学员们还要在商店各处以及他们能找到的每一个仓院门和栅栏柱上都贴上广告贴纸。

这不是一个轻松的差事。威廉·H.怀特要向一些店主推销产品，他发现自己对这些店主心怀愧疚，也为自己感到难过，每天工作12个小时，向不想买东西的人推销，夜以继日地填写表格。最糟糕的是，他并没有卖出多少产品。

"公司把我们的一位培训主管派了过来，想让他看看有没有什么好的挽救办法。"这位主管观察了怀特的推销技巧，然后告诉他，问题出在他的心态上。"小伙子，你永远不可能卖给任何人任何东西，除非你了解一件简单的事情。那就是，站在柜台里边的那个人是你的敌人。"这就是维克化工公司教给这些学员的对待每个人的方式：把他们当作敌人。相信我，哈佛大学商学院不会教这种东西。他们的目的就是推销商品，并在乡村贴满广告标牌。纯粹而简单，毫不留情。这就是学员们在这次"突击实习"中所学到的东西。

结束了在维克化工公司短暂的职业生涯后，威廉·H.怀特加入了美国海军陆战队，成为一名军官，在瓜达康纳尔岛（Guadalcanal）参战。他经历了十分惨烈的战斗，还杀了人。他的朋友战死。他不仅看到了敌人的勇敢和愚蠢，也看到了自己的勇敢和愚蠢。

这是一次真正的"突击实习"，但敌人不是商店老板。这时的敌人是一名真正的战士，手里拿着真实的武器，能够而且确实杀死了你的朋友，当然，由于战斗的不可预测性，他也可能会杀死你。威廉·H.怀特亲身经历了虚构人物汤姆·拉斯所经历的战争。

威廉·H.怀特在瓜达康纳尔岛感染了疟疾，战役结束后他返回美国。第二次世界大战结束前，他在美国海军陆战队指挥与参谋学院（U.S Marine Corps Staff and Command School）授课，并撰写文章。他的洞察敏锐，文笔朴实，在肯塔基州东部山区为维克化工公司"满街推销"时的那种自怜情绪也不见了踪影。

威廉·H.怀特在瓜达康纳尔岛获得了成长。他的作品有一个有趣的特点，那就是有时候他会对敌人表现出近乎同情的语气。例如，"敌军士气低落。前哨站的士兵可能身体虚弱，饱受饥饿之苦，也可能心怀不满。"威廉·H.怀特在《海军陆战队公报》（Marine Corps Gazette）上的文章引起了《财富》杂志的注意。

威廉·H.怀特先在维克化工公司推销产品，后在瓜达康纳尔岛战役中围歼敌军，这些经历一定影响了他对美国企业的态度，战后他也注意到了这一点。在瓜达康纳尔岛，特别是作为像威廉·H.怀特一样的情报人员，你值得用生命牢牢把握现实。"你必须观察每一个灌木丛中是否有隐藏的狙击手和机关枪。你必须倾听鸟鸣，区分真实的鸟叫和日本士兵伪装出来的鸟叫声。"

一部是虚构作品，一部是非虚构作品。20世纪50年代的评论员们认为，这两部作品瞄准了时代特征。作品所讨论的人物生活的核心是空虚感。没有使命感，没有精神生活，没有机会成为英雄，没有机会脱颖而出。

有一位学者称那个世界充满"压抑的宽容"。只要你遵守规则，照章办事，公司就会好好照顾你。安全的代价是平庸。适者生存，让别人为你做决定，收起你的个性。

有些人觉得这种环境很舒适，因为自己无须费神。而另一些人在这种环境中感到窒息。

第5章

埃德温·兰德：超越时代的魅力型商业领袖

埃德温·赫伯特·兰德（Edwin Herbert Land）于1909年5月7日出生于美国康涅狄格州的布里奇波特（Bridgeport）。他是一个真正的个人主义者，一个有影响力的人物，一个天生的技术革命家。他没有入选《时代周刊》的"企业领袖画廊"（Gallery of Corporate Leaders），该版块与介绍"年度风云人物"哈洛·柯蒂斯的文章一起发表。1972年6月26日，兰德登上了《时代周刊》的封面，封面中，兰德正在使用宝丽来公司（Polaroid）——由他共同创办并运营的公司——最伟大的技术成果，SX-70相机拍照。几个月后，1972年10月27日，兰德登上了《生活》杂志的封面。封面上方的标题是"天才和他的神奇相机"。这款相机是SX-70。再多的广告费也买不到这样的宣传。SX-70最初的代号是"阿拉丁"（Aladdin）。这个名称非常合适——兰德和宝丽来公司的确在"变魔术"。

兰德的父母是东欧犹太人后裔。他的父亲拥有一个废金属场。据说他的家庭相当富裕。第一次世界大战后不久，兰德的父亲将全家人和生意迁往康涅狄格州的诺维奇市（Norwich），之后全家便定居在此。根据一位传记作者的说法，兰德家族的生活"稳定而传统"。这个描述很有趣，因为兰德是"最不传统"的商人。1964年，他说："要想在一个领域内实现创新，必须在其他领域保持固定不变的态度，从而保持情绪和社交关系的稳定。"1929年，兰德与海伦·特雷·梅斯伦（Helen Terre Maislen）结婚。这段婚姻持续了62年，直至他去世。

兰德认为自己是一名科学家，但他是"具备将卓越的技术创新转化为商业成就的杰出能力"的科学家。从年轻时起，确切地说是从童年起，兰德就对光产生了兴趣。同样是从很小的时候起，他就认为**伟大的发明——即挑战发明家想象力并改善人们生活的发明——与商业息息相关**。这一观点可以解释为什么兰德没有从事学术研究——他肯定会取得丰硕的学术成果，以及为什么他没有担任顾问，通过将自己的发明创造出售给大型知名企业来谋生。他希望掌控自己的技术创新在商业领域的命运。

兰德希望通过创造人们从未想到过的产品来创造未来。他的目标是解决别人没有发现的问题。解决这些问题的产品必定不是平庸之物，不仅要有突出的功能，还要有亮眼的外表。对他来说，美学和进取精神是密不可分的。"我首先是一名艺术家，"他在晚年表示，"我所关心的是爱和情感，我希望分享美，并将美作为日常生活的一部分……我很幸运……能够通过为一个温暖、富有的世界做贡献来谋生……如果我利用自己的科学和专业能力来做这件事，我认为生活会变得更加美好。"一位商业历史学家在写到兰德的时候，将有关他的章节命名为"哲学家—科学家"，这个章节标题的剩余部分是"及其分身史蒂夫·乔布斯。"他们两人很适合做比较。在兰德的维基百科页面上，我们可以看到："受其影响者——史蒂夫·乔布斯。"

乔布斯在1985年说过："兰德不仅是我们这个时代的伟大发明

家之一，更重要的是，他看到了艺术、科学和商业的交集，并建立了一家企业来反映这一点……人才是国家的财富。"当乔布斯在罗兰研究院（Rowland Institute）——兰德创建的一个研究机构——见到兰德时，两人的朋友汤姆·休斯（Tom Hughes）说："乔布斯表现出我从未见过的情绪化的一面。这有点像是父子团聚。乔布斯显然很钦佩兰德博士，并且对他说的每一句话都心服口服。这是一个非常感人的时刻。"

乔布斯曾说："苹果公司的DNA中只有技术是不够的——技术要与人文学科相结合，才能产生让我们心跳加速的结果。"兰德是一位自学成才的杰出科学家和发明家，拥有533项专利（托马斯·爱迪生拥有1093项专利），但他对艺术也有很深的造诣。如果你想改变摄影行业，艺术才能是一笔宝贵的财富。他最著名的发明是即显摄影，他说，即显摄影的目的"本质上是美学"。

1926年，兰德毕业于诺维奇自由学院（Norwich Free Academy）。在这里读高中的时候，他学习了许多课外知识。他的物理老师说兰德"已经超出了我能提供指导的水平。"接下来他考上了哈佛大学，在那里学了一年化学，然后就去了纽约。在纽约，他发明了第一个平价的偏振器滤光片（用于消除刺眼的光）。

1929年秋天，兰德重回哈佛大学。他于同年11月10日结婚。在这个周末，由于10月29日开始的股市暴跌，他损失了近1万美元。这在当时是一笔巨款，但这对新婚夫妇并没有感到不安。

兰德的才智和干劲给他在哈佛大学的物理老师乔治·惠尔赖特三世（George Wheelwright Ⅲ）留下了深刻的印象，因此惠尔赖特提议共同创业。1932年夏天，两人共同创立了兰德—惠尔赖特实验室（Land-Wheelwright Laboratory）。这是兰德第二次从哈佛大学退学。当时正值美国历史上最严重的经济萧条，并不是创业的好时机，但两人都毫不畏惧。他们相信，透镜能够在汽车行业中找到市场，这种透镜可以使光发生偏振，以解决前照灯光刺眼的问题。但汽车行业的短视问题日益加重，因此他们对此毫不感兴趣。然而，在太阳镜制造业，以及在第一波3D电影热期间，偏光镜片找到了广阔的市场。这家公司不仅生存了下来，还被誉为革新者，兰德开始吸引一些公众的关注。他们需要一个新的名字。于是在1937年，他们将公司命名为宝丽来，并将合伙企业转型为有限责任公司。因此外界认为宝丽来公司的成立时间是1937年，而不是1932年。

同年，惠尔赖特离开了公司。兰德的生活节奏极快，惠尔赖特根本跟不上。惠尔赖特很失望，"我没有完成想为他做的事"。对于这一说法，一位认识两人的朋友偶然发现了一个事实。"听着，惠尔赖特，（和兰德一样）如果你参与了这场表演……你就完成了你想做的事。你得到了你想要的东西，我也得到了我想要的东西。"惠尔赖特和兰德分道扬镳，这令两人十分痛苦，但他们依然保持了良好的关系。两人合作破裂证明了一个事实，那就是魅力型人物往往难以与合作伙伴保持持久亲密关系。在接下来的40多年里，宝丽来公司确实成了"一个人延长了的影子"。

该公司在第二次世界大战期间得以幸存，成为夜视镜等军用设备的承包商。1943年发生了一件将兰德和宝丽来永远绑在一起的突破性事件。当时兰德和他的家人在新墨西哥州度假。他为3岁的女儿珍妮弗（Jennifer）拍了一张照片。所谓有其父必有其女，珍妮弗想立刻看到这张照片。为什么不行呢？你只要了解洗照片的暗室，就能给出一打的理由。但对于兰德来说，这个问题让他意识到，是时候动脑筋了。

"当时的积雪大约有一英寸厚，"他后来回忆道，"阳光明媚，你在外面散步时可以不穿外套。所以，我出去散步，脑海中萦绕着女儿的问题，圣达菲（Santa Fe）那清爽宜人的高原空气刺激着我。在散步的过程中，一个问题不断浮现出来：'为什么不行呢？为什么不制作一台能立即显影的相机呢？'"

"我认为解决问题的方法只有一个，就是从自己的个性、经验和背景出发。在那天以前，我和同事一起研究了许多摄影过程，特别是立体成像（Vectograph），它借助矢量不等性制作图像，即三维图像。我们一直在为军方制作这些图像，在这个过程中，我们学到了大量有关影像制作的知识……"

"奇怪的是，在那次散步结束以前，这个问题的解决方案已经有了清晰的轮廓。"新墨西哥州的别名是"迷人乡"（The Land of Enchantment）。兰德认为这个名称非常贴切。

兰德将自己的注意力全都投入相机和摄影世界中。这里既有无限的技术挑战，也有彰显美学价值的机会。

史前人类就已经开始画画了。这项活动让我们互相联系，使我们有别于动物。动物不会画画，但我们会。

每个人都要面对一个敌人。图像是对抗敌人的强大武器。生命终将结束，我们都会死亡。但是一张照片会让时间暂停，让瞬间凝固或永恒。想象在你一生中最快乐的一天。如果你有这一天的照片，就拿出来看一看。从某种意义上来说，你可以再次体验这一天，即使它早已是过去式。1972年，兰德回忆起他童年的一段经历。"孩子周围的世界瞬息万变，毫不牢靠，危险重重。它总是稍纵即逝，无法留住。对一个孩子来说，一张照片具有永恒性，既能永远留住他的外部世界，也能留住属于他自己的一部分。他从自己拍摄的每一张照片中获得了一种新的安全感。我现在还记得小时候拍摄的第一张照片，那是一张我们的法国鬈毛狗的照片。那只狗很不听话，总是乱跑。晚上在乡间漫步时，它总会做一些事情。然后我给它拍了一张照片。它就在那里，不会离开。"兰德的一位同事曾形容他"像个小孩子一样精力旺盛"。除能连续几个小时专注工作之外，他的周遭也隐藏着一种诱人的活泼氛围。

自从摄影术发明以来，人们写了很多与之相关的著作，世界上最富创造力的一些艺术家选择通过摄影来表达自己。相机不仅是一个玩具，也不仅是一种拥有神奇技术的工具，尽管它兼具玩具和"魔法"的特性。像其他伟大的艺术表达媒介一样，照片可以影响不同背景、文化和语言的人。它不只是一种产品。它可以让摄影师来表达人类的状况。

1987年，兰德曾说："我的座右铭非常个人，可能不适合其他人或任何其他公司。它的内容是不要做其他人也能做到的事。除非这件事非常重要且近乎不可能，否则就不要去做。"即显摄影符合这个条件。美国化学学会（American Chemical Society）对2015年8月13日麻省理工学院博物馆（MIT Museum）落成典礼的报道称，

"兰德设想的即显摄影系统与传统的胶片冲洗有根本区别……兰德的系统需要一种新型的照相机和胶片，并将一间暗室的所有组件压缩成一个胶片装置，胶片从相机中弹出后，要在不到一分钟的时间内冲洗出来……该系统可以让用户在摄影后立刻看到图像，这是对传统摄影的一次变革。"

1947年2月21日，美国光学学会（Optical Society of America）在纽约市召开会议，兰德在会上首次展示了即显摄影。他知道如何介绍产品。"兰德用一台经过改装的8×10相机为自己的脸拍了一张照片。然后他从相机中取出底片，将它与一张相纸贴在一起，再将它们放进处理器开始冲洗……然后他设置了一个计时器，并告诉观众等待'50秒'。（计时器）响起后，他展示了一张完全显影的脸部照片。人们屏息凝神，即显摄影诞生了。"记者们的结论是，这种装置是"革命性的"。人们花了一年的时间才弄清楚如何制造这架照相机。

1948年感恩节后的第二天，第一台直接出售给消费者的宝丽来相机开始在著名的波士顿乔丹玛什百货公司（Jordan Marsh）销售。这款相机的型号是Model 95（95式），装有40型胶卷，说实话，它并不是世界上最伟大的相机之一。理想情况是"一台能够一步到位的小巧的彩色照相机"，而现实情况是它"又大又重（5磅），而且……价格昂贵（89.95美元），需要手动设置快门速度，手动打开镜头，反复练习才能拍出勉强凑合的照片……而且拍出的照片色调是深褐色的，满是怀旧的气息。"兰德将整个公司都押在了这台相机上。当你用公司做赌注时，那你只有一次机会。

　　没人知道这台相机会怎么样。不用说，也没有进行过任何专题小组讨论。这台相机在几分钟内就卖完了。"现场忙得不可开交……结果一位顾客（意外地）买到了一台无法使用的模型机。"

　　依靠即显摄影——无论它有多么不完美，兰德和宝丽来公司都算捡到了宝。"正如兰德所料，这种新相机找到了稳固的利基市场（具有高度专门化需求的市场）。它迎合了美国人对小玩意儿的热爱，对即时满足的渴望，以及看重视觉的心理，这是一种长期以来由电影、新闻短片、图片杂志……很快也包括电视所培养出来的嗜好。"

　　在接下来的几年里，宝丽来公司不断推出改良的新相机。相机的数量令人吃惊。宝丽来公司完全不担心库存量单位（SKU）增长。质量提高的同时，价格也在下降。宝丽来公司也毫不避讳地表示将进军低价市场。尽管与苹果公司有很多相似之处，但这两家公司在这个方面大不相同。苹果公司以高价出售产品。当宝丽来公司决定进军大众市场时，它在1965年推出了Model 20 Swinger[①]相机，零售价为19.95美元。

　　"这款定焦式相机质量轻（22盎司[②]），操作方便。你只需看着取景器，转动一个红色旋钮，一看到出现'YES'就点击快门，然后在10到15秒内将拍摄出的黑白照片（一包胶卷有8张）拉下来，接着涂上一层化学涂料。该产品配有'内置闪光灯'，一经上市就被抢购一空，以至于宝丽来公司不得不向相机商店定量供应。"

---

① 　英文Swinger意为"赶时髦的人"。——编者注
② 　1盎司≈28.349克。——译者注

　　Swinger是宝丽来有史以来销售速度最快的相机。在油管（YouTube）网站上的Swinger广告中，年轻人拿着相机在海滩上嬉戏。阿里·麦克格雷夫（Ali MacGraw）就是其中一员。当时一位记者称赞广告"乐曲朗朗上口"。请注意，这首广告歌现在听起来并不悦耳，播放的时候最好静音。

　　1947年，也就是兰德隆重推出了即显摄影的这一年，宝丽来公司的销售额为150万美元，亏损近100万美元。10年后，当该公司在纽约证券交易所上市时，销售额达到4804.3万美元，利润为535.5万美元。10年后的1967年，公司销售额增长至3.744亿美元，利润为5740万美元。1968年，销售额达到4.02亿美元，利润达到5890万美元。1969年，销售额为4.696亿美元，利润为6310万美元。宝丽来公司成为"漂亮50"（即50支优秀股票）之一，是华尔街的宠儿。到1972年，公司的市盈率达到93.5倍，股价飙升至每股140美元以上。

　　宝丽来相机尽管取得了成功，但仍有一些明显的不足。用1970年一位记者的话说："无论过去还是现在，兰德的相机都不适合大众市场。它的体型庞大、价格昂贵、难以操作，无法快速拍摄一系列照片。兰德的相机用户拍出了一连串的垃圾。没有额外的底片进行冲洗和放大。胶片似乎也不便宜。巧妙的创新可以取悦对技术感兴趣的人，但它并不能抵消缺点。"

　　事实的确如此。解决方案是SX-70相机。这是另一个"以公司为赌注"的产品。它使宝丽来公司的压力达到了极限。兰德常说："高尚的品德与优秀的产品是战无不胜的。"他的另一句话是哈佛大学商学院不会教给你的，"如果有一件事值得做，那它就值得做得更好"。如果SX-70相机能够实现兰德的设想——这可不容易做到，那么它将是一件伟大的产品。它将验证这些命题。一个人可以同时是企业家、愿景家、基础科学家、技术专家和营销专家吗？兰德具备这些能力，但SX-70相机的制造带来了巨大的压力和焦虑，以至于公司内部出现了裂痕，并且随着时间的推移，裂痕越来越大。此后宝丽来公司始终没有真正地从生产SX-70相机所造成的创伤中恢复过来。

1877年11月13日，乔治·伊士曼（George Eastman）花了49.58美元购买了他的第一台相机。为了学习如何使用相机，他又花了5美元，总计54.58美元。在1877年，人们必须准备很多东西才能拍出一张照片。下面这段话描述了伊士曼最初用到的工具："笨重的相机机身，连同一个三脚架，此外还有盘子、纸张、存放底片的盒子，还有一个可以搭建成暗室的帐篷，以及一个小型化学实验室的装置，包括硝酸银、醋酸钠、氯化金、氯化钠和氯化铁、火棉胶、清漆、酒精、石蕊纸、比重计、刻度盘、蒸发皿、漏斗、鬃毛刷、天平和砝码以及冲洗盘。"

23年后的1900年，伊士曼柯达公司（Eastman Kodak Company），简称为柯达公司，推出了布朗尼相机（Brownie），使摄影大众化成为可能。胶片的价格是1美元15美分。它的广告成为历史上最伟大的口号之一："你只需按下快门，剩下的交给我们来做。"

宝丽来相机并不像伊士曼购买的第一台相机那么复杂，但使用起来也不方便。Swinger的使用说明连篇累牍，像所有的说明书一样，这本说明书读起来也是不知所云。如果你没有掌握使用方法，将面临什么后果？正如说明书上所警告的那样："如果未按使用说明操作，你可能会陷入麻烦。"不用说，广告里可没有这一警告。全面对比乔布斯和兰德之后，我们会发现，几乎所有的苹果公司产品都没有纸质使用手册。

自几十年前推出即显摄影以来，SX-70相机就是兰德一直梦想制造的相机。它是宝丽来版的"布朗尼"。你只需按下快门，剩下的交给相机去做。

1972年4月25日，SX-70相机面世。宝丽来公司从20世纪60年代中期就开始研发该产品，并为此耗费了5亿美元。那天，数千名股东、市场分析师、宝丽来公司员工和记者聚集在波士顿郊区尼德姆（Needham）的宝丽来园区，他们看着兰德登上舞台，从夹克口袋里取出SX-70相机（质量只有22盎司），点燃他的烟斗，继续进行《纽约时报》所谓的"独角戏"。《时代周刊》报道："今后，摄影将与原来大不相同。"

宝丽来公司营销副总裁彼得·C.文斯贝里（Peter C.Wensberg）解释了该项目的规模："规模化生产这台相机将包含革命性的光学元件和一整套光子控制装置，其中一些尚未发明出来。我们同时建造了三家宝丽来工厂……每一家工厂都需要加工机械，而这些设备尚未构思、建造和安装……许多重要的生产问题尚未解决，因为相机和胶卷的规格始终在变。SX-70项目非常复杂，它拓展了6种技术的边界，因此从事该项目的员工只能对自己倾注精力的那一项任务抱着坚定的信念和乐观心态。实际上，公司里只有兰德清楚地知道必须克服哪些困难。我们其他人只能猜测。"

想一想文斯贝里的话。参与SX-70项目的人必须"抱有坚定的信念"。为什么人们会抱有坚定的信念？因为他们有一个魅力非凡的领袖。兰德不畏艰难，一次又一次地证明怀疑者是错的。当然，这次冒险也不例外。

相机的营销和销售规则是追求极致。20世纪最伟大的演员劳伦斯·奥利弗（Laurence Olivier）为SX-70相机拍了一支60秒的广告，获得了25万美元的报酬，他的合同规定该广告不得在英国播放。这是他拍过的唯一一支商业广告。

兰德有宏伟的梦想。"我希望SX-70相机能像电话一样得到普及。"这一次，兰德却心有余而力不足。SX-70相机比预期的上市时间晚了9个月，于1973年9月开始在全美国销售。一经问世就问题重重。到了1974年中期，宝丽来公司的股票每股售价为14美元。这是令人震惊的过度反应。公司每股账面价值超过19美元。突然之间，一家曾经价值45亿美元的公司缩水成了4.5亿美元。兰德和他的妻子以及他们的慈善机构损失了约6亿美元，之后股价有所反弹。利用股票激励管理层，使管理层的薪酬与其持有的公司股票挂钩，能做的也只有这么多。

事实证明，SX-70相机取得了技术上的胜利，但它只能算一个一般成功的商业产品。创造它所投入的成本令公司承受了巨大压力。兰德的"魔力"消失了。有一位产品专家得出了这样的结论："SX-70相机是一场豪赌，宝丽来公司赢了，但赢得惨烈，且成功的时间比预期晚，破坏了兰德在管理者、投资者，甚至与他相识最久的董事会成员心中的信誉。投资者遭受了损失，魅力不再能吸引投资，宝丽来公司无法从股票市场筹集新资本，因为它一而再再而三地将钱用于下一次技术冒险……（最终）宝丽来公司掌握了这场技术革命的要领，它撑住了。"这段话其实是明褒实贬。马克斯·韦伯观察了具有超凡魅力的人，发现当这些人失去创造奇迹的能力时，他们也会失去魅力。

1975年1月，兰德任命威廉·J.麦丘恩（William J.McCune）为宝丽来公司总裁。在此之前，兰德掌握着公司的一切，他是总裁、董事会主席、首席执行官、首席技术官并承担其他所有首席职务，此外他还是大股东。麦丘恩当时59岁，自1939年以来一直在宝丽来公司工作。兰德当时65岁，在董事会的敦促和压力下才采取了这一举措。1974年宝丽来公司的利润（2840万美元）远低于1973年（5180万美元）。必须采取一定的措施，于是兰德卸任总裁，但他仍然担任董事会主席和首席执行官。他还没有完成在技术前沿的冒险。

宝丽视（Polavision）是一个即时显影电影系统，这是兰德接下来的至爱项目。他在1977年向媒体介绍了这个想法。在问答环节，有人提问："利润如何？"兰德回答道："宝丽来公司的任务是在行业内创造从未存在过的领域。这有助于经济发展，并带来美的享受，同时还能赢利。我求你们不要再瞎扯什么产业结构。它让年轻人丧失兴趣。'唯一重要的是利润？'这是一句多么自以为是的话。鬼才管什么净利润呢，商业的真正任务是创造新事物。"

现在轮到兰德认识现实的无情了。宝丽视是一个失败的项目，是兰德职业生涯中最彻底的失败。1979年9月，宝丽来公司宣布注销6800万美元。

这也是宝丽来公司兰德时代的终结。他最大的优点——天资、执着、乐观、无情、顽强——在20世纪70年代逐渐成为最大的弱点。他在公司里变得更加孤立。最后，在1979年，董事会要求他辞职。他持有公司的大量股份，本可以反对这个决定。但这个战斗了一生的人明白，是时候离开了，至于他为什么做出这个决定，其中的原因已无据可查。作为公司高管，他与宝丽来公司断绝了联系，在1982年和1985年，他出售了自己持有的400万股股份，结束了与该公司的财务联系。一个时代结束了。

对于失去兰德以后的宝丽来公司，人们能说些什么呢？威廉·J.麦丘恩接替兰德成为宝丽来公司的首席执行官。在1983年兰德辞去董事长一年后，他对《纽约时报》表示："兰德博士是一位天才，公司绝大部分的创造力都来自他对事物的认知和坚定的信念。显然，我们公司再也没有这样的天才了。"麦丘恩的话完全正确，但他能够公开承认这一点，也着实令人惊讶。无论是在他还是他的继任者的领导下，宝丽来公司始终没有再生产出真正令人兴奋的产品。这家公司投入大笔资金研发电子产品，但始终不知道如何利用所掌握的东西。由于公司成员想象力的匮乏，宝丽来公司的实力遭到了严重的削弱，被数字革命抛在了后面，最终于2001年宣布破产。兰德专心在他所建的罗兰研究院做研究，直到1991年3月1日去世。

无论组织人的定义如何，兰德都不属于组织人。公司为他工作，而不是他为公司工作。他满足了自己的需求——这是有魅力的人所具有的特征。用社会学家大卫·里斯曼（David Riesman）的经典著作《孤独的人群：关于美国人社会性格演变的研究》（*The Lonely Crowd: A Study of the Changing American Character*）中的术语来说，兰德是"内在导向"而不是"他者导向"的性格。他的"心理机制"如同陀螺仪，而不是雷达。

内在导向并不等同于自私。兰德为世界带来了即显摄影，从而为世界提供了一种可能，他相信这将丰富人们的生活。他认为自己比任何人都更有可能实现这一目标。还记得吗？他说你应该做只有你才能做到的事。挑战自己，督促自己。

要做到这一点，你必须自学。没有人能教你如何做以前从未有人做过的事。用于冲洗照片的暗室是一个复杂的地方，冲洗底片的过程非常复杂。把这些复杂的东西放进一个手持式设备里，这个想法令人惊叹。兰德3岁的女儿珍妮弗首先提出了这个想法，这不足为奇，但十分有趣。她只知道自己想要什么，却不知道实现自己的愿望有多难。她太过年幼，无法培养自己的想象力。你经常会看到，魅力型商界人士在面对挑战时会表现出孩子般的乐观。

兰德是一个使命驱动的人，他一生都对光着迷。他在职业生涯中赚取了大笔财富，但他并不热衷于赚钱。他不相信市场调查，因为他致力于创造人们从未想到过的产品。宝丽来公司的一位高管说："我从兰德博士那里学到……'理想的企业是由管理者和梦想家组成的，保护后者是前者的责任'。"

第二部分

1975 年到 1995 年：过渡期

1975年的美国与5年前大不相同。激情四射的20世纪60年代已经被冷静清醒的70年代所取代。至少从肯尼迪政府开始，也可以说是从艾森豪威尔政府之后，美国就参与了越南战争，直到1975年4月，杰拉尔德·福特（Gerald Ford）总统终于宣布战争结束。美国以完败收场。

20世纪60年代末，理查德·尼克松（Richard Nixon）以新政府首脑的形象再次出现在美国的政治舞台上，他在1968年的总统竞选中险胜休伯特·汉弗莱（Hubert Humphrey），并在1972年以压倒性优势获得连任，赢下除马萨诸塞州（和华盛顿哥伦比亚特区）以外的所有州，从而击败对手乔治·麦戈文（George McGovern）。

事实证明，"新尼克松"与"旧尼克松"没有什么不同。因参与掩盖水门事件，尼克松的第二任总统任期犹如一场慢放的火车事故。最后，甚至连共和党也与他反目，1974年8月9日，尼克松面对弹劾和指控，被迫辞去总统职务，成为美国有史以来第一位辞职的总统。尼克松离任前一天晚上发表了一场离奇的演讲，他说："要时刻记得，也许别人会恨你，但如果你对他们也开始怀恨在心，那你就输了。那是对你自己的损害。"尼克松无意中解开了他整个职业生涯的谜团。他对那些恨他的人怀恨在心，正是这一点毁了他。

这个时代的人永远不会忘记这个戏剧性事件。尼克松是美国历史上第一位被迫辞职的总统，他害怕那些被他视为"敌人"的人，他不得不说出那些显而易见的谎言。

越南战争和水门事件，这两个词应该合二为一。美国国民对其领导人的态度永远不一致。人们开始在汽车保险杠贴纸上用红字写上"质疑权威"（Question Authority）的字样。这种场景不会出现在20世纪50年代。这里所质疑的权威不仅仅是指政治权威。

20世纪70年代，美国在全球商业界的地位不断下滑。日本和欧洲在经历了第二次世界大战的浩劫后重新站稳了脚跟。美国不再独享"自由世界"的称号。

或许你还记得，1955年进口汽车只占美国国内销售额的0.71%，而1975年这个比例飙升至18.2%。这些进口汽车中有一半来自日本，丰田汽车公司在日本率先采用了一种新型生产体系，可以生产出高品质、高燃油效率的汽车。

在汽车工业史上，此时燃油效率比以往任何时候都重要。1968年，美国国务院通知外国政府，美国石油产量正在接近极限。两年后，美国国内石油产量达到顶峰。到1974年初，廉价石油的时代结束了。在其他石油输出国组织（OPEC）成员国的支持下，阿拉伯国家实行石油禁运，成功地将石油价格提升至5年前的8倍。

一个世纪以来，石油一直是美国工业经济的氧气。不仅是汽车业，所有的制造业，包括取暖用油、润滑油的生产和一系列其他活动都受到了影响。例如，在美国北部大学校园中，那些雄伟但老旧的建筑在建造之时并没有考虑到供暖成本，而现在这一成本突然变得至关重要。

美国人的生活发生了翻天覆地的变化。加油站前排起长队，星期天加油站还会关门停业。在那些冬季严寒的地区，学校放了漫长的寒假。当美国失去了对石油的控制权时，它在很大程度上失去了对国家命运的掌控。

在这个困难时期，全美人民都在问：领袖们都去哪里了？在接下来的四章中，我将介绍三位商界领袖——李·艾柯卡、玫琳凯·艾施（Mary Kay Ash）和山姆·沃尔顿（Sam Walton）。他们如何解决这个问题？在第9章，我们还将看到一个重要的趋势：投资者在企业管理中影响力逐渐上升。在这个时期，职业经理人必须更多考虑投资者，前几年罕见的恶意收购也变得更加普遍。

第6章

韧性：李·艾柯卡的故事

1964年，一位名叫亨利·纳什·史密斯（Henry Nash Smith）的美国文化历史学家发表了一篇题为《寻找资本主义英雄：美国小说中的商人》的文章。史密斯教授虽然进行了调查，但没有找到任何英雄。"寻找资本主义英雄……这项研究没有得出任何切实可行的结果，也没有迹象表明未来这项研究能取得成功。因为通俗小说家所使用的刻板印象无法撑起一个完全虚构的角色，而严肃文学作家似乎又对以经济学假设为基础的价值体系不感兴趣。"如果你要在20年后写作一篇同名文章，并且以现实而非虚构的资本主义英雄为主题，那么这篇文章不难写，你可以将李·艾柯卡作为文章的主角。

1924年10月15日，艾柯卡出生于美国宾夕法尼亚州的阿伦敦（Allentown），父母是意大利移民——艾柯卡于2019年7月2日在加利福尼亚州贝尔艾尔（Bel Air）的家中去世，他在汽车行业中度过了整个职业生涯，从1946年开始，跨越了半个世纪。之所以他能够在资本主义英雄榜上排名第一，是因为他拯救了当时濒临破产的美国第十大公司克莱斯勒汽车公司。

1984年出版的《艾柯卡自传》（*Iacocca: An Autobiography*）巩固了他的地位。令许多人惊讶的是，这本书成为1984年和1985年最畅销的非虚构类精装书。事实上，这是一本现象级著作。它于1984年10月15日出版，在一周内迅速登上畅销书排行榜榜首。两个月后，出版商印刷了一百万册平装本。这是截至当时销量最高的商业自传。

在克莱斯勒汽车公司陷入危机期间，艾柯卡曾在国会公开作证。更重要的是，他出演了"新"克莱斯勒汽车公司的电视广告。他成功说服国会通过了一项法案，俗称为"克莱斯勒救助法案"。吉米·卡特（Jimmy Carter）总统于1980年1月7日正式签署《1979年克莱斯勒贷款担保法案》（*Chrysler Corporation Loan Guarantee Act of 1979*）。该法案授权联邦政府向克莱斯勒汽车公司提供15亿美元的贷款担保，条件是公司需通过供应商、经销商和工会等相关方获得20亿美元。根据该法案担保的贷款必须在1990年12月31日之前全额偿还。

这不是美国历史上第一次政府对企业的救助，却是规模最大的一次，而且引起了极大的争议。没有这次救助，几个月来勉强维持的克莱斯勒汽车公司将走向破产。在商业界，没有什么挑战比扭转一家濒临破产的企业更令人却步。1979年秋天，这项任务落在了艾柯卡的头上。当时虽然没有明说，但克莱斯勒汽车公司的确被判定为"大到不能倒"。克莱斯勒汽车公司在1983年（提前7年）全额偿还了财政部的贷款，这并没有影响第二年《艾柯卡自传》的销量。

1979年，克莱斯勒汽车公司如何陷入必须向联邦政府申请救助的境地？李·艾柯卡如何成为提出这一申请的人？让我们先来讨论第二个问题，为此我们需要先读一读他的自传。

艾柯卡在评论他的自传时写道："当这本书跃居畅销书排行榜之首时，我比任何人都惊讶……毕竟，这个故事只不过讲述了一个来自普通移民家庭孩子的成长史，他努力学习，努力工作，取得过巨大的成功，也遭遇过巨大的失败。得益于他在父母和老师影响下形成的朴素价值观，也得益于他有幸生活在美国，他最终做得还不赖。"这个自我介绍出人意料的谦逊。

1942年，艾柯卡从阿伦敦高中毕业。4年前，他得了风湿热，卧床半年，体重减轻了40磅。尽管到1941年时他已完全康复，但身体素质仍被陆军评为4F，这意味着他的身体不适合服兵役。这令他大失所望。他想参加战斗。"在战时被缓役是件不光彩的事，我开始觉得自己是个二等公民。"结果"我只能做一件事，就是埋首苦读"。他是个优秀的学生。

艾柯卡被利哈伊大学（Lehigh University）录取，这是一所一流院校，距离阿伦敦只有几英里。除大一时物理得了D以外，艾柯卡在大学期间的所有成绩都很优良，最后顺利从工业工程系毕业。接下来他被普林斯顿大学研究生院录取，学习政治和塑胶制造。

1946年，艾柯卡开始了他在汽车领域的职业生涯，成为福特汽车公司的见习工程师。很快他就确定，自己并不想从事工程技术工作。"我渴望去真正有意思的销售部门。我喜欢与人在一起工作，而不是机器。"

刚入职时，艾柯卡形容自己"既害羞又笨拙"，没有做销售员的"天赋"。难以置信，但这是他的原话。经历了短暂的挫折后，他开始在公司里向上攀登。"那个时候我想要的不是声望和权力，我想要的是钱。"他说这话的时候还很年轻。不久后，这三样他都想要。

1945年，亨利·福特二世（亨利·福特之孙）接手了公司，并聘请了一批才华横溢的高管，福特汽车公司得以重组和重生。1950年，福特汽车公司在单位销量上超过了克莱斯勒汽车公司，成为美国第二大汽车生产商，回到了老福特掌管公司时持续长达10年的衰退期之前的地位——尽管远远落后于当时的行业龙头通用汽车公司。

艾柯卡的事业在一家处于上升轨道的公司中蓬勃发展。他在费城地区担任助理销售经理时所取得的成就引起了在密歇根州迪尔伯恩市（Dearborn）的福特汽车公司领导层的注意。1960年11月10日，艾柯卡成为公司副总裁兼福特轿车部门总经理，这是该公司中规模最大的部门。他在自传中写道："在福特轿车部门做总经理的时期是我这辈子最快乐的时光……我早上迫不及待地去上班，晚上还不想下班。"

1964年，福特汽车公司推出"野马"（Mustang）车型，艾柯卡被认为功不可没。这款车在零售界被称为"促销热卖产品"。"在推出该产品的第一个周末，400万人去福特经销商处参观'野马'车，创下了历史纪录。公众对'野马'车如此有兴趣，完全是我们始料不及的。"当公众对你的产品抱有如此巨大的热情时，公司上下的喜悦之情真是难以言表。

"野马"的成功——在推出的两年内利润达到11亿美元——极大地推动了艾柯卡职业生涯的发展。1965年1月，他被提拔为主管汽车和卡车部门的副总裁。他的新办公室在玻璃大楼，公司的重要高管都在此办公。"我终于成为公司的大人物，也是少数几个每天中午和亨利·福特二世一起吃饭的人之一。"两年后，他成为公司的执行总裁。他写道："到了1968年，我升任下一任福特汽车公司总裁似乎已是十拿九稳。"然而，造化弄人。

真正成为福特汽车公司总裁的人叫西蒙·努森（Semon Knudsen），人们都叫他"邦凯"（Bunkie）。做出这些决定的是公司董事会主席兼首席执行官亨利·福特二世，当西蒙·努森落选通用汽车公司总裁时，亨利·福特二世雇用了西蒙·努森。西蒙·努森的父亲威廉·努森（William Knudsen）曾在1911年到1921年为福特汽车公司工作。他是公司的生产经理，当时的年薪高达5万美元，还有15%的奖金。但他与老福特不和，于是辞职了。

没过多久，威廉·努森入职通用汽车公司。他负责雪佛兰部门，该部门在1921年亏损870万美元，公司一些人建议关闭该部门。1922年，在威廉·努森的领导下，雪佛兰部门赢利1130万美元。随利润而来的是个人的升职。威廉·努森于1933年升任通用汽车公司执行副总裁，1937年成为执行总裁。由于富兰克林·罗斯福邀请他到华盛顿担任生产管理办公室的联合主任，因此他的执行总裁任期被缩短。

希望各位读者允许我这样暂时离题，原因有二。第一，这个故事说明，福特汽车公司总是因为福特家族成员的个人喜好以及偶尔出现的愚蠢行为而失去优秀的管理人才。第二，这个故事表明，当时的底特律汽车制造业完全是内向生长的。

艾柯卡说："邦凯始终对我戒心很重，他认为我在他来之前一直在觊觎总裁的宝座，而且在他来了以后我的目标也没有改变。"最后这句话被证明是完全正确的。但艾柯卡随后写道："幸好我们彼此都太忙，没有时间在办公室里钩心斗角。"但有知情人透露，艾柯卡"发起了一场游击战，主题是'整治那个混球'，这是他最擅长的事"。哪种说法是事实？从已有的资料来看，艾柯卡似乎不可能没有时间在办公室里钩心斗角。有批评家称他为"狡诈的商贩"。

亨利·福特二世欢天喜地地雇用了西蒙·努森。他认为这是一个妙计，媒体也持同样的观点。1968年2月7日，在宣布西蒙·努森成为新一任福特汽车公司总裁的新闻发布会上，亨利·福特二世说："大约56年前，一个名叫努森的人与一个名叫福特的人共同在一家年轻的汽车公司里工作。他们的关系成为这个行业的一大传奇。老努森最终与我的祖父分道扬镳，加入了通用汽车公司，并在那里当上了总裁。今天，历史的进程发生了逆转。"

西蒙·努森是一个有才华的人，他本可以在福特汽车公司成为一位优秀的总裁，但他没有机会。长期以来，亨利·福特二世总会摆脱公司里与他最亲近的人。艾柯卡和他的团队也在磨刀霍霍。公司的其他高层也不喜欢一个外人空降到亨利·福特二世旁边的办公室。

西蒙·努森从未真正认识到自己在福特汽车公司的处境。他无意中得罪了人。此外，西蒙·努森还缺乏魅力。艾柯卡是一位出色的演说家，也是一位有感召力的领袖，但西蒙·努森来自不重视自我推销的通用汽车体系，甚至还不如无趣的阿杰·米勒（Arjay Miller）。（米勒于1946年加入福特汽车公司，1963年成为公司总裁，后来被毫不客气地排挤到一边，为西蒙·努森让位。）

1969年9月3日，西蒙·努森被解雇了。他的解雇过程极不体面。公司里流传着一句俏皮话，亨利·福特一世曾说历史是骗人的空话，现在邦凯就是"历史"。亨利·福特二世临时设立了一个由三人组成的总裁办公室。然后在1970年12月10日，艾柯卡写道："我终于如愿以偿成为福特汽车公司的总裁了。"

福特汽车公司大约有432 000名员工，薪水开支全部加起来超过35亿美元。单在北美地区，公司一年的汽车和卡车产量分别为250万和75万，在海外的产量总计约150万。1970年，福特汽车公司的销售总额为149亿美元，赢利5.15亿美元。这听起来更像是一个帝国而非公司。艾柯卡说："我爱我的工作……它能带给我纯粹的兴奋。"但这只是开始。

与自1945年以来担任过福特汽车公司的所有总裁一样，艾柯卡也陷入了与亨利·福特二世的纷争之中。从他的自传来看，艾柯卡对亨利·福特二世的抨击完全是不得已而为之，但事实上他在职业生涯中取得的财富、权力和声望也应归功于亨利·福特二世。

起初，一切都很顺利。"如果亨利是国王，我就是王储，而且国王毫无疑问是喜欢我的……所有的高管都过着如同住在皇宫里一样的生活，有些地方或许比皇宫更高级……白领侍者24小时随叫随到。"高管们中午在餐厅一同进餐。"这个餐厅是全美最好的餐厅。多佛海峡产的鳎鱼每天从英国空运送来。我们一年四季都能吃到最新鲜的水果。还有美味的巧克力，外国进口的鲜花……只要点得出名字的好东西，我们都可以得到。"

渐渐地，那些来自异国的花朵无情地凋零了。艾柯卡是这样解释的：亨利·福特二世"很注重一些表面的东西，尤其重视外表"。"武断专横"是他"深信不疑的权术"。他"一辈子都无须为任何事奋斗"。他"对某些事情有点偏执"，比如凡事都不愿意留下文字痕迹。"水门事件对他触动很大，此后他变得更为谨小慎微。"艾柯卡达成了向日本本田汽车公司购买引擎的协议，亨利·福特二世否决了该协议，因为"引擎盖上有我名字的汽车绝不允许在里面装日本引擎"。他"从不对任何人负责"。他没有"花过自己的一分钱"，把所有东西都记在公司的账上。他"一直是一个花花公子"。一言以蔽之，他是个"小人"。

这只是个开始。"1975年，亨利开始实行他处心积虑已久的计划，一步一步地毁掉我……他失去了理智。"

"那时我应该辞职。"但艾柯卡没有这么做。为什么？

他是这样解释的：他希望事情能有所好转。他为福特汽车公司奉献了整个职业生涯，"我不想到其他地方工作"。他相信"对公司而言，自己比亨利重要得多"。他认为，福特汽车公司是公开上市的公司，谁更有能耐，谁就能赢得胜利。艾柯卡直言不讳地表示，"我……很贪婪。我喜欢当福特汽车公司的总裁，以及由此所带来的享受：专属车位，专用浴室和白领侍者"。这时我们才终于了解了真相。他的年薪接近100万美元，比通用汽车公司的首席执行官赚得还多。这也令他难以割舍。

最后，经过3年堪比肥皂剧的发展，艾柯卡被迫辞职。官方记录的时间是1978年10月15日，那天也是他54岁的生日。亨利·福特二世给出的理由是"有些时候你就是不喜欢某些人"。

"看着我。"艾柯卡对亨利·福特二世说，他意识到这将是两人最后的交谈。"你将坐失良机！我们刚赚了18亿美元，加上去年一共是35亿，连续两年的好势头。但是记住我的话，亨利，你再也不可能一年赚18亿了，你知道为什么吗？因为你根本不懂我们是怎么赚钱的！"被解雇所造成的创伤之深怎么说都不为过。艾柯卡彻底恨上了亨利·福特二世。他无法原谅这个人。如果说这股怨气直到他去世之时都未消，那也不足为奇。

亨利·福特二世解雇艾柯卡的真正原因是什么？亨利·福特二世说有时候你就是不喜欢某些人，这是实话。但这句话的内涵非常丰富。20世纪70年代末，亨利·福特二世的个人生活变得混乱不堪。他开始时常感到胸部灼痛，心脏问题日益严重。他明白了人都难逃一死。他的第二段婚姻失败了，与家人的关系糟糕到极点。

福特汽车公司也经受了一连串可怕的曝光。由于福特平托汽车（产量与艾柯卡的"野马"车一样多）出现的安全事故，亨利·福特二世遭到了起诉。这件事消耗了他的大量精力，也引发了诉讼。一系列其他事情让福特汽车公司状况看起来十分糟糕。

在这一切发生的同时，曾经是亨利·福特二世宠儿的艾柯卡却毫发无损，还在华尔街分析专家的会议上抢了亨利·福特二世的风头。艾柯卡本人也怀疑，这件事给自己带来了麻烦。他写道："当亨利在会上站起来发言时，他已经喝得醉醺醺的了。于是他开始喋喋不休地讲公司正如何解决困难。"公司的首席财务官对艾柯卡说："替我们挽回面子，否则我们看起来都像白痴一样。"艾柯卡确实照做了，正如他所说："这可能就是我在福特汽车公司完蛋的开始。"艾柯卡的确有些自命不凡。他认为只要他在公司，即使没有他的老板，公司也可以顺利运行。他严重低估了亨利·福特二世的权力，也低估了菲利普·考德威尔（Philip Caldwell）的能力——他是亨利·福特二世发掘的艾柯卡的继任者。

说好听一点，亨利·福特二世对待别人的态度总是变幻莫测，他已经从这个被他视为闯入者的意大利佬身上得到了想要的一切。所以他对艾柯卡做了他对其他很多人所做的事情：把他赶走。几十年来，暗箭伤人一直是亨利·福特二世的一种生活方式。20世纪70年代也不例外。

1987年9月29日，亨利·福特二世去世。当时艾柯卡发表了一份声明："我们的行业以及所有美国企业失去了一位真正的领袖。他的远见和辛勤工作使福特汽车公司成为一家伟大的公司……亨利·福特二世和我是朋友和同事的时间比和我是对手的时间长得多，在此我谨向他的家人和朋友表示慰问。"这是他写的吗？是他的真心话吗？有人表示怀疑。艾柯卡当然不是一个会化干戈为玉帛的人。在一家由穿灰色法兰绒西装的男人所组成的公司里，老板把自己的名字挂在门上，而艾柯卡完全是一位具有超凡魅力的领袖。

如果艾柯卡此时退休——当时他已经54岁，拥有大笔财富——那么他就不会跻身"资本主义英雄"的行列。他将与欧内斯特·布里奇（Ernest Breech）、阿杰·米勒以及自第二次世界大战以来福特汽车公司的其他高管为伍，这些人只能引起该行业的历史学家的兴趣。正因为在人生的下一个篇章中，艾柯卡成为克莱斯勒汽车公司的首席执行官，他才得以脱颖而出。在他的下一份工作中，利多·安东尼·艾柯卡（李·艾柯卡的本名）不会因为自己的魅力而受到惩罚。

1978年7月13日，这是艾柯卡在玻璃大楼那宫殿般的办公室的最后一天。他还可以在福特汽车公司工作三个月，在此期间，他可以寻找新工作。他的新办公室在一间仓库里，距离玻璃大楼只有几英里。"对我来说，这无异于被放逐到西伯利亚——一个国家最偏远的地区。"这间仓库简陋又难看，令人沮丧。有人向媒体透露，艾柯卡那天早上会到那里。一位电视台记者"把扩音器伸到我的嘴边问我：'当了八年上司以后来到这个仓库，你有何感想？'"应该怎么回答这样的问题呢？艾柯卡沉默了。摆脱了媒体的追踪后，他自言自语道："我感到羞耻。"

"这最后的羞辱比被解雇还难以忍受。它足以使我想杀人……搞不清是杀亨利·福特二世还是我自己。谋杀和自杀当然都未曾发生，但我确实开始喝得多了点，而且对自己的信念产生了动摇。"他无法忍受被关在仓库里。"我可以忍受个人的痛苦，但故意公开羞辱对我来说太过分了。"

艾柯卡的下一站是克莱斯勒汽车公司。用他自己的话来说，正是克莱斯勒汽车公司使他成为"英雄"。但艾柯卡在谈到他在克莱斯勒汽车公司的传奇时说："要是去克莱斯勒汽车公司前就知道摆在面前的任务如此艰巨，也许把世界上所有的钱都给了我，我也不会去。"扭转克莱斯勒汽车公司的局面是一项艰巨的任务。

我们不知道艾柯卡的话有多大程度的真实性。他所面临的任务无疑是艰巨的。但是，当你完成了你认为非常有价值的、只有你才能完成的任务，并且借此成功证明当初的公司根本不应该解雇自己时——这件事深深伤害了艾柯卡，还有什么比这更令人满足的呢？

克莱斯勒汽车公司在得知艾柯卡被赶出福特汽车公司后，立即开始与他接触。艾柯卡想知道克莱斯勒汽车公司的情况有多糟。首席执行官约翰·J.里卡多（John J.Riccardo）向他说明了情况。艾柯卡面临的最严重、最紧迫的问题不是别人不可信，而是连公司的高层都没掌握公司的确切情况。他们只知道克莱斯勒汽车公司在"流血"，但他们没有意识到……公司在"大出血"。

很明显，如果要想获得联邦财政部的帮助，克莱斯勒汽车公司需要在公众心目中重塑自我，获得重生。克莱斯勒汽车公司的公共事务部主任告诉里卡多，"除非我们能上演一场'道德剧'，否则国会和政府是不会出手的。我们在'道德剧'中这样分配角色：里卡多承担自己的所有罪过，公司把他驱逐进'森林'，才能恢复纯洁。"

艾柯卡确实提出了一个不容商榷的条件。"我想要自主权……这不仅仅是我从亨利·福特二世那里得来的经验，尽管也不排除这个因素……我需要完全不受干扰地扭转公司的局面。"筋疲力尽的里卡多不仅同意了，而且提前辞职。1978年11月2日，艾柯卡成为他想成为的"头号人物"。在他加入公司的同一天，克莱斯勒汽车公司宣布了其第三季度的业绩，亏损达1.6亿美元，这是公司有史以来最糟糕的一个季度，但那天公司的股票上涨了八分之三。华尔街在下赌注，在杰出的管理者和经济状况不佳的公司之间，管理者占了上风。交易员们把钱投在了艾柯卡身上。

"为什么有人想当总裁？"艾柯卡反问道，"为了从中得到乐趣？也许是，但当总裁会使人劳累、苍老。你要是问他为什么工作这么卖力，他会回答说：'我奋斗到了最高层，我总算有所作为。'"

艾柯卡预计克莱斯勒汽车公司将在几年内恢复元气。"但是事与愿违。一切都毁了。我们先是遭遇了伊朗危机，接着又是能源危机。在1978年，还没有人想到第二年春天伊朗将会发生革命，而汽油价格会成倍增长。接着，50年来最严重的经济衰退来临了。"这就是让艾柯卡"差点送命"的时刻。

当艾柯卡成为克莱斯勒汽车公司的首席执行官时，他对该公司的了解竟然如此之少，这很有意思，确切地说是令人惊讶。在福特汽车公司的时候，他"几乎没有注意到克莱斯勒汽车公司的存在"。他们将所有的目光都集中在通用汽车公司上。上任第一天，艾柯卡甚至不知道克莱斯勒汽车公司的确切地点，不得不问路。他知道克莱斯勒汽车公司在苦苦挣扎。但他不知道情况有多糟，也不知道公司为什么会陷入这样的境地。他将为自己的调查不足而付出代价。

很快，艾柯卡"就有了一个重大发现——克莱斯勒的运行根本不像一个公司"，缺乏每个大公司正常运作所需要的最基本的组织结构和职能。至于早在19世纪50年代在美国铁路公司中形成的管理方法，以及在20世纪20年代由通用汽车公司的小艾尔弗雷德·P.斯隆提出和改进的管理方法，要么被忽视，要么无人知晓。不管怎样，克莱斯勒汽车公司缺乏组织和管理。

"克莱斯勒汽车公司的35个副总裁各自为政。没有真正的委员会机构，组织结构中缺乏凝聚力，也不按一定的制度召集会议交换看法。我简直不敢相信，工程技术人员竟然可以不用和制造部门保持联系……我只是初步接触了一下公司的组织系统，就几乎想放弃这份差事了。"

这种组织混乱会造成什么后果？你可以去密歇根州露天广场（Michigan State Fairgrounds）看一看。1979年，那里曾停了10万辆汽车，还有很多汽车停在其他大型场地上。这些汽车是未签下经销商订单的成品库存。它们就停在那里，在阳光下暴晒，日益损坏，哀怨地等着有人来买它们。这些汽车被制造出来，只是为了保持工厂运转。艾柯卡感到"震惊"，这是正常的反应。他接手的是一家有6亿美元的库存且资金短缺的公司。有这么多产品，却没有买家。

坏消息还不止这一个。克莱斯勒汽车公司并没有向赫兹（Hertz）和阿维斯（Avis）两家汽车租赁公司出售汽车，而是将车租给他们。每6个月，汽车租赁公司就把二手车归还给克莱斯勒汽车公司，然后公司再廉价拍卖掉这些汽车。"克莱斯勒汽车公司居然成了世界上最大的'汽车租赁公司'……我们最不需要这6万辆二手车。"

艾柯卡加入克莱斯勒汽车公司几个月后，"有件事对我真是当头一棒——我发现公司没有周转现金……这可能是我在商业生涯中遇到的最令我吃惊的问题"。艾柯卡对公司缺乏财务管理感到震惊。在这样的情况下，他怎么能做出关乎公司存亡的重大决定？全公司的人"不是诚惶诚恐，就是心灰意懒，每个人的工作都不那么合适"。艾柯卡最终解雇了克莱斯勒汽车公司35名副总裁中的33人。在这家公司工作毁了他们。

1978年，这一切问题变得显而易见。这一年对美国汽车行业来说并不算糟糕。通用汽车公司和福特汽车公司宣布其销售额和利润都创下了纪录。而苦苦挣扎的克莱斯勒汽车公司的汽车销量不到福特公司的一半。克莱斯勒汽车公司在美国的市场份额在一年内从12.2%下降到11.1%。它的汽车款式陈旧，令人厌倦，且质量低劣。客户的反应并不令人惊讶。问题是你如何找到一流的人才来修复这艘沉船？这是艾柯卡面临的最大挑战，因为所有从事企业经营或其他工作的人都知道，如果没有合适的人，神仙也无能为力。

当艾柯卡在福特汽车公司时，他追踪过公司里数百名高管的职业生涯。在拯救克莱斯勒汽车公司的努力中，他的首要需求是找到能够建立财务制度的人，从而提供对正确决策至关重要的信息。他做到了，他雇用的杰拉尔德·格林沃尔德（Gerald Greenwald）还带来了其他人才。不久，格林沃尔德就成为克莱斯勒汽车公司的二号人物。

另一个关键人物是哈尔·斯帕利希（Hal Sperlich）。艾柯卡写道："斯帕利希非常有才华，他备受赞誉而且当之无愧。他可能是底特律最了解汽车的人。"亨利·福特二世在1977年强迫艾柯卡解雇斯帕利希，因为斯帕利希惹恼了自己。斯帕利希随后去了克莱斯勒汽车公司。他帮助艾柯卡发掘了"（潜伏在公司里的）许多富有才干的年轻人……我说的是那些眼睛发光的人！只要看一看他们的样子，你就可以判断出他们是优秀人才。"艾柯卡撤换了高管，也就是这些年轻人的上司，然后将他们提拔上来。可以想见，艾柯卡的到来对他们意味着什么。

与经销商关系是克莱斯勒汽车公司必须解决的另一个问题。问题无穷无尽。艾柯卡找到了另一位曾在福特汽车公司与他共事的人，将他带到克莱斯勒汽车公司总部解决这一困境。结果证明，他正是完成这项任务的合适人选。

产品质量是个大问题。必须想办法把控质量。艾柯卡组建了一支四人团队来解决这一问题。为了处理糟糕的供应商关系，艾柯卡聘请了另一位曾在福特汽车公司任职的高管。

对于这些人来说，无论老少，艾柯卡的到来对他们都意味着重生。年轻人得到了认可，承担起他们梦想的责任。这些经验丰富的老手则需要利用他们多年来积累的才能拯救一家即将破产但极具代表性的美国公司。他们的才能至关重要，而且是现在最需要的东西！"这不仅仅是一个挑战，"艾柯卡写道，"这是一次冒险。"

克莱斯勒汽车公司正在逐步好转。但就在看到一线希望之际，灾难降临了。伊朗革命导致汽油价格飞涨，大型汽车的销售量锐减。接着又发生了一场严重的经济衰退，汽车单位产量下降了一半。

对克莱斯勒汽车公司来说，这是一场危机。他们不得不关闭了一些工厂，将一些部门廉价出售，想尽一切办法筹措现金。海外公司也被出售，严格来说，克莱斯勒汽车公司成了一家北美公司，甚至连心爱的坦克工厂也不得不卖掉。这次出售为公司筹集了近3.5亿美元，克莱斯勒汽车公司需要用所有的钱来使供应商继续向他们供货。"为了保证克莱斯勒汽车公司继续生存而采取的所有措施在付诸实施时都困难重重，但最困难的是裁员。"数千名蓝领员工和白领员工被解雇。"解雇员工是一种悲剧，毋庸置疑。"艾柯卡写道："从理论上来说，我一直拥护自由企业政策，信奉适者生存的哲理。"但更重要的是，他必须保证自身的生存。因此，他决定向联邦政府寻求财政援助。"除了破产别无选择，而破产根本不是选择。"联邦政府以贷款担保的形式提供了救助。这种担保并非史无前例。艾柯卡提出向联邦政府求助，这是"人们不想听到的"。但是，一旦他下定决心，必须寻求联邦政府帮助，他就会为此勇往直前，哪怕"头破血流"也在所不惜。

"对于克莱斯勒汽车公司向联邦政府申请贷款一事，从一开始就几乎遭到了所有人的反对。"主要的反对者包括通用汽车公司和花旗银行的首席执行官，全美制造业协会和企业圆桌会议。甚至连克莱斯勒汽车公司的几个主要供货商也表示反对。

在自传中，艾柯卡对于向联邦政府求助的一些想法也令人费解。一方面，克莱斯勒汽车公司受困于"旧观念"。另一方面，"自由开办公司是目前美国最广为接受的经济操作……事事平等，这才是它唯一的出路"。但是，如果事事不平等，那么会出现什么情况呢？

艾柯卡控诉道，克莱斯勒汽车公司是一系列不平等的受害者。日本汽车公司对整个美国汽车业造成了冲击，进口汽车对实力最弱的克莱斯勒汽车公司造成的损害最大，这是一种不平等。烦冗的法律法规增加了生产每辆车的成本，这些法规对克莱斯勒汽车公司所造成的损害比竞争对手更大，因为克莱斯勒汽车公司生产的汽车数量更少，这是另一种不平等。有一点艾柯卡没有说，但非常重要，那就是"事事"从来都不是"平等的"。他该如何合理解释这个残酷的事实？

在这种混乱的事态下，艾柯卡没有参与哲学性的争论。他想从美国国会那里拿到钱。他直言不讳地说，满足他的要求符合国会的利益。财政部估计，如果克莱斯勒汽车公司倒闭，国家仅在第一年就要向公司60万失业工人支付失业保险和福利金27亿美元。因此，艾柯卡向国会证明："你们可以选择，愿意现在就支付27亿美元呢，还是愿意提供以后有机会得到偿还的只有27亿美元一半数目的保证贷款？"

当然，申请破产在美国是相当合法的。有许多公司都走了这条路。为什么克莱斯勒汽车公司不接受这一选择？宣布破产但继续经营。

艾柯卡坚持认为宣告破产这一方案不适合汽车公司。"几句破产的流言就可以危及公司的经济收入。"也没有人会购买一辆保修期、配件和转售价值可能会突然出现问题的汽车。

"去国会的滋味很不好受，真的很不好受。"艾柯卡说。他觉得自己更像是被告而不是证人。提问者在惩罚他和他所代表的公司。"我们确实受到了惩罚。在国会听证会期间，我们被推到了全世界的面前，成为证明美国工业一无是处的活生生的典型。报刊社论版上经常出现文章，羞辱我们未能体面地关门了之。我们成了漫画家讽刺的对象，他们真想置我们于死地而后快。我们的妻儿在商场里、学校里都成了笑柄。我们付出的代价比关门和一走了之更大。这都是针对个人的，因此非常痛苦。"

克莱斯勒汽车公司不仅在听证会上靠着艾柯卡的非凡实力进行了反击，还通过广告进行了宣传。艾柯卡在许多报纸和杂志所刊登的广告上签上了自己的名字。他想对大家说："我在这里，实实在在地在这里。我对这家公司负责。为了表明我说话算数，我在文件上签名。"

艾柯卡并非单枪匹马，他有盟友。他的身边有经销商和工会，还有众议院议长蒂普·奥尼尔（Tip O'Neill）等重要的政客。最重要的是，吉米·卡特总统计划在1980年争取连任。他当然不想看到克莱斯勒汽车公司倒闭。另外，还有很重要的一点，他是民主党人。"毫无疑问，"艾柯卡写道，"我想，如果1979年是共和党执政，那么克莱斯勒汽车公司恐怕早已不复存在。"

1980年，艾柯卡给自己发了1美元的工资。这只是证明他本人正在做出牺牲的一系列重要姿态之一。"成为领导就意味着要为他人树立榜样。"人们会盯着领导者的每一句话和每一个行动。作为"拯救克莱斯勒战役的将军"，艾柯卡需要他的"军队"做出很多牺牲。一步踏错——哪怕是在开曼群岛的一个银行开个账户——"军队"就会"哗变"。工会、员工、经销商、供应商和银行（他们是最难说动的）……都进行了减薪和让步。老板的速度即团队的速度，所以艾柯卡比喻说，他剃光了头发（即做出最大的牺牲）。

1980年6月25日0点26分，"最后一战"——获得银行的资金援助——在"热烈的欢呼声"中结束了。杰拉尔德·格林沃尔德聘请的公司首席财务官史蒂夫·米勒（Steve Miller）走进了汉诺威信托公司（Manufacturers Hanover Trust Company）的一间办公室，"像其他储户那样填写了一份存款单"。金额为4.8675亿美元。"终于，"艾柯卡兴高采烈地写道，"克莱斯勒汽车公司可以重新开张了。"

尽管艾柯卡不得不与厄运作斗争，但还是有一件至关重要的好事。自1977年来到克莱斯勒汽车公司以来，哈尔·斯帕利希一直在研发K型车。如果艾柯卡能够争取到足够的时间将K型车推向市场，克莱斯勒汽车公司或许就有了为生存而战的机会。省油、前轮驱动，K型车被定位为"美国人的一种选择"。广告使用红、白、蓝三色设计。"我们还强调，K型车宽敞舒适，足以乘坐'6个美国人'——这是针对日本竞争对手来说的。"艾柯卡并不是唯一一个赞扬K型车的人。同为K型车的道奇白羊座（Dodge Aries）和克莱斯勒礼兰（Chrysler Reliant）被《汽车趋势》杂志（*Motor Trend*）评为"年度汽车"。

1980年，克莱斯勒汽车公司遭遇了一场金融"大屠杀"——公司销售额达92亿美元，低于前一年的120亿美元，亏损17亿美元。K型车于1980年10月推出。由于种种原因，其中有一些克莱斯勒汽车公司自身的问题，K型车的推出比预期要晚。"整个1981年，我们公司无时不处在摇摇欲坠的形势下。"最终问题得以解决，K型车开始销售。然而，"我们的亏损仍然大得吓人——一年共亏损4.785亿美元。"11月跌入最低点——克莱斯勒汽车公司只剩下100万美元。

从财务的角度看，克莱斯勒汽车公司的好转开始于1982年，但是仍有诸多不稳定的因素。销售额略有下降，从前年的108亿美元降至100亿美元。然而，得益于削减成本的举措，克莱斯勒汽车公司公布了其当年1.7亿美元的利润额。

1983年，艾柯卡确信公司已经站稳脚跟，销售额攀升至132亿美元，利润飙升至7亿美元。克莱斯勒汽车公司在春季发售2600万股股票。此次该公司发售定价为每股16.625美元。很快，股价翻了一倍多。艾柯卡决定全额偿还联邦贷款。1983年7月13日，他在全国新闻俱乐部（National Press Club）宣布了这一消息，"这是一个神奇的巧合，正是5年前的这一天，亨利·福特二世解雇了我"。艾柯卡从未忘却这件事。他这样说道："我们在过去3年中的含辛茹苦，使得今天这个日子更加富有意义。克莱斯勒汽车公司用老办法借钱，今天我们还清了。"他证明了自己！

关于艾柯卡在克莱斯勒汽车公司的故事，我们还有一个方面没有探讨，但它同样值得关注。汽车是一种令人充满激情的产品。对于大多数客户来说，这是他们所购买的最昂贵的品牌产品。广告可以起到使品牌直接与客户沟通的作用，对克莱斯勒汽车公司的生存起着关键作用。他们采取了哪些广告策略？

1979年3月1日，艾柯卡在纽约市召开新闻发布会，宣布克莱斯勒汽车公司将终止与扬罗必凯（Young & Rubicam）和天联（BBD&O）两家广告公司的合作，取而代之的是凯尼恩·埃克哈特广告公司（Kenyon & Eckhardt）。这三家机构都是一级公司。但艾柯卡在担任福特汽车公司总裁时曾与凯尼恩·埃克哈特广告公司合作过。其他两个机构"非常优秀"，但艾柯卡没有时间将"自己的思路教给他们"。艾柯卡表示凯尼恩·埃克哈特广告公司提供了"熟悉的专业人士，他们非常了解我，当我说出一半要求时，他们已经知道另一半是什么"。这项决定耗资1.5亿美元，艾柯卡本人称之为"无情"，他向商界表明，"我们不怕采取……大胆的举措"。这是广告史上最大规模的一次转变。

此前的广告公司曾试图说服艾柯卡制作电视广告。他拒绝了，觉得广告中的首席执行官"都很自负"。但凯尼恩·埃克哈特广告公司成功说服了艾柯卡。突然之间，艾柯卡在一个接一个的电视广告中宣传克莱斯勒汽车公司的汽车。

其中最著名的一句台词是该公司早期广告中的台词。"假如你能找到一辆更好的车——去买吧。"艾柯卡的推销话术果断而直接。他自己想出了那条台词，大胆地彰显优越感。这正是沃尔特·P.克莱斯勒（Walter P.Chrysler）本人在1932年的平面广告中所使用的方法，他在广告中极力建议人们"货比三家"——即在普利茅斯（克莱斯勒汽车公司旗下）、雪佛兰（通用汽车公司旗下）和福特这三款轿车之间做比较。这纯粹是硬推销。该广告的作者认为，"从本质上讲，正是这种富有感染力的坦率的语气……引发了公众的想象"。艾柯卡的广告也是如此。

在艾柯卡看来，这些广告是"克莱斯勒汽车公司复兴的重要组成部分"。他有点不安，"我觉得我只会因为自己的电视广告而被人记住"。他的这两种想法可能都得到了验证。

我们为什么将人生经历丰富多彩的艾柯卡视为极具魅力的商业领袖？

他符合前文提到的许多标准。他是一个坚强的人，不会被轻易打倒。被福特汽车公司解雇对他造成的影响再怎么强调都不为过。在克莱斯勒汽车公司，他遭遇了多次失败，但从未放弃。他组建了一支杰出的高管团队，而这些人原本在其他公司都有着更加安稳的未来。但他们相信他、支持他，在一种相互的关系中，艾柯卡和团队取得了超出预期的成就。

没有任何一位现代汽车行业的高管能做到像艾柯卡这样。哈洛·柯蒂斯当然不行。艾柯卡兼具对行业的深入了解、果断、勇气、毅力以及沟通的能力，这一点是独一无二的。

艾柯卡是我遇到的唯一一个真正讨论过企业家魅力问题的商人。他在《领袖都去哪儿了？》（*Where Have All The Leaders Gone?*）中写道："领导者应该有个人魅力。我的意思并不是说领导者要奢华耀眼。个人魅力是指能够让人们愿意追随你的品质，是激励他人的能力。人们追随领导者是出自对他的信任。"每个人对"魅力"一词都有自己的定义。艾柯卡的定义非常好。他本人符合自己提出的标准。

但他确实遗漏了几条标准。其中最重要的或许是，艾柯卡开始相信他自己的新闻影响力，并陶醉于吉姆·柯林斯所谓的"摇滚明星的架势"。不幸的是，艾柯卡难以离开领导舞台，放弃自己作为"国王"的特权。柯林斯认为，他完全是为了自己，而不是为了克莱斯勒汽车公司。他在20世纪80年代早期的"辉煌事业"并未持续下去，克莱斯勒汽车公司也未能成为一家长盛不衰的公司。事实上，应该指出的是，吉姆·柯林斯对个人魅力并不感兴趣，他认为个人魅力"可能是一种财富，也可能是一种累赘"，因为它通过"过滤有关你的残酷事实"，来激励人们取悦你。吉姆·柯林斯认为，"必须多加注意"，以克服这些问题。吉姆·柯林斯同样也对公司"愿景"持怀疑态度。

艾柯卡是一位斗士，但他正在努力恢复并不复存在的旧日荣光。有趣的是，在他拯救克莱斯勒汽车公司20年后，他开始对电动汽车感兴趣。1998年，他与别人共同创立了EV全球汽车公司（EV Global Motors）。"这是改变防御姿势，"当时73岁的艾柯卡说，"在2000年之后，年轻人将生活在一个电力世界。"他是正确的。5年后特斯拉成立了。

他对日本汽车公司许多"不良竞争"的做法耿耿于怀。他的许多控诉并非毫无道理。然而，他似乎从未了解过由丰田生产体系所带来的变革——无论如何，他从来没有写过这部分内容。当年，丰田汽车的品质优于美国汽车，是因为它拥有当时更加先进的制造方法。在这个常规的领域，艾柯卡做出的最具革命性的举动可能是邀请美国汽车工人联合会的领导人道格拉斯·弗雷泽（Douglas Fraser）加入克莱斯勒汽车公司董事会。弗雷泽的任职时间从1980年持续到1984年。这一姿态虽然令人激动，但并不等同于系统性变革。正如艾柯卡所说，在福特汽车公司，没有人注意到克莱斯勒汽车公司。每个人都在关注通用汽车公司，但高管们应该关注丰田汽车公司。然而，当涉及国外竞争的时候，整个底特律都被蒙蔽了双眼。

与埃德温·兰德不同，虽然艾柯卡受过工程师的训练，但他不是技术专家。他的精力都集中于销售和市场营销，他认为这是真正有意思的部门。在这方面他并不孤单。整个美国汽车行业都没有认真调查过丰田生产体系对未来的意义，只是无休止地抱怨日本在贸易上的某种"不良"做法。

如果让艾柯卡列出他的成就，他会写"野马"车、福特汽车公司在他任总裁期间的盈利水平以及扭转克莱斯勒汽车公司的败局。这些成就都令人印象深刻，其背后所需要的能力也不容低估。拯救克莱斯勒汽车公司的过程展现了他所有的魅力特征——他对实现目标的执着。当联邦政府成为公司生存的唯一希望时，他愿意抛弃自由竞争的想法。他可以说服别人相信，对国家而言，克莱斯勒汽车公司继续经营，比宣告破产更加有利。他的领导力不但影响了克莱斯勒汽车公司的利益相关者，甚至影响了对此持怀疑态度的国会。此外他还具备高超的沟通能力。

但是，对艾柯卡来说，他的个人魅力只用于实现那些完全属于"常态科学"的目标。艾柯卡写道："没有底特律，就没有硅谷。"但事实并非如此。汽车工业的下一个范式转移是用电力而不是内燃机来为汽车提供动力。电池而非汽油才是未来。这方面的领军企业是特斯拉公司，这家初创公司的总部不在底特律，而是加利福尼亚州的帕洛奥图，那里是硅谷的中心。正如一位历史学家所说："可能会有'新的克莱斯勒'，但不会有新的克莱斯勒运营方式。"

2009年4月30日，克莱斯勒汽车公司申请破产（同年6月1日，通用汽车公司也申请了破产）。世界并没有因此而完蛋。美国联邦政府再次出手救助。艾柯卡说："对我来说，这是悲哀的一天。看到对美国意义重大的老企业濒临破产，这让我十分痛苦。但克莱斯勒汽车公司以前也遇到过麻烦，最终我们渡过了难关，我相信现在的克莱斯勒汽车公司同样可以渡过难关。"现在美国的汽车工业仍以中西部为中心，但它已不复当年的辉煌。

有两个商业广告可以体现硅谷与底特律的区别。一个是1984年在"超级碗"中播出的苹果麦金塔电脑广告，它是独一无二的。另一个是艾柯卡的硬广告，它是旧式风格的最佳体现。

第7章

"一切都是纯天然的"：商店老板山姆·沃尔顿

沃尔玛公司（Walmart）的总部位于阿肯色州西北角的本顿维尔市（Bentonville），北临密苏里州，西临俄克拉荷马州，西北方向上与堪萨斯州相接。从此地到这三大州的交通十分便利。"本顿维尔对我很有吸引力，"山姆·沃尔顿说，"我一年四季都能很方便地在四个州狩猎鹌鹑。"

了解情况的人会告诉你，在得克萨斯州南部的格兰德河谷（Rio Grande Valley），没有什么事能比得上狩猎鹌鹑。沃尔顿在那里购买了一些房产。"一小群土里土气的拖车式房屋坐落在广袤的得克萨斯州南部中心地带。这不是那种富有的南方绅士举办的猎鹌鹑活动，有穿白上衣的仆人、雕花的比利时猎枪，并配有骡子，套着银质马具，拉着红木餐车。山姆把那种猎鹌鹑活动称为'南佐治亚猎鹌鹑会'，他也参加过，但感觉不是自己的菜。如果这么说你还没有理解Campo Chapote（山姆·沃尔顿的狩猎农场的名字）是怎样一个地方，那么简而言之，'一切都是纯天然的'。"

这句引语是对山姆·沃尔顿的准确概括，你可能会发现，他就是这样的人。在我们探讨他如何运用个人魅力成为20世纪最伟大的零售商和美国首富之前，我们有必要先聊一聊零售业。

随便找一家零售商店，当你走进去，你看到了什么？

如果你选的是一家商场内的大型服装店（梅西百货、科尔士百货、杰西潘尼百货），即使这家商场经营状况良好——虽然现在这样的商场越来越少——当你在星期二下午2点来到这里的时候，可能会看到产品挂在陈列架上，还有很多产品堆在桌子上。你可能看不到几个顾客。如果想找一个售货员来帮你，你可能要派出一支搜索队才能找到一名售货员。

如果你有幸找到了一名售货员，他很有可能正在跟别人聊天。但这个聊天对象不是顾客，而是另一名售货员。如果你胆敢打断他们的对话，请求对方帮你找一件商品，他们可能不会态度粗鲁地对待你，而是压根就不理你。等你好不容易让售货员暂停闲聊，倾听你的请求，结果对方很可能不知道你想要的东西在哪里。如果你奇迹般地找到了自己想要的那类产品，售货员也无法为你提供建议，帮助你决定买哪一个，因为他对商店的存货一无所知。

折扣商店更是糟糕。它们是零售业中最无趣的一类。折扣商店的商品主要是些生活必需品。从健康和美容用品等小商品，到家用电器和汽车配件，都是人们每天要用的东西。你在这里看到的都是些缺乏想象力的产品。折扣商店的存货都是最知名品牌的产品，主要有几个原因。首先，折扣商店的唯一吸引力在于价格，知名品牌随处可见，顾客可以很方便地对比价格。其次，对折扣商店的经营者来说，降低成本至关重要，为此必须尽可能地减少用于销售的成本。

如果是这样，折扣商店雇用的销售人员就只能拿到最低工资。许多员工都是兼职人员，因此商店不必提供员工福利。由于缺乏培训和激励措施，这些销售人员无法向顾客解释这个品牌的产品为什么比另一个品牌的产品好。产品必须靠自己"找销路"。事实上，你在大型折扣商店遇到的大多数员工都不是来帮你挑选商品的，他们的工作是把货架填满。此外，他们还要监视你，确保你不会在店里偷东西。损耗（也就是零售业所谓的盗窃）已经摧毁了不止一家折扣商店，因为这些店的利润空间太小了。

这些商店在所有方面，如租金、货架、洗手间等，都必须尽可能压缩成本。折扣商店的顾客希望以最低价格买到商品。他们的消费目的不是娱乐或寻求刺激。

折扣商店的顾客通常都是四处寻找便宜货的人。大多数人会根据需要寻找最便宜的商品。有些人无意于此。但是，除非商店有办法留住他们，否则他们不会对商店忠心耿耿。这些人在进行买卖交易，而不是建立关系。他们中的一些人有时间但没有钱，一旦在别的地方找到了价格更低的商品，他们就会离开商店。

在商界，折扣零售业是最不可能产生魅力型领袖的地方。这个行业非常无趣，但也令人伤脑筋。折扣零售商所雇用的员工——至少在他们刚开始的时候——往往天赋平庸，或者即使具备某种能力也往往因未获得认可而未得到发展。山姆·沃尔顿革新了折扣零售业，因为他是一位极具魅力的领导者。这意味着什么？

魅力型领导者的关键特征之一是具有远见，而沃尔顿是他所在行业中最具远见卓识的人。在他之前没有人发现，如果商店里的商品足够便宜，小城镇也能支撑起大商店。如果你出售的商品价格足够低廉，值得顾客跑一趟，那么顾客也愿意多跑几英里，来你的商店大量采购。

山姆·沃尔顿热衷于以尽可能低的价格买进商品，从而为顾客省钱。商学院有一个经典问题：我们究竟在从事什么生意？山姆·沃尔顿的回答简明扼要，并且清楚地传递给每一位员工。到山姆·沃尔顿去世时（1992年4月5日），沃尔玛共有38万员工，他们都被称为合伙人。沃尔顿的答案是：我们就是顾客的代理商。

每一个商界人士都知道，做出改变的最佳时机是你不必改变的时候。因为当你被迫改变时，时间会对你不利，你的选择也十分有限。如果在生意好的时候做出改变，你就有更多时间去尝试。你可以决定计划的进度，掌握自己的命运。

既然人人都知道这一点，为什么却极少有人会这么做呢？因为当生意兴隆的时候，人们很容易认为这种情况会一直持续下去。即使在最好的条件下，让一个人做出改变也非常困难。1960年，山姆·沃尔顿是"全美最大的百货店经营者"，但他明白，"这一行业本身似乎有局限"。他是正确的。

沃尔顿认为，折扣商店是零售业未来的趋势。从一个百货商店转变为折扣商店，这是一个重大的转变。此外，沃尔顿还看到，折扣商店的变迁速度惊人。1992年，沃尔顿注意到，在1976年排名前100位的折扣销售商中，有76家已经停业。仅仅16年就有76家。如果打折是个好主意，为什么这些"灿烂之星"只能灿烂"一瞬间"？

山姆·沃尔顿回答了自己的问题："归根结底，它们不关心顾客，不关心店铺，店里的员工不具备端正的态度，它们之所以会失败，是因为它们甚至从未试着真正关心过自己的员工。要是你想要店里的员工为顾客着想，你必须先为员工着想。"

除了远见，这位魅力非凡的领导者还与他的追随者——"店里的员工"——建立了一种特殊的、近乎神秘的关系。山姆·沃尔顿，这个极其富有的人，会以平等的方式与他的同事们交往。他们彼此以轻松自在的方式相处。山姆·沃尔顿真诚地尊重员工，员工也知道这一点。他向员工表达了一位领导者对追随者最大的赞美：他会倾听员工的意见，且不止一次地接受了他们的建议。他们一起打造了沃尔玛。在某种程度上，每一个魅力型领导者都是由其追随者创造出来的。山姆·沃尔顿以平易近人的处事方式创造了追随者，这些追随者又创造了他的魅力。

没有高管会排斥一支积极的员工队伍。但在激励艺术方面，你找不到能与山姆·沃尔顿相提并论的人。他是怎么做的？他如何组建员工队伍，从而让顾客享受到比其他商店更优质的服务？事实上，顾客享受到的服务质量超出了他们自己的预期。

山姆·沃尔顿比其他人更加了解这一行，公司里的每个人都知道这一点。用一位早年间的沃尔玛分店经理的话说："沃尔顿先生让我们每个星期递交一份本分店的销售报告，报告中还得附上一项'最热销商品'。我的意思是说，我们必须这么做……要是你的报告里面说没什么商品畅销，沃尔顿先生就会不高兴。他会认为你没有好好研究销售，这样的话，他会来帮你研究研究。"但是，没有人想让沃尔顿先生过来帮忙研究商品销售。

尽管山姆·沃尔顿对他的每一家分店都了如指掌，但他仍然很谦虚。"这种敬畏之情会被一种莫名的亲近之感所取代。他很善于消除人们对他产生的那种'这是个传奇'的感觉。"他总是乐于接受建议，这一点已经得到了普遍的证实。他会倾听他人，正如他反复强调的那样：吾以外皆吾师。

举一个例子，山姆·沃尔顿回忆道："有一位货运部的小时工……她觉得很奇怪，为什么我们拥有全美最大的卡车车队，却要通过承运商将购进的货物运到仓库。她想出一套程序，让我们自己的货车在回程时顺便搭载那些货物，通过这个办法，我们马上就节省了50万美元。于是我们把她叫来，认可了她的好点子，并且给了她一笔现金奖励。"

沃尔玛的一位高管表示，有关迎宾员的创新也是通过类似方式实现的。"那得说回1980年，我和沃尔顿先生走进路易斯安那州克罗利（Crowley）的一家沃尔玛商店。当我们推开门时，第一眼看到的就是一位年长的绅士站在那。他并不认识我，也没看见山姆·沃尔顿，但他开口说道：'嗨！你们好吗？欢迎光临本店。要是有什么能效劳的地方，请尽管吩咐。'"这种问候是折扣商店的顾客最意想不到的，但我们明白这将多么受欢迎。

这个高管继续说道："山姆和我从来没有遇到过这样的事情，于是我们同他聊了起来……他解释说，这样做有两个目的：一是让人们一进商店就对沃尔玛有个好印象，二是确保人们不会不付钱就带着商品出门……原来这家店以前曾经遇到过商店遭窃的状况，而这家店的经理是个老派商人，他知道应该怎样应付这种麻烦。他不想因为在门口放个警卫把老实的顾客吓跑，但他想要给出一个清晰的讯号：要是你进店里来偷东西，会有人看到的。"

山姆·沃尔顿的领导风格简单明了，但实践起来并不容易。每个人都会用这些词，例如授权、激励等。如果这些词只是嘴上喊一喊的口号，那么只会适得其反。而山姆·沃尔顿的成就在于将这些词付诸行动。

为了实现这一目标，山姆·沃尔顿采取了多种方法。他是一位异常"高调"的管理者。一位分店地区培训员说："他亲自给我戴上入职15年纪念章。"你知道这对她来说意义有多么重大吗？山姆·沃尔顿似乎可以出现在任何地方。飞机使他无处不在。到1992年，沃尔玛拥有12架飞机，其中只有一架是喷气式飞机。每周一早上，这支机队就会从本顿维尔出发，飞往各个沃尔玛分店。没有其他的选择。从一个小镇飞往另一个小镇，山姆·沃尔顿和高管们能够以节省时间的方式逐一视察分店。这种方式不仅能让山姆·沃尔顿视察商店，还可以让他在乘坐飞机期间想出为新商店选址的好点子。

山姆·沃尔顿会定期在早上4点带着甜甜圈出现在沃尔玛卡车司机休息室里。他会询问他们："你在分店里看到了什么？""那里的人干得怎么样？""情况是不是越来越好了？"山姆·沃尔顿说："当你开车走在高速公路上，一辆沃尔玛的货车从旁经过时，我可以拿出所有的钱跟你打赌，那个坐在方向盘后面的家伙是个真正的行家。他不只是在驾驶一辆卡车，他正致力于为那些分店服务，而且他知道，在公路上，他就代表着沃尔玛公司以及我们所坚持的一切。我可以这么说，我们拥有全美最优秀的卡车司机……"有多少首席执行官能做到这一点呢？

在沃尔顿的领导下，沃尔玛公司形成了一种独特的文化，每个人都有机会做出贡献。要推行一种文化并不容易，但只要是沃尔顿在经营公司，就可以实现。他说："现如今，像我们这种行业之中的管理人员面临的真正挑战，是怎样成为我们所谓的'公仆'型领导者。要是他们做到了，这个团队（管理者和员工）就能无往不利。"

最后一句话是理解沃尔顿之所以能成为一名魅力型领导者的关键。他具有奉献精神和极高的专注力，毫不吝啬对他人的赞扬，有严明的纪律，并乐于让同事进行不同的尝试，因此沃尔玛的员工取得了远超其想象的成就。

对待团队，山姆·沃尔顿总是说得少、做得多。有另一位卡车司机的话为证："我从1972年开始为山姆·沃尔顿先生工作，当时他只有16辆拖车。第一个月，我去参加一个驾驶员安全会议，他也经常出席。（山姆·沃尔顿的无处不在再次发挥作用）……我永远都不会忘记他说的话：'只要你跟着我干20年，我保证你能从公司的利润中分得10万美元。'我心想：'这可是个好买卖，鲍勃·克拉克（Bob Clark），你这辈子都不会见到这么多钱了。'那时候我总担心自己能挣到多少。结果上次我检查了自己的账户，我分得的利润已经有70.7万美元了……"魅力就是由这种东西创造的。

山姆·沃尔顿不是从宙斯的脑袋里蹦出来的[①]。他经过漫长岁月才成为那样的人。现在让我们回顾历史，看看是什么样的经历塑造了他。

1918年3月28日，山姆·沃尔顿出生于俄克拉荷马州金菲舍镇

---

① 希腊神话中，智慧女神雅典娜是从宙斯的脑袋里跳出来的，此处是指沃尔顿并非天生如此。——译者注

（Kingfisher）附近的一座农舍。他唯一的兄弟詹姆斯·巴德·沃尔顿（James Bud Walton）出生于1921年12月20日。他们的父母托马斯·吉布森·沃尔顿（Thomas Gibson Walton，后文称为汤姆·沃尔顿）和纳尼亚·李·劳伦斯（Nannia Lee Lawrence，后文称为南·沃尔顿）于1917年结婚，山姆·沃尔顿出生时两人分别为26岁和19岁。

金菲舍镇在俄克拉荷马城西北45英里处，换句话说，在沃尔顿出生的时候，这里是一个偏僻的地方。1920年，金菲舍镇的总人口数为2446。现在它仍然是一个小镇，2010年的居民数为4633。根据维基百科，金菲舍镇唯一的旅游景点是奇泽姆特雷尔博物馆（Chisholm Trail Museum）。这是一个面积狭小、位置偏僻且容易被忽略的居住地，而它将成为山姆·沃尔顿零售帝国的起点。

我们对山姆·沃尔顿的父母所知不多。他的父亲最初为他的叔叔做农业贷款生意。后来他的父亲离开了公司，自己去务农。20世纪20年代对俄克拉荷马州的农民来说是艰难的时代，尽管没有大萧条时期那么糟糕。汤姆·沃尔顿并不适合务农。幸运的是，他有一个同父异母的兄弟，杰西·沃尔顿（Jesse Walton）——他拥有的沃尔顿抵押借贷公司（Walton Mortage Company），是大都会人寿保险公司在密苏里州斯普林菲尔德（Springfield）的一个代理处。杰西雇用了汤姆。斯普林菲尔德号称"欧扎克女王城"（Queen City of the Ozarks），1930年有居民57 527人。这是山姆·沃尔顿最早有记忆的第一座城镇。他在这里开始上学。

沃尔顿一家在斯普林菲尔德待的时间不长。1930年，杰西·沃尔顿派汤姆·沃尔顿去密苏里州的马歇尔（Marshall），那是一座拥有8103个居民的小镇，在斯普林菲尔德以北150英里处。不久之后，汤姆决定再次尝试务农，但还是没有成功。杰西·沃尔顿重新雇用了汤姆·沃尔顿，派他前往距离马歇尔镇100英里的密苏里州的谢尔拜纳（Shelbina）。这也是一座小镇，1930年的人口数为1826。下一站是位于堪萨斯城和圣路易斯之间的哥伦比亚镇，密苏里大学（University of Missouri）的主校区就在此地，1940年，山姆·沃尔顿从这所大学毕业，成为全家第一个获得大学学位的成员。山姆·沃尔顿毕业那年，哥伦比亚镇的人口数为18 399。

以下是山姆·沃尔顿对父亲的一些观察："父亲从未有过自己创业的那种野心或自信……（他）接手了老农场借贷方面的事务，而这些农场绝大多数都处于拖欠债务的情况……（他）不得不从数百户可怜的好人家手里，没收了他们家族世代拥有的农场。有时候我同他一起，那场面很悲惨，而且对我父亲来说也的确很不容易，不过他尽可能让那些农场主保留最大限度的自尊。所有这些，必定会给还是孩子的我留下深刻印象，虽然我完全不记得当时有没有对自己说过诸如'我决不要做个穷人'之类的话。"

我们可以把他的最后一句话当真。他大概从未像斯嘉丽·奥哈拉①（Scarlett O'Hara）那样说过"我再也不要挨饿了"之类的话。另外，从他对父亲的简短描述中可以推断，他并不想成为父亲那样

---

① 美国女作家玛格丽特·米切尔（Margaret Mitchell）创作的长篇小说《飘》中的女主角。——译者注

的人。

山姆·沃尔顿的父亲似乎并不是塑造沃尔顿其人的关键要素，但有两点例外。第一是他的父母都赞同的一点："我的父母将他们积累财富的方法传给了我们——绝不乱花一分钱。"第二是汤姆·沃尔顿与南·沃尔顿合不来。他们夫妻俩很不般配，"总是意见不合"。他们在一起完全是为了孩子，当孩子们长大成人后，他们就分居了。"我很早就发过誓，要是我自己组建家庭，绝对不让家里充满那种争吵。简单来说，我的爸爸和妈妈是有史以来最爱吵嘴的一对夫妻。"山姆·沃尔顿说。

山姆·沃尔顿和他的弟弟巴德让我们相信，母亲对他们的影响比父亲更大。巴德说："山姆继承了我们母亲身上的许多品质。"山姆·沃尔顿写道："母亲一定是个特别能激励他人积极进取的人，因为当她告诉我，无论做什么都应该始终尽力做到最好时，我认真听取了她的话。"这当然是一个好建议。可以肯定的是，许多母亲都这样建议过自己的儿子。但比这个建议更重要的是儿子"认真听取了她的话"。1950年，南·沃尔顿因癌症病逝，终年52岁。山姆·沃尔顿说，"我一生中最难过的事情之一"，就是母亲如此年轻就与世长辞。汤姆·沃尔顿一直活到92岁，当时沃尔玛早已进入辉煌时代。在他去世两年前，他还在金菲舍镇的沃尔玛商店的盛大开业仪式上说了几句话。

山姆·沃尔顿年轻时最渴望的不是金钱，也不是名望，而是胜利。他天生就有求胜欲。这种欲望似乎不是由他的母亲创造，而是由他的母亲进一步加强的。山姆·沃尔顿"总是怀着真正的热情

（有些人会说那是偏执）去从事感兴趣的每一件事，力求成功"。他总是"设立极高的个人目标"。

"记得当我还只是一个小屁孩时，就已经有了勃勃雄心。好几年里我一直担任班长的职务。我同其他孩子一起玩橄榄球、棒球和篮球，在夏天时我还游泳。我非常争强好胜，当我加入童子军时，我同其他成员打赌，看谁能第一个获得雄鹰徽章。"13岁时，山姆·沃尔顿成为整个密苏里州史上最年轻的雄鹰徽章获得者。

山姆·沃尔顿从五年级开始参加团体运动项目。在就读于哥伦比亚的希克曼高中（Hickman High School）时，虽然身高只有5英尺9英寸，但他依然被招进了篮球队。"我想我喜欢管理团队。"希克曼篮球队常胜不败，还赢得了州冠军。他也是高中橄榄球队的四分卫，担任后卫。这支橄榄球队同样拥有不败的纪录，并赢得了州冠军。"在我的一生中，我参加的橄榄球赛从没输过……它教我学会期许胜利……我从未想过自己会失败；对我来说，好像我天生就要赢得胜利。这样想的话，事情往往真的会朝你期待的方向发展。"他认为自己最主要的运动才能"也许正和我作为一名零售商所具有的最好资质一样——我是一个出色的激励者"。

年轻时山姆·沃尔顿就意识到，没有追随者，你不可能成为领导者——没有团队，你也不可能在重要的事业上取得成功。他开始学习团队建设。像他从事的其他活动一样，没有人比他更擅长团队建设。

在高中，山姆·沃尔顿通过努力学习跻身优等生行列；他不认为自己是天才学生——他参加了许多社团，被选为"才艺之星"。

后来他进入密苏里大学，学校就位于他居住的哥伦比亚镇。

山姆·沃尔顿立刻决定要成为大学学生会主席。"我老早就知道了成为学生领袖所需要的一个秘诀，那是件再简单不过的事情了：当有人朝你迎面走来，在他们开口对你说话之前，先跟他们打招呼。我在学校里就是这么做的……我总是目视前方，同每个朝我走来的人打招呼。要是我认识他们，我会叫他们的名字；就算不认识他们，我也会向他们问好。没过多久，我可能成了全校认识学生最多的人。大家都认识我，把我当成朋友。我参加了每个学生干部职位的竞选。我担任了联谊会的一个职位，还当选高年级学生会主席。我还是美国后备军官训练队（ROTC）精英部队'鞘与刀'的上尉与主席。"此外，1939年和1940年，他利用课余时间送报，并雇了几个帮手，从而赚了一大笔钱。

1940年5月31日，山姆·沃尔顿从密苏里大学毕业，在艾奥瓦州得梅因市（Des Moines）的杰西潘尼商店找了一份工作，成为管理部门的受训人员，月薪75美元。从一开始他就爱上了零售业。他是一名天生的销售员，有应对客户的天赋。这段经历的高潮是他见到了詹姆斯·卡什·潘尼（James Cash Penney）本人，他教山姆·沃尔顿如何用尽可能少的丝带将商品捆扎包装好。

珍珠港事件爆发后，山姆·沃尔顿想参军。由于他在密苏里大学时加入了美国后备军官训练队，因此他已经是后备军官训练队的少尉军官。但是，当他参加常规军体检时，他意外地得知自己有心脏缺陷，可能导致心律失常。他只能承担有限的职责，因此在战争期间没有离开过美国。但他确实离开了杰西潘尼商店，向南来到俄克拉荷马州，在距离塔尔萨（Tulsa）不远的普莱尔镇（Pryor）的一家军火厂找到了一份工作。由于在那里找不到住处，他只好住在附近的克莱莫尔镇（Claremore）。"我希望能向你们描绘一段勇敢的军旅生涯——就像我的兄弟巴德那样……可我的服役岁月实在是平淡无奇。我先是中尉，然后升到上尉，做些像监督飞机生产厂和保障战俘营安全之类的工作……"

正是在克莱莫尔镇，山姆·沃尔顿遇到了他的终身伴侣，海伦·爱丽丝·罗伯森（Helen Alice Robson）。她是一位杰出的女性。在高中毕业典礼上作为学生代表致辞，后毕业于俄克拉荷马大学（University of Oklahoma），主修金融学。她非常聪明，意志坚强，而且很有魅力。二人于1943年2月14日（情人节）结婚。从1944年到1949年，他们生育了四个孩子。

战争结束后，山姆·沃尔顿想在圣路易斯开一家百货商店。海伦非常支持他，并为此放弃了她的法律专业。她说："我会跟你到任何你想去的地方，只要你别要求我住在大城市里。对我来说，一万人的镇子就足够了。"

1942年春天，山姆·沃尔顿遇到了他未来的岳父利兰·斯坦福·罗伯森（Leland Stanford Robson），他也成为山姆·沃尔顿的导师。他说："听罗伯森先生讲话本身就是一种教育。他对我的影响很大，他是一名出色的推销员，是我遇到过的最具有说服力的人之一。我确信，他作为一名商人所取得的成功，他对金融和法律的理解以及他的人生观都深深地影响了我。当我目睹他的成功时，我那争强好胜的本性便被大大激发起来，我羡慕他的成功，但并不嫉妒他，而是钦佩他。我告诉自己：也许将来有一天，我也会像他那样成功。"罗伯森从事过许多事业，并且都取得了成功。他知道如何为人处世，对山姆·沃尔顿关怀备至。对山姆·沃尔顿来说，他再也找不到比罗伯森更好的老师和顾问了。罗伯森扮演了山姆·沃尔顿的父亲从未扮演过的角色。他是一个了不起的人，但若不是他的女儿嫁给了一个"青出于蓝而胜于蓝"的人，他也会被历史所忽视。

　　除了找到共度一生的女人，山姆·沃尔顿在军队服役期间还发现了另外两件重要的事情。一是他想进入零售业。二是他想自己做生意。战争结束时，他准备看看他的雄心壮志会带他走多远。

　　1945年夏末，山姆·沃尔顿和海伦在阿肯色州的纽波特（Newport）定居。这座小镇1940年的人口数是4301，1950年增长至6254。它坐落在距离孟菲斯市（Memphis）西北约80英里，距离小石城（Little Rock）东北约90英里的地方。山姆·沃尔顿和海伦都很钦佩罗伯森先生，但他们也不希望看到山姆·沃尔顿一直活在他的影子之下。因为海伦不想去大城市，所以他们选择了纽波特。

　　1945年，阿肯色州还是一个贫穷的小州，人口较少并呈现下降趋势。正如阿肯色州的一位历史学家所说："除非一个人在阿肯色州拥有土地或企业，否则出于经济方面的考虑，那些离开阿肯色州参加第二次世界大战或从事高薪国防工作的人都不会再回到这里来……"

　　山姆·沃尔顿找到了巴特勒兄弟公司（Butler Brothers），这是一家大型批发商，还经营着"本·富兰克林杂货连锁店"，这种商店也叫"5到10美分商店"。山姆·沃尔顿想成为该公司的特许经营人。巴特勒兄弟公司回复说，他们在纽波特有家店。山姆·沃尔顿抓住了这个机会。1945年9月1日，在日本正式投降结束第二次世界大战的前一天，在"镇子中心，朝向铁轨"的地方，山姆·沃尔顿那5000平方英尺①的本·富兰克林杂货店开始营业了，此时他27岁。

"我一直相信目标，"山姆·沃尔顿说，"所以我给自己定了一个目标：我希望纽波特的这家小商店在五年内成为阿肯色州最好、最赚钱的杂货店。"（我们必须停下来想一想，与山姆·沃尔顿最终实现的目标相比，这个野心是多么渺小。）这项特许经营项目的成本不低。山姆·沃尔顿付给巴特勒兄弟公司25 000美元的服务费。这笔钱在2020年相当于35万美元。山姆·沃尔顿和他的妻子拿出了5000美元的积蓄，剩下的2万美元则是从海伦的父亲那里借的，他总是在经济上帮助山姆·沃尔顿，并为他提供经营上的建议。

山姆·沃尔顿在阿肯色州的这座城市中的这家商店里开始了他的零售业生涯，这家商店按当时美国大多数地方的标准来看是十分简陋的。对于前一位所有者来说，"事情根本不顺利"。过去一年在他的管理下，这家商店的营业额为7.2万美元。街对面有另一家杂货店，是现在早已被遗忘的斯特林连锁商店，一年的营业额是15万美元，是山姆·沃尔顿当时经营的商店的两倍之多。山姆·沃尔顿后来回忆道："我是被巴特勒兄弟公司派来拯救（商店）的家伙。"要实现雄心壮志，山姆·沃尔顿的本·富兰克林杂货店还有

---

① 1平方英尺≈0.0929平方米。——编者注

很长的路要走。

在20世纪的美国，成千上万的小商店倒闭了。1945年，全美约有170万家零售企业。为什么沃尔顿能够避开失败？当然，任何人分析过1945年的形势后都会认为沃尔顿必输无疑。连他自己都说："尽管我信心满满，但对于杂货店管理，我一天经验也没有……"实际上，他也从来没有做过任何生意。在他的商店开张之前，他就为自己的经验不足和过分热情付出了代价。他选错了商店，花了太多钱。"没错，我是在签了协议之后才了解到这家店的麻烦不小。"这家商店的铺面租金是营业额的5%。沃尔顿一开始觉得还可以，但他签完租赁合同后才发现，"这是这一行业中的人听过的最高昂的租金。没有人会把营业额的5%拿来交租金"。沃尔顿所做的这笔交易还有很多严重的问题，他花了5年的时间才逐渐发现这些问题。

阻碍山姆·沃尔顿实现目标的正是巴特勒兄弟公司。巴特勒兄弟公司有一个仓库网络，储存着成千上万的货物。他们要求特许经营者必须从这些仓库中购买80%的货物。由于巴特勒兄弟公司对货物的定价很高，因此特许经营者无法以低价向客户提供商品。

沃尔顿写道："起初，我按照他们的规章经营我的店，因为我的确不知道有什么更好的办法。"但沃尔顿也在"思考别的方法"。很快他就开始"试验——这正是我现在以及一直以来的做事方式"。他不想接受巴特勒兄弟公司的加价，想直接从制造商那里购买货物。大多数制造商都不想卖给他，因为他们不想与巴特勒兄弟公司发生冲突。"不过有时候，"山姆·沃尔顿说，"我能找到一两个愿意通融一下让我直接进货的厂商。"

这就是沃尔顿经商规则的开端。"我总是在寻找非传统的供应商或进货源。我开始驱车前往田纳西州找一些家伙，他们会将货物以特价卖给我，远低于本·富兰克林杂货店（也就是巴特勒兄弟公司）给我开出的价钱。我记得有一家是联合市（Union city）的赖特贸易公司（Wright Merchandising Co.），他们以很优惠的批发价向我这样的小商店出售货物。我会在自己的店里工作一整天，打烊后就发动汽车，车后挂着一辆老旧的自制拖车，开上大风呼啸的公路，前往位于密苏里州白杨地（Cottonwood Point）的密西西比河渡口，然后进入田纳西州。我会往轿车和拖车里塞满我能以优惠价格买到的任何东西——通常是些轻工业产品：女衬裤、长袜、男士衬衣。我把这些东西运回去，定个低价，以比其他店稍低的价钱出售。"

巴特勒兄弟公司不喜欢沃尔顿这样自由活动，但这阻止不了他。"通过某种方式"，沃尔顿与一位来自纽约的制造商代理人哈利·韦纳（Harry Weiner）取得联系。他在纽约第七大道505号开办了韦纳采购公司（Weiner Buying Services），这家公司会向山姆·沃尔顿出售货物，并从中抽取5%的佣金，这与巴特勒兄弟公司抽取的25%的佣金形成了鲜明的对照。

"我永远忘不了同哈利做过的一笔生意，那是我做过的最好的生意之一，也是早年间我在定价方面学到的重要一课。它第一次让我有了思考问题的方向，这一方向最终成为沃尔玛哲学的基础。要是你对'沃尔玛的经营之道'感兴趣，你就得坐下来好好听听这个故事。哈利经销女式短衬裤——一种双线斜纹缎子短衬裤，腰部有松紧带——每打2美元。之前我们一直以每打2.5美元的价格从巴特勒兄弟公司进同样的裤子，然后以1美元3条的价格出售。现在，因为哈利的批发价是每打2美元，我们就可以以1美元4条的价钱出售这种裤子，极大地提升了我们店的名声。"

山姆·沃尔顿从中"学到了一个简单的道理"——如果他能以80美分的价格买进一件产品，并以1美元的售价出售该产品，那么他的销售量将是售价为1.2美元的时候的3倍。"非常简单"，山姆·沃尔顿始终在重复使用这个方法。但是我们不禁会产生疑问，既然道理如此简单，为什么那么多折扣商店都倒闭了？因为与巴特勒兄弟公司签署了合同，所以山姆·沃尔顿无法立刻实践这个简单的公式，但他"尽一切可能拓展合同中可供发挥的余地"。

由于山姆·沃尔顿的店取得了杰出的业绩，巴特勒兄弟公司也在一定程度上做出了让步。山姆·沃尔顿凭借低价策略和自己的促销天赋——他在商店前面摆放了爆米花机和冰激凌机——商店的销售额迅速提高。在山姆·沃尔顿经营的第一年里，他的本·富兰克林杂货店的销售额达到了10.5万美元，第二年销售额达到14万美元，第三年达到了17.5万美元，超过了对手约翰·邓纳姆（John Dunham）的斯特林联销商店。经过30个月的经营，山姆·沃尔顿全额偿还了来自岳父的借款。在第5个年头，他的店的营业额达到25万美元，年利润为3万到4万美元。他成为阿肯色州首屈一指的百货店经营者。

山姆·沃尔顿从头开始学习零售业。如果想拿到低于一般供应商的进价，他会自己开车到乡下转转，寻找能和他做生意的人。如果最好的供应商在纽约市，他也能找到。山姆·沃尔顿明白，没有什么能比得上低价的吸引力。但他也明白，增加一点乐趣，例如爆米花机和冰激凌机，也可以吸引大量的注意力。

山姆·沃尔顿不仅在纽波特建立了一家成功的企业，也积极投身于镇上的事务。他是扶轮国际①（Rotary Club）分社的活跃成员，他还担任了商会主席。此外，海伦非常喜爱这个小镇。定居在此地的5年间，她生育了3个孩子。"我们在那里建立了一个家，"她在1992年回忆道，"我至今还跟在那里认识的好朋友保持着联系。"然而这一切转瞬即逝。

问题出在铺面租约上，里面没有写明续约条款。一般的租赁合同中都有续约条款，比如沃尔顿最初签订的租约。但他的房东P.K.霍姆斯（P. K. Holmes）先生并没有在山姆·沃尔顿的租约中加入这一条款，山姆·沃尔顿也没想到这一点。

霍姆斯有充分的理由续约。山姆·沃尔顿经营的本·富兰克林杂货店的营业额从7.2万美元飙升至25万美元。由于租金占营业额的5%，霍姆斯通过这家商店所得的收入从3600美元增加到12 500美元，增收8900美元。他自己什么也不用做，就能得到这笔钱，而且他也有理由相信山姆·沃尔顿能够继续成功地经营下去。1950年8900美元的价值相当于2020年的95 000美元。但是霍姆斯拒绝续租，因为他想把这家本·富兰克林杂货店交给他的儿子经营，他认

---

① 扶轮国际是由商人和职业人员组织的慈善团体，在全球范围内推销经营管理理念并进行一些人道主义援助。——译者注

为这么做更有利。

山姆·沃尔顿在回忆时说："这是我人生中的低谷……我感到反胃。我无法相信这种事会发生在自己身上。这简直像是一场噩梦。我建立起了整个地区最好的百货商店，积极投身社区事务，处理好每一件事，而现在我却被一脚踢出了镇子。这太不公平了。我无法原谅自己被这个倒霉的租契给坑了，我也对那个房东的行为感到气愤。至于海伦，她刚在这个镇子安顿下来，建立起一个崭新的四口之家，现在也因为要离开纽波特而伤心不已。不过事已至此，我们只能离开了。"他"处理好每一件事"，得到的回报是"被一脚踢出了镇子"。

如果你觉得这个故事听起来很熟悉，那是因为这种事本来就屡见不鲜。福特汽车公司的李·艾柯卡也有过类似的经历。他也认为自己"处理好了每一件事"，而得到的回报就是被福特汽车公司一脚踢开。柯达公司的创始人乔治·伊士曼也经历过类似的事情。1880 年，他在罗切斯特储蓄银行（Rochester Savings Bank）一路晋升为第一助理簿记员。1881 年，伊士曼的顶头上司离开了银行，他希望自己能够升职，而且他认为那是自己应得的，自己也具备晋升的资格。然而最后是一位银行董事的亲戚取代他坐上了那个职位。多年后，伊士曼在接受《纽约时报》采访的时候说："这是不公平的。这是不对的，它违反了公正原则。"

以上故事有一些共同点，即主人公都被剥夺了他们应得的东西，他们对此感到愤怒；他们遭遇了失败，但他们没有泄气。以上故事以及其他许多案例都告诉我们，成功者认为世界是公平的，他们的努力会得到回报。当他们遭遇了一些不公平或不公正的事情时，他们会意识到这是自己的某种重大错误所导致的结果，他们会付出更大的努力及时加以纠正。

对山姆·沃尔顿来说，下一站是本顿维尔，但我们很难说在1950年的本顿维尔能够发生什么愉快的故事。海伦对这个地方的最高评价就是它有一条铁路轨道。她说："我简直不能相信这里就是我们要安家的地方。"

山姆·沃尔顿租下了一家店，比纽波特的那家店差了一个档次。在山姆·沃尔顿租下它之前——这一次山姆·沃尔顿的岳父谈妥的一份99年的租约，它一年的营业额是3.2万美元。本顿维尔的面积只有纽波特的一半，但镇上已经有了三家百货商店。大多数人都会对这种情况感到沮丧，但对沃尔顿来说，这关系不大，因为他"有许多大计划"。

山姆·沃尔顿的大计划颇有成效。在接下来的15年里，他成为当时全美最大的独立百货店经营者。就在他登上行业巅峰的时候，他决定彻底改变零售方式。

零售业在变革，并且朝着他尚未取得成功的方向变革。正如山姆·沃尔顿所说："每家店的面积都不大，因此整体看起来成不了什么气候。我的意思是说……到1960年，我们15家店的总销售额只有140万美元……我开始四处调研，寻找新点子，好让我们实现自我突破、使我们所付出的所有努力都能得到更高的回报。"

最终的答案就是沃尔玛。1962年7月2日，第一家沃尔玛商店在阿肯色州的罗杰斯镇（Rogers）开业。这家店占地1.6万平方英尺，出售的产品从儿童服装到书籍再到汽车用品，应有尽有。1964年8月，第二家沃尔玛商店才开业。"当我们在罗杰斯镇打开局面以后，"山姆·沃尔顿说，"我们安于此地，屏息静待了两年之久。"他有这种资本，因为他在不是必须改变的时候做出了改变。

当山姆·沃尔顿知道沃尔玛将取得成功的时候，他开始迅速开设更多分店，并终止了百货店的经营。1991年，沃尔玛超越西尔斯百货公司（Sears）成为美国最大的零售商。1992年3月17日，乔治·H.W.布什（George H. W. Bush）总统和第一夫人芭芭拉·布什（Barbara Bush）飞往本顿维尔，向山姆·沃尔顿颁发总统自由勋章。过了不到三个星期，在4月5日，沃尔顿因多发性骨髓瘤逝世。在他去世的这一年，沃尔玛共有1928家分店，营业额为439亿美元，利润达16亿美元。当沃尔玛引起巨大轰动的时候，沃尔顿说："有时候连我自己都觉得难以置信。"

沃尔玛能够取得惊人的成功，关键在于山姆·沃尔顿创造的独特文化，这种文化离不开他的个人魅力。如果说美国商业史上有一个人能够激励普通人取得非凡成就，那么这个人就是山姆·沃尔顿。正如沃尔玛的高管所说："对山姆·沃尔顿来说，分店的人们——无论是管理人员还是普通员工——都是沃尔玛的主人。他爱他们。而且毫无疑问，他们也觉得同他沟通起来毫无障碍。"他喜欢将别人塑造成英雄，而这些人又反过来将他塑造成英雄。这是创造魅力的精髓所在，他们一定是相互影响的。魅力是双向的。

想一想他接受总统自由勋章的时候，他知道自己的生命已经开始倒计时，他知道这将是自己最后一次公开发表讲话。"我们公司有很多优秀的领导者，最重要的是，我们会听取公司38万名员工的想法，这是最重要的一点。我们始终团结在一起……这就是我们的秘诀。这就是关键……我们为自己所取得的成就感到骄傲。我们认为一切才刚刚开始。"重新想一想最后一句话。在生命的最后时刻，他所想的是他离开后沃尔玛那些人的未来，而且他在讲话中一直使用第一人称的复数。

为什么他那么善于赞扬别人？山姆·沃尔顿的赞扬之所以如此珍贵和特别，是因为他精通此道，知道什么时候应当给予认可。

山姆·沃尔顿向我们证明了一件事，那就是在你最意想不到的时间和地点，也有可能存在超凡魅力。1945年，在阿肯色州的一座小镇，（最初）是小型零售店，（最初）有草率、杂乱无章的促销活动，从百货店发展到极具竞争实力且根基牢固的大型折扣商店。从1962年山姆·沃尔顿创立沃尔玛，到30年后山姆·沃尔顿去世，在这期间，你能说出一个沃尔玛对手公司的首席执行官的名字吗？除非你是这个行业的历史学家，否则可能想不起其他人的名字。

山姆·沃尔顿以身作则。他比任何人都了解自己的公司。他比任何分店经理都了解这些分店。不说以前，至少到了1980年，他已经成为最了解零售业的美国人。大家都知道，他是一位伟大的即兴演说家。大家还知道，他是一位伟大的激励者。

然而，真正使山姆·沃尔顿成为一个才华横溢的沟通者的是另一种东西。他会倾听别人的声音，如果员工有一个好主意，他会采纳并给员工发奖金。能够得到奖金的确很不错，但更棒的是员工能得到认可。在交流中，听比说更能激励对方。山姆·沃尔顿是一位公认的思想开明的行业专家。我们多久才能遇到这样一位领导者呢？

山姆·沃尔顿非常善于消除员工（他称之为合伙人）为他塑造的"传奇"形象。但正如本杰明·富兰克林（Benjamin Franklin）在《穷理查年鉴》（*Poor Richard's Almanack*）中所写："放飞你的快乐，快乐就会跟随你。"同样的，当一个领导者拒绝"传奇"形象时，他反而成了传奇。也许你认为自己和其他人没什么不同，但其他人会因此将你视为与众不同的人。

山姆·沃尔顿是个值得信任的人。正如最初的一位员工所说："我一直知道（沃尔玛）会成功。沃尔玛的经营哲学很有道理，而且你会不由自主地相信山姆·沃尔顿这个人。"

第8章

企业与奋斗：玫琳凯·艾施的故事

玫琳凯·艾施原名玛丽·凯瑟琳·瓦格纳（Mary Kathlyn Wagner），于1918年5月12日出生于美国得克萨斯州哈里斯县（Harris County）的霍特威尔斯（Hot Wells），距离休斯敦不远。她的父亲爱德华·亚历山大·瓦格纳（Edward Alexander Wagner）患有肺结核。在玫琳凯7岁时，她的父亲从疗养院回到了家里。经过在疗养院3年的治疗，父亲的病情有所好转，但并未痊愈。他的余生都在病痛中度过。玫琳凯的哥哥和姐姐都已长大成人，父亲回家后他们都离家而去。玫琳凯的母亲卢娜·文伯·黑斯廷斯·瓦格纳（Lula Vember Hastings Wagner）是一名训练有素的护士，却成了休斯敦一家餐厅的经理。她早上5点离家去上班，晚上9点才能回来，常常一整天都见不到玫琳凯。

当时7岁的玫琳凯不仅要照顾自己，还要为父亲做饭，负责看护父亲。一家人依靠微薄的收入勉强度日，但玫琳凯和母亲建立起了牢固的纽带关系。母亲是她的动力的主要来源。她总会记起母亲的话："你能做到。"

玫琳凯从高中毕业后，家里没有钱供她念大学。1935年，17岁的玫琳凯嫁给了本·罗杰斯（Ben Rogers），他是一位加油站服务员，也是当地的一位音乐家，有一个名叫夏威夷乱弹琴（Hawaiian Strummers）的乐队。他们育有三个孩子：小本、玛丽琳和理查德。玫琳凯靠着挨家挨户推销各种产品来养家。1939年，她成为斯坦利家居用品公司（Stanley Home Products，下文简称"斯坦利"）的销售员。

玫琳凯的丈夫在战争期间参军。在他服役时，这段婚姻已经摇摇欲坠。当他回来时，他说自己有了外遇，想和玫琳凯离婚。玫琳凯说："那是我生命中的最低谷。我一直认为自己是合格的妻子和母亲，但在那一天，我觉得自己是一个彻底的失败者。我还从未遭受过如此严重的打击。"

本·罗杰斯消失得无影无踪，显然没有支付赡养费或子女抚养费。玫琳凯和她的孩子们似乎也没有再见过他。玫琳凯成为一家四口的支柱，因此她需要"一份薪水高、工作时间灵活的工作"。

玫琳凯发现自己喜欢销售工作。从女童子军饼干①到百科全书，她什么都卖过。直销为她提供了机会，因此斯坦利非常适合她。该公司由弗兰克·S.贝弗里奇（Frank S.Beverridge）创建，他曾是富勒刷子（Fuller Brush）的销售员。斯坦利生产家居清洁产品，并通过新颖的"聚会销售法"将产品直接销售给客户。

作为斯坦利的经销商，玫琳凯会邀请朋友和认识的人到她家里参加所谓的聚会。大家一起玩室内游戏，女主人会提供点心和惊喜礼物，营造出愉快的氛围。黄昏时分，女主人会展示自己正在出售的商品。客人们可以先试用，女主人会回答有关产品的问题。

---

① 美国每个女童子军理事会每年会举办一次饼干销售活动，卖饼干是筹集经费的途径之一。——编者注

聚会销售法巧妙地将商业交易和朋友聚会融合在一起，是一种真正的软推销。不仅如此，女主人一次就可以向一屋子人进行软推销，而不是一次只推销给一个人。

开始工作后不久，玫琳凯参加了在达拉斯举行的斯坦利地区销售大会。在那里，她见到当选"销售女王"并接受表彰的销售员。对玫琳凯来说，"认可和金钱一样重要"。她决定要成为下一年的"销售女王"。她请新当选的"销售女王"为她举办了一次家庭聚会。对方答应了，玫琳凯在这次活动中记了19页笔记。

从那以后，玫琳凯"大胆接近"贝弗里奇，告诉他自己明年要成为"销售女王"。玫琳凯说："他用双手握着我的手，直视着我的眼睛，过了一会儿郑重地说：'我想你能做到！'"玫琳凯的反应是"这几句话确实改变了我的一生。"不用说，她实现了自己的目标。

后来玫琳凯也在其他几家直销公司工作过。其中一家是世界礼品公司（World Gift Company），她在那里当上了董事会成员。在25年的直销生涯中，玫琳凯赚了很多钱，足以让她在1963年安逸地退休。然而，她觉得自己还有未竟事业，而这事业关系到职业妇女的待遇。

在25年的直销生涯里，她看到"无数有能力的人"被剥削，因为她们是在以男性为主导的世界里工作的女性。她本人就是一个典型的例子。玫琳凯说："一家公司开出2.5万美元的年薪聘我为国内（美国）培训主任，但我实际所做的是全国销售经理的工作——我得到的薪水远低于该项工作应得的报酬。我经常被要求带一位男士出差并一路培训他。经过六个月的培训后，那位男士回到达拉斯（当时玫琳凯已经从休斯敦搬去了达拉斯），成为我的上司，薪水比我高一倍！这种事情不止一次发生在我身上。"这种不公激怒了她。

玫琳凯的退休生活没有持续多长时间。她几乎立刻就决定列出一系列符合"梦想公司"的因素。开始列清单后不久，她就决定创建一家自己所描述的公司。在1963年9月13日，玫琳凯化妆品公司（Mary Kay Cosmeties）诞生了。

这家公司的诞生也充满了戏剧性和坎坷。玫琳凯的第一步是购买化妆品配方，过去10年里，她一直在使用这些化妆品，但公众并不熟悉这些产品。她说："我知道这些产品很特别。"她倾其所有，"将毕生的积蓄都投在这个影响其一生的机会上"。她在销售界有很多人脉，并招募了许多销售人员。

1963年7月，她又结婚了。新婚丈夫名叫乔治·哈伦贝克（George Hallenbeck），是一位化学家，同时也非常了解如何经营企业。玫琳凯计划由自己来培训销售人员，由丈夫来管理她的梦想公司。"我的目标是让女性有机会发挥她们的聪明才智……对我来说，P和L不仅仅代表利润（profit）和亏损（loss），还表示人（people）和爱（love）。"

同年8月13日，玫琳凯与丈夫正在共进早餐，她的丈夫向她汇报公司的经营情况，而她则漫不经心地听着。就在这时，玫琳凯的丈夫心脏病发作，不幸离世。

她的两个儿子和女儿从休斯敦赶回达拉斯参加葬礼。葬礼结束后，四个人坐在一起，讨论该如何处理玫琳凯的公司。她的律师和会计都建议她放弃这个计划，尽可能收回剩下的资金。会计告诉她，她所提出的佣金制度"无法运作"。律师进行了一些调查，了解当年有多少家化妆品公司倒闭。他对玫琳凯说："玫琳凯，你没有化妆品行业的经验，而且你已经是当奶奶的人了。不要把毕生的积蓄都浪费掉！"但孩子们不这么认为，他们对玫琳凯说："你能做到！"这是她母亲在玫琳凯照顾父亲或遇到其他困难时总会对她说的话。玫琳凯心里知道，"时机对我很不利，我必须承认有许多事情我都不清楚"。但她并不是一个会轻言放弃的女人。

玫琳凯的小儿子理查德是英国保诚集团（Prudential）的销售代表。当时他只有20岁，"每个月的薪水竟然已经达到了480美元"。玫琳凯需要理查德来帮助她将公司开起来，但她每个月只能支付250美元的薪水。理查德毫不犹疑地接受了，很快就从休斯敦搬到了达拉斯。她的大儿子本已经结婚并且有两个孩子，他在休斯敦的一家焊接公司工作，月薪750美元。他不可能立刻搬家，但他将自己银行账户上的4500美元存款全都给了玫琳凯。他说："我想你可以做到任何你想做的事。这是我所有的积蓄，如果这能帮上一点忙，我希望你接受。"8个月后，他也加入了公司，拿着和理查德一样的薪水。后来，女儿玛丽琳也加入进来，成为第一任玫琳凯化妆品公司的董事。

回顾这段经历时，玫琳凯这样说道："很可能那时候我的儿子们对玫琳凯梦的信心比我更足一些！"玫琳凯的公司很快就取得了成功，于是她购买了一辆粉红色的凯迪拉克汽车。有一段时间，她住在一座价值数百万美元的豪宅里，有30个房间、11间浴室，天花板高28英尺，装有水晶吊灯，还有一个希腊式游泳池。你真应该亲眼看看这栋房子。

在我们开始讨论玫琳凯的公司时，有一个惊人的事实值得注意。正如她自己所说："1963年，我在化妆品行业没有任何经验……"她选择了一个竞争激烈的行业，该行业的产品完全是个人化的，可以概括为"高触感"。化妆品公司到底卖什么？一个经典的答案是希望。玫琳凯关注的是销售产品的过程，而非产品本身。虽然她对这个行业并不熟悉，但她解释道："我的专长是招聘和培训销售人员。"她在这方面的能力令人印象深刻。

玫琳凯化妆品公司一开始是小本经营，前三个半月的销售额为34 000美元，赢利甚微。在第一个日历年度，公司销售额达到198 000美元。第二个日历年度的销售额达到80万美元。玫琳凯采用"多层次直销"的商业模式，因此批发销售是关键。公司将产品出售给"美容顾问"，后者再将产品卖给最终用户。

初创企业一开始往往会亏损，有时甚至要亏损数年才能开始赢利。而玫琳凯化妆品公司自创立以来从未出现亏损。当被问到怎样能在这么短的时间内取得这样的成功时，玫琳凯说："因为我是中年人，有静脉曲张，没时间闲逛。你听说过女人的需求吗？从14岁到40岁，女人需要漂亮的外表；从40岁到60岁，女人需要魅力；我在这里告诉你，60岁后，女人需要的是金钱。"她认为自己对"女人的需求"的界定无可辩驳，并经常重复这一说法。

上文提到的"多层次直销"是什么？多层次直销是一种分销体系，在这个体系中，独立的销售顾问以批发价从公司购买产品，然后以零售价将产品直接出售给消费者，从中赚取利润。独立的销售顾问由其他销售顾问招募进入公司，后者的层级高于前者。销售体系中每一级都会按照一定比例收取其下一级的销售收入。随着级别的提高以及零售承包人的增加，处于这一结构顶层的女性收入也随之增加。

玫琳凯化妆品公司将产品出售给"美容顾问"。这些人会举行家庭聚会，将产品卖给消费者。她们也可以聘请更多的"美容顾问"来销售产品。

根据哈佛大学商学院案例提供的统计数据，1981年，这个阶梯的梯级数量是2020年的一半。玫琳凯共有143 060名美容顾问，其中2088名销售总监、1110名高级销售总监和31名全国销售总监。全国销售总监的年收入在10万到20万美元。正如人们所见，收入金字塔是陡峭的。31名全国销售总监占143 060名美容顾问的1/4615。而且攀登收入金字塔的过程并不容易。这个结构中的每个人都是独立的企业家。这些人并非直接为玫琳凯化妆品公司工作。"美容顾问"不是为销售总监工作，销售总监也不是为了更高级的销售总监工作，每个人都不是为全国销售总监工作，也没有任何人直接为公司工作。然而，在金字塔的顶端有一桶金子。一位名叫多莉莎·丁格勒（Doretha Dingler）的女性在与玫琳凯共事的36年中赚了1000多万美元。

没有人能给别人下命令。因此其他激励方法至关重要，而对美国主流企业来说难以想象的做法，却成了玫琳凯的常规操作。

事实上，玫琳凯化妆品公司有一个有趣的方面，即该公司偏离了美国的商业趋势。几十年来，随着美国企业的壮大，它们将大规模生产和大规模分销结合起来。消费品和工业产品的制造商发展了自己的销售队伍，并对其进行培训和管理。标准石油公司、美国烟草公司（American Tobacco）、亨氏公司（H.J.Heinz）、国家收银机公司（National Cash Register）和其他几十家公司的销售人员（起初都是男性）都是公司的雇员，而非独立的企业家。销售团队管理成为20世纪美国公司在全球竞争中的一大优势。销售经理可以通过薪水、佣金和管理区域的分配来调节销售人员的收入。

伴随着这种控制，20世纪公司的责任也增加了。包括为员工提供大量福利，例如医疗保健。因此公司雇用全职员工的成本提高了。

玫琳凯省下了这些费用，但也失去了另一种模式所提供的指挥和控制管理优势。公司总部可以制定基本规则，但其控制范围有限。销售团队由一群商人组成，他们按照自己认为合适的方式开展业务。

例如，玫琳凯化妆品公司有一条基本规则是关于公司与"美容顾问"之间交易的财务基础的。公司的经营以现金为基础，这在当时是很不寻常的。"我们的'美容顾问'和经销商要提前为商品付款，他们使用银行本票或汇票付款。我们不接受个人支票……玫琳凯化妆品公司的'美容顾问'不会拖欠货款。因此，我们的应收账款很少，也不需要承担收取坏账的成本。"玫琳凯说道。该公司的分销系统中没有财务杠杆。

玫琳凯化妆品公司建议"美容顾问"也采用同样的方式开展业务。"我们鼓励每位顾问在进行销售的当天接受订单、交付产品并收取费用。"开始销售时就立刻成交。公司可以"鼓励"但不能"要求"他们这样做。为了与独立实体而不是自己的销售团队打交道，公司要选择付出这样的代价。

并非所有与玫琳凯化妆品公司签约的顾问都有令人满意的销售经历。玫琳凯本人反复重申，她的公司的目标是为女性提供一个"充分发挥其技能和才能"的机会。当她创建自己的梦想公司时，她"对业务中的金钱部分不感兴趣……我只想为女性提供一些她们在其他地方得不到的机会。"她想创造一个世界，使身处其中的女性不会因为自己"是女性"就被解雇。她希望女性能够掌握自己的命运。这些都是值得赞扬的高尚情怀。在20世纪80年代初，"美容顾问"的流失率为80%，也就是说，每年在每5名签约的顾问中，就有4名顾问退出，我们该如何看待这一事实？

要看待这个数字，我们可以将其与其他直销公司的流失率进行比较。特百惠公司（Tupperware）的流失率是100%。雅芳公司（Avon）的流失率是150%。1983年，哈佛大学商学院对玫琳凯化妆品公司进行案例研究，所研究的问题之一不是玫琳凯的顾问流失率为何如此之高，而是其流失率为何如此之低。

然而，这样的顾问流失率也确实说明了一些问题。其中一个问题是，只有少数尝试过的人能够将公司歌曲中唱到的"玫琳凯的热忱"加以内化。尽管玫琳凯的母亲秉持"你能做到"的信念，但其他人几年"做不到"。

第二个问题是，尽管公司做出了种种努力，但事实证明，销售并不容易，玫琳凯化妆品公司、特百惠公司或雅芳公司展开直销时都是困难重重的。与你在社交场合认识的人联系，请他们到你家参加一个实际上不是聚会的聚会，这需要很大的勇气。你会遭到很多人的拒绝。除非你能像玫琳凯一样，不惧怕人际销售中不可避免的失望，否则这种工作会让你疲惫不堪。遭到拒绝会令你痛苦。

这时需要借助个人的魅力。

尽管困难重重，但玫琳凯化妆品公司还是取得了惊人的成功。为什么？是什么让这家公司团结在一起，度过了销售之路上的重重坎坷？答案是"领导者、激励者、灵感启发者"玫琳凯的个人魅力。她含蓄地对所有的"美容顾问"说："我曾经像你们一样，你们也能像我一样。"这句话我曾经听艾薇塔·贝隆[①]（Evita Perón）说过。玫琳凯采用的方法之一是炫耀性消费。她住着豪宅，开着粉红色的凯迪拉克轿车。（通用汽车公司从未生产过粉红色的凯迪拉克轿车，直到玫琳凯提出要求。他们将这一颜色正式命名为玫琳凯粉。）

玫琳凯销售的产品到底是什么？前文说过，是希望。希望什么？希望变得更加美丽，希望过上更加幸福的生活。而且，由于多层次直销体系，她公司里的人还希望赚更多钱；或许也希望自己能像玫琳凯一样，拥有她所享有的赞誉和财富，以及来自全世界的尊重和关注，人们永远不会因为她"只是个女人"就忽视她。但玫琳凯对这个问题的答案是，她的公司销售的是"女性气质"。也有人

[①] 艾薇塔·贝隆（1919—1952年）是阿根廷前总统胡安·贝隆（Juan Perón）的第二位夫人，人称"贝隆夫人"，她为阿根廷的社会保障、劳工待遇、医疗等方面做出了卓越贡献。——译者注

认为，她的公司真正销售的"产品"是玫琳凯自身。没有人能比她自己做得更好。她是如何做到这一点的？我们可以看一看玫琳凯化妆品公司的年会，即研讨会，或许能找到答案。

第一次研讨会于公司成立一周年之际举行。说好听一点，按之后的标准来看，这次研讨会"非常朴素"。举办场地是一间仓库，在得克萨斯州炎热的天气里，果冻沙拉在纸盘上逐渐融化。当时的活动确实需要一切从简，当时人们唯一拥有的只有激昂的热情，但她们的确充满热情。

到20世纪80年代，研讨会——"玫琳凯最重要的年度活动"已经发展成一场耗资数百万美元的盛会，是将奥斯卡奖、美国小姐竞选和百老汇开幕式的特色融为一体的活动。研讨会设置了令人眼花缭乱的颁奖、对抗赛、戏剧表演和娱乐节活动。玫琳凯对此有如下表述。"这是一个长达三天的盛会……我们花费这么多的钱和精力，是因为……获得认可的愿望是一种最有效的动力……大会的高潮是颁奖晚会。我们不遗余力地精心布置主席台，使其魅力无穷，可与塞西尔·B.德米尔（Cecil B.DeMille）的大制作电影舞台媲美。当我们最优秀的员工被授予那些让玫琳凯化妆品公司与奢华和魅力等同起来的惊人奖品时，晚会达到高潮。奖品包括钻戒、貂皮大衣、粉红色的凯迪拉克轿车和梦幻旅行……研讨会充分表达了一个十分简单的信念——赞美使人成功！"在《60分钟》中，主持人莫利·塞弗（Morley Safer）形容这个研讨会是"对玫琳凯和资本主义的公开的、无可辩驳的致敬。其他企业巨头要走上舞台，而玫琳凯则飘浮在舞台上。"

塞弗的描述非常准确。在年度最盛大的颁奖晚会上，玫琳凯会站在一个平台上，平台缓慢地从台下升起，背景音乐中播放着歌颂她的歌曲。从来没有人说她扭捏害羞。每年有成千上万的玫琳凯"美容顾问"自费前往达拉斯，通过这种活动激励自己。

当人们要做一些不一样的事情，或者当一个新的阶层、类别的人要去做已经有人做过的事情时，就需要超凡魅力。从1963年至今，玫琳凯创立了一家价值10亿美元的公司，这需要一个女人的魅力。

玫琳凯于1966年1月6日与梅尔维尔·J.艾施（Melville J. Ash，大家都叫他梅尔）结婚，后改名为玫琳凯·艾施。两人的结合对彼此互有助益。他知道如何适应她的生活，她也明白"他的时间"的重要性。他们彼此相爱。玫琳凯需要有人与自己共享生活。"回到家里独自数钱可不好玩。"梅尔正是她一直在寻找的伴侣。

"我们都爱梅尔维尔，"多莉莎·丁格勒写道，"尤其是他也崇拜玫琳凯。从她和梅尔维尔第一次约会的那天起，之后的每个星期他都会送玫琳凯一份礼物，以此来纪念这个特殊的时刻。"玫琳凯写道："每当我遇到一个人，我都试着想象这个人戴着一个看不见的牌子，上面写着：让我感觉自己很重要！"她的丈夫梅尔不遗余力地让她觉得自己很重要。

他们也遇到了一个问题：梅尔维尔抽烟。作为一名擅长激励他人的大师，玫琳凯如何说服他戒烟？她表示，"十年来，我恳求过、哄骗过，也讲过道理，拜托他戒烟"。与她的美容顾问一样，她不能给梅尔维尔下达命令。梅尔维尔也多次尝试戒烟，但都以失败告终。

　　一天晚上，玫琳凯在杂志上读到一篇文章，讲的是与吸烟者生活在一起的人会遭受二手烟的危害。她对这篇文章只字不提，只是把杂志翻过来放在咖啡桌上，她知道这会激起梅尔维尔的好奇心。

　　梅尔维尔读了这篇文章，出于对妻子的关心和爱，他找了一家诊所，五天之后，他再也没有碰过一根香烟。我们可能会为了别人而去做平时不会做或不会为自己做的事。作为一个有将近50年烟龄的人，梅尔维尔完全戒烟了。但为时已晚，"危害已经产生了。"此后夫妻两人共同生活了五年，然后梅尔维尔被诊断出患有肺癌。确诊后七周，1980年7月7日，梅尔维尔与世长辞，享年75岁。

　　葬礼在一个星期二的下午举行，而在星期五将有7500名顾问出席在圣路易斯举行的会议。玫琳凯决定参加。"我知道很多女性为了来参加这个会议花了不少钱，我觉得我不能让她们失望。这些会议应该使人快乐且能鼓舞人心，即使我很悲痛，我也下决心要用乐观的态度去对待每一位与会者。我走到众多与会者面前，尽最大努力表现出我为她们感到快乐，而不是为自己感到悲伤。"在她的自传中，在讲述她真正唯一爱过的男人离世之前，玫琳凯写了这样一段话："你看，有趣的是，只要你一次又一次地面带微笑，笑容就会长存，从而变成你真正的样子。"

　　如果你将玫琳凯当成一个有魅力的资本家和一个活生生的人进行评价，你必须对她所说的这段话做出判断。你相信吗？你认为玫琳凯相信吗？这是一个对悲伤并不陌生的女人。与第一任丈夫离婚给她带来了极大的打击。她的第二任丈夫在创办公司的前一个月死于心脏病。她的第三任丈夫死于癌症。她的女儿玛丽琳于1991年因肺炎病逝。但事实上，她经历了这些灾难，却始终面带微笑，这一点的确增加了她的魅力。

当玫琳凯写下"生活中总有许多悲哀的时刻……"时，她以自己的亲身经历为依据。"当你失去所爱之人，你必须接受一点：他去了一个更好的地方。而我们实际上是为我们自己而悲伤。"正如我们所知，她虔诚地信奉宗教。尽管她毫不掩饰地赞美金钱——她的顾问们也直言不讳地赞美金钱，甚至与华尔街人士不相上下。但她写道："当你落入人生低谷时，无论你挣了多少钱，拥有多大的房子，或是有多少辆车，一切都会毫无价值。我们中的每个人都会有那么一天，我们必须问问自己，我们的生活是否真的有意义。"这段话表明，玫琳凯和华尔街人士秉持着截然不同的生活态度。

你所表现出的快乐面孔是否能变成真正的你自己，玫琳凯会如何回答这个问题？她会说，她的生命意义在于从两个方面为女性的幸福做出贡献。一是通过她的公司为女性提供了在男性主导的世界里成就事业的机会。二是提供能够提升消费者自尊的产品，从而让女性更加幸福。她确信，表象终能变成现实。化妆品是最适合她的产品。

玫琳凯（1918—2001年）和山姆·沃尔顿（1918　1992年）是同龄人。玫琳凯的出生地是得克萨斯州霍特威尔斯，在山姆的出生地俄克拉荷马州金菲舍镇向南大约500英里处。玫琳凯的公司位于达拉斯，山姆·沃尔顿的公司位于本顿维尔，两地相隔约350英里。两人的公司都建立在1861年归入联邦的西部地区。

两人都具有个人魅力，且他们的魅力有一些共同点。他们坚定地相信自己，并且怀有远大的理想。他们成立了自己的公司，看重金钱，但都以使命为驱动力。金钱是记分卡。两人都认为经商是为了创造价值。在被授予总统自由勋章的时候，山姆·沃尔顿发表了人生最后一次公开讲话，他说："我们要降低每个人的生活成本。"玫琳凯不断地宣讲，希望将女性变得更加美丽，也希望为女性提供她们在商业世界中曾被剥夺的工作机会。

玫琳凯化妆品公司完全不同于苹果公司，它不是一家"产品至上"的公司。正如多莉莎·丁格勒所说："对我来说，我的工作不仅仅是推销唇膏，而是发挥自己的价值。当女性开放思想，抓住机会并付诸实践时，就完全有能力为自己创造机会。我的工作是成为榜样和导师，牵起那些缺乏信心的女性的手，带领她们去她们想去的地方——我会引领她们抵达某一点，然后后退，看着她们翱翔。"许多追随者都会这样描述玫琳凯。

玫琳凯和山姆·沃尔顿之间也有显著的差异。玫琳凯经常谈及宗教信仰是如何支撑她走向成功的，但在沃尔顿的传记（或者埃德温·兰德的传记）中，我们几乎找不到类似的内容。这是二人之间的一个根本区别。

与沃尔顿不同的是，玫琳凯创造了一个"传奇"形象。例如，她会在公司年度研讨会中"飘"上舞台。沃尔顿绝不会做这样的事。此外，玫琳凯的奢华豪宅也进一步塑造了她的传奇性。

玫琳凯似乎也无所不在，她能立刻抵达任何地方。但重要的是，虽然她与公司里这么多人关系密切，但她仍然与他们保持着一定的距离。其中一个员工有如下表述。"玫琳凯一直表现得非常友好和热心，她悉心指导我们这些销售团队的新手领导者，同时教我们如何与下属保持适当的距离。同时她又鼓励我们密切关注下属的情况，因为她知道我们会明白这样一个道理：领导者很难与他所领导的人成为'好朋友'。"这是一种奇怪的结合，在建立亲密感的同时又打造了一个特殊的光环。玫琳凯在这方面取得了成功，这是她个人魅力的一个组成要素。

事实上，玫琳凯和山姆·沃尔顿无疑都具备超凡的个人魅力，两人的共同点也不胜枚举。这进一步证明我们很难用一句话来概括何为魅力。我们只能通过有魅力的人施展"魔法"的故事来理解魅力。

1996年，玫琳凯建立了一个基金会，如今该基金会的宗旨是抗击癌症与反对家庭暴力。基金会成立后不久，玫琳凯便患了中风。对她来说，这次中风就像贝多芬失聪。她是一位非常有影响力的演说家。然而现在，她无法再开口说话。她仍然会参加公司的年度研讨会，但再也不能像以前那样召集团队。据回忆，在其中一次会议上，她奇迹般地结结巴巴地说了几句话。会场里鸦雀无声。"这是人们最后一次听到这个声音，是最后一次听到这位为我们的生活倾注了大量精力的女斗士的声音。玫琳凯的话很清晰，每个人都明白，她说的是：你能做到。"

关于玫琳凯的魅力，最令人信服的证据来自一个意料之外的人。杰基·布朗（Jackie Brown）是来自阿肯色州的一个贫穷的年轻女孩，她"强烈地渴望摆脱过去……赚很多很多钱。就这么简单"。1963年，她在达拉斯担任法务秘书。有一天，她在《达拉斯晨报》（*Dallas Morning News*）上看到了玫琳凯化妆品公司的招聘广告。

玫琳凯录用了布朗，给予她许多关照，教她如何组建团队（"挑选一个2美元的礼物，将它包在3美元的礼盒中，然后给予它价值100美元的赞美"），如何销售，以及如何应对失望的情绪。在这家发展迅速的公司中，布朗很快成了佼佼者。

在第一次研讨会上，玫琳凯想搞点恶作剧，让每个人都能玩得开心，从那时起，布朗就开始对这位导师失去了信心。最后，她确信自己应得的奖金被别人骗走了，于是她离开公司自立门户，成为玫琳凯的竞争对手。据玫琳凯的一位忠实支持者说："布朗和一位朋友的离去伤了玫琳凯的心。她深爱着这些下属，因此感觉自己遭受了彻底的背叛。但我永远也忘不了，她脱下鞋子沿着走廊走下去，决心不能让这家新公司干掉我们。"

结果，玫琳凯化妆品公司和掌控美丽公司（Beauticontrol，布朗新公司之名）之间展开了一场旷日持久且极不光彩的鏖战。布朗在回忆录中讲述了这一段经历。

值得注意的是，布朗在这段回忆的最后讲述了她去拜访玫琳凯的经过。时间不明，大约是在1995年底或1996年初。她听说玫琳凯的身体状况不佳，就表示，"我一时冲动，就打电话给她的助手，希望能约个时间见见她"。助手马上回电，安排了会面的时间。

布朗说："我想见她，因为我想告诉她，在我看来，在整个20世纪，她在提高女性经济地位方面做出的贡献高于任何人。我看得出来，她很感动，从那一刻起，她又成为……我记忆中那个令我敬爱的玫琳凯。我们聊了好几个小时，说起早年的经历，以及我们如何亲力亲为地做每一件事。我们记得为第一次研讨会制作的食物，以及公司开始发展时我们的兴奋之情。"

"我能问你一个问题吗？"玫琳凯说。"当然，什么问题都行。"布朗回答道。"如果重来一次，你看到我在报纸上刊登的招聘广告，还会来应聘吗？"布朗回答说："我会立刻来应聘，玫琳凯。你教给我实现人生目标的方法。"在经历了似乎无休无止的斗争之后，这两位女性之间的关系得以修复。

玫琳凯从未丧失自己的魅力。

第9章

管理者与金钱：公司控制权市场的兴起

讽刺的是，资本主义体制中最薄弱的环节是资本。对西方人的福祉造成最大威胁的不是工业或农业的崩溃，而是金融体系失效。约翰·梅纳德·凯恩斯（John Maynard Keynes）在其著作中曾引述过："摧毁资本主义的最好办法是使货币贬值……要推翻现存的社会基础，没有比使货币贬值更巧妙、更可靠的方法了。这种对资本主义体制的破坏过程完全是在遵循经济规律的情况下秘密进行的，而且能察觉到它的人少于整体人口的百万分之一。"

凯恩斯的观点是正确的。货币由"隐蔽的力量"创造，只有最博学的人才能"觉察到"。银行账面的资金只占所有储户的全部存款的一小部分。如果所有储户要一次性提取全部存款，就会出现银行挤兑，进而造成恐慌，这种恐慌会迅速从金融领域蔓延到实体经济领域。你的积蓄就会"不见了"。其结果就是商业停滞，你的投资也冻结了。

既然所有人都知道，银行挤兑会造成银行破产，只有联邦政府的帮助或其他特殊援助才能帮助银行摆脱困境，为何依然有银行这种机构的存在？

之所以银行存在，是因为储户认为不会发生银行挤兑的现象，至少现在还不会。银行放贷资金与为满足变幻莫测的日常业务需求而储备的资金之间的适当比例是多少？这个问题有多种答案。专家能提供专业意见，但实际上没有人知道正确的答案。

金融规律并不只会影响到美元，它的影响力可延伸到各种金融工具。在撰写本书时，苹果公司股票的每股售价为203.86美元。这是因为市盈率为16.82倍。如果市盈率降至8.41倍，那么每股价格将跌至101.93美元。为什么今天的市盈率这么高？简而言之，因为人们认为它应该这么高。如果人们认为下周的市盈率应该变化，那么它就会变成另一个数字。

这一点尽人皆知。那么，人们为什么会购买苹果公司的股票？因为他们相信这个股价是合理的，并且还会上涨。与银行存款一样，这其中也蕴含了许多奥秘。事实上，没有人知道苹果公司的股票在下周或明年是涨还是跌。所有金融交易都依赖"相信"二字。

1957年，美联储前官员布雷·哈蒙德（Bray Hammond）出版了一本重要著作。他在书中写道，在美国成立早期，社会结构简单，金融工具的发展带来了思想革命："货币经济的规律开始被迅速应用，把那些不谙世事的人迷得神魂颠倒。一个以以物易物为主、金融交易完全从属于货物交换的经济体，正在让位给一个越来越重视义务、合约、流通票据、股票等无形的抽象概念的经济体。金钱本身正在让位于支付金钱的承诺，其中大部分承诺从未兑现……但随着负债抵消日益频繁，簿记员使这些承诺作废，而金融活动由直接使用硬通货——黄金或白银——交易逐步转变成一种支付硬通货的义务；在这一过程中，人们支付'金钱'的数量大大超过了现有硬通货的总额……在缺乏足够经验的情况下，我们很难判断人们对货币经济规律的遵循是否变成了对该规律的滥用。如果在某些情况下，人们可以做到言行一致，那么我们为何不将所有金融活动都变成一种以支付承诺为基础的行为……（如果人们）所欠债款可以是其支付能力的五倍，那么为什么不能是一百倍？"对今天来说，最后一个问题依然和许多年前一样重要。

基于上述原因，我们可以说金融是资本主义体系的软肋。它是无形的——看不见、摸不着、感受不出来。它是不可捉摸的。涉足这一领域的人很容易落入他人的圈套。

金融体系依赖于信用，信用一词来自拉丁语credere，意思是相信。信用被称为"心灵的财富"。如果你和其他人相信它，它就存在。那些能够让别人信任的人在这个领域具有极高的影响力。在金融领域，魅力非常重要。

约翰·皮尔庞特·摩根（John Pierpont Morgan）和迈克尔·米尔肯是金融变革的主要推动者。他们都有超凡魅力，但又有很多不同之处。

摩根是这个体系里完美的"原住民"，他的父亲是一位非常成功的国际银行家。小说家E.L.多克托罗（E. L. Doctorow）将他描述为"典型的美国英雄，生来就拥有庞大的财富，通过辛勤工作和残酷的手腕使家庭财富倍增，直到消失在人们的视野之外。"

相反，迈克尔·米尔肯是"外来者"。他于1946年7月4日出生于加利福尼亚州恩西诺（Encino）的一个犹太家庭，他在高中时成绩优异，并于1968年以优等生身份从加州大学伯克利分校毕业。在大学期间，他阅读了经济学家兼克利夫兰联邦储备银行（Federal Reserve Bank of Cleveland）行长W.布拉多克·希克曼（W. Braddock

Hickman）的著作《公司债券质量和投资者经验》（*Corporate Bond Quality and Investor Experience*）。这本530页的"深奥"巨著具有很强的学术性，读起来十分枯燥，因此在学校以外几乎没有人知道这本书。1958年，普林斯顿大学出版社出版此书，共售出934册，其中大部分被送往大学的图书馆。

如果你研究了希克曼的调查结果，相信其准确性，那么他的书中所包含的信息对投资者来说至关重要。他发现，"高评级（债券）……违约率、承诺收益率和损失率最低；长期持有这类债券的人获得的回报通常低于持有低评级债券的人。"也就是说，如果投资者长期投资债券，那么低评级债券的投资组合比高评级债券的投资组合对投资者更加有益。除迈克尔·米尔肯之外，几乎所有人都忽视了这条本该登上《华尔街日报》头条的内容。

1968年大学毕业后，迈克尔·米尔肯与高中时的恋人洛里·安妮·哈克尔（Lori Anne Hackel）结婚，并育有三个孩子。1969年，迈克尔·米尔肯前往宾夕法尼亚大学沃顿商学院学习。另一位校友唐纳德·特朗普（Donald Trump）在对沃顿商学院进行评论时说："我在沃顿商学院上了很多金融课，他们先把所有的规章制度教给你，然后告诉你所有的规章制度都是用来打破的……"迈克尔·米尔肯一定很适合那里。

迈克尔·米尔肯的一位教授让他在费城一家名为德雷克塞尔—哈里曼—里普利公司（Drexel Harriman Ripley）的投资银行进行暑期实习（该公司创立于1838年）。开学后他在那里做兼职，并于1970年成为该公司纽约办事处的全职员工。（迈克尔·米尔肯没有毕业就离开了沃顿商学院。他少写了一篇论文，后来他补交了论文，并于1974年获得学位。）

　　迈克尔·米尔肯的整个金融职业生涯都是在德雷克塞尔度过的，从德雷克塞尔—哈里曼—里普利公司（下文简称为德雷克塞尔公司）到德雷克塞尔—世通公司（Drexel Firestone），到德崇证券公司（Drexel Burnham Lambert，德雷克塞尔公司的分公司）。这是一个有趣的选择。他本可以去高盛集团（Goldman Sachs）或摩根士丹利（Morgan Stanley）等一流的投资银行（它们被称为行业中流砥柱）。我尚未看到关于他为什么留在当时属于金融界二级公司的讨论，所以只能猜测。华尔街顶级公司里有众多聪明、勤奋、充满欲望的年轻人。在像德雷克塞尔这样的"偏僻地区"，迈克尔·米尔肯可以自己说了算，他也是这么做的。

　　尽管德雷克塞尔公司拥有悠久的历史，刚成立不久的德崇证券公司对于前者举足轻重。该公司由艾萨克·沃尔夫·伯纳姆（Isaac Wolf Burnham）于1935年创立，成功渡过了一些相当艰难的时期。当伯纳姆考虑买下德雷克塞尔公司时，他与迈克尔·米尔肯谈话，当时迈克尔·米尔肯正考虑离开公司去沃顿商学院任教。伯纳姆劝他留下来。"迈克尔·米尔肯一直在从事没有人感兴趣的证券交易。我每年支付给他2.8万美元，并将他可以操作的头寸①（Position）从50万美元增加到200万美元。我允许他每赚3美元就

---

①　头寸是一个金融术语，指个人或实体持有或拥有的特定商品、证券、货币的数量。汉语将其翻译为头寸，源于民国时期发行的银元每10个摞起来为1寸。——编者注

自己保留1美元。一年内他将头寸价值翻了一番。我们的交易从未改变。"

这发生在1974年，对华尔街公司来说这是艰难的一年，但对德雷克塞尔公司来说并不是，因为迈克尔·米尔肯通过"无人感兴趣的证券交易"赚了很多钱。1976年，迈克尔·米尔肯赚了500万美元，1983年他的收入是4600万美元，1984年是1.24亿美元，1985年是1.35亿美元，1986年是2.95亿美元，1987年达到5.5亿美元。这样的收益比全美大多数大公司的利润还要高。根据一项计算，假设一天工作14小时，迈克尔·米尔肯每分钟的收入是1046美元。这还不包括他从无数合伙企业中获得的其他收入。约翰·D.洛克菲勒（John D.Rockfeller）曾说："我有赚钱的方法，而你对此一无所知。"迈克尔·米尔肯也是如此。

1978年，迈克尔·米尔肯决定将德雷克塞尔公司的"垃圾债券"（投资利息高但风险大）业务迁至洛杉矶，因为他不喜欢纽约，想回到家乡南加州。"很明显，迈克尔·米尔肯的成功与德雷克塞尔公司无关，但德雷克塞尔公司的成功离不开迈克尔·米尔肯……为什么不干脆搬家，利用德雷克塞尔的庇护，建立一个实际上完全由他控制的自治企业？"他的确是这么做的。迈克尔·米尔肯投资"垃圾债券"，为德雷克塞尔公司创造了大量利润，帮客户赚得盆满钵满，特别是那些他挑选的与他一起前往洛杉矶的德雷克塞尔公司的交易员，几乎都成了百万富翁，当然他自己也赚取了大量财富。

迈克尔·米尔肯的传奇故事在贝弗利山（Beverly Hills）的办

公室生根发芽、苗壮成长并全面开花。他早上4点30分上班，远远早于纽约市场开盘的时间。他坐在一个X形交易台的中间，看得到他所挑选的团队成员的一举一动。他的团队非常神秘，与世隔绝，由一个有着超凡魅力的人领导着，他的追随者们把他看得比自己的生命还重要。一位团队成员说："我们都对迈克尔·米尔肯充满感激。我们也都放弃了自我，十分依赖他。"另一个人说："迈克尔·米尔肯是本世纪（20世纪）最重要的人物之一。"还有一个人认为："像迈克尔·米尔肯这样的人，500年才能出一个。"

从1978年到1989年，迈克尔·米尔肯在纽约南区被联邦大陪审团指控其犯有98项罪状（涉及勒索与欺诈）的几年里，"垃圾债券"业务迅猛发展。在这些年里，迈克尔·米尔肯无疑是美国金融界最重要的人物之一。至于他究竟是一股向善的力量还是邪恶的力量，似乎存在着无休止的争论。他的拥护者认为他使一种新的证券——"垃圾债券"——具备了变现能力，而这类债券在金融界已被贬低到微不足道的地位。其拥护者们还指出，迈克尔·米尔肯帮助一些公司完成了融资。

批评者们则质疑迈克尔·米尔肯究竟是价值的创造者还是价值的收受者。他们指控迈克尔·米尔肯向其他公司施压，要求他们放弃长远考虑。最实际的是，批评者认为迈克尔·米尔肯缺乏伦理道德。最后，迈克尔·米尔肯承认了6项重罪。他之所以认罪并非是因为缺乏资金进行有效的法律辩护和公关。他支付了超过10亿美元的罚款，被判处10年监禁，服刑20个月后被释放。从那时起，他一直在努力恢复自己的名誉。2020年2月19日，美国前总统特朗普赦免了他，进一步恢复了他的名誉。

"外来者"迈克尔·米尔肯出售的证券起初不会受到大投资机构的影响。当他离开纽约前往南加州时，他对金融界产生了最大的影响，这一事实最能说明他是一个"外来者"。

要正确地看待迈克尔·米尔肯，我们需要将他的发迹视为一种基本趋势出现的征兆而不是原因，他可能加速了这种趋势，但即使他在20世纪70年代初离开伯纳姆的公司，选择去沃顿商学院任教，这种趋势依然会出现。这一趋势是，金融因素对美国企业政策制定的影响力越来越大。第二次世界大战后，股东们开始以前所未有的方式展示自己的实力。债务成为"武器"，以惊人的速度聚集大量资金，传统管理者受到后起之秀的威胁。新技术威胁着几十年来支撑着美国寡头垄断地位的商业模式。新的商业战略正在超越逐渐落伍的现有战略。突然之间，传统企业管理者被"围攻"了。哈洛·柯蒂斯从不会因担忧股东价值（的减少）而失眠。在20世纪80年代，即使是美国经营状况最佳的公司的首席执行官们也要把股东价值放在首位。从1970年到1979年，《华尔街日报》中只有一篇文章出现了"股东价值"一词。而在接下来的10年里，《华尔街日报》的443篇文章中都出现了这个词。

股东价值并不是一个新概念。然而，在第二次世界大战后的"无魅力时代"，职业经理人和股东的利益更加一致，经营状况良好的美国企业的价值逐渐增加。因此，职业经理人（即使只持有他们所管理的公司的少量股份）和股东所获得的利益大致相等。

然而，在20世纪50年代，业绩不佳的公司会遭遇股东诉讼。经

典案例是金融家、白手起家的百万富翁路易斯·E.沃尔夫森（Louis
E. Wolfson）在1955年试图接管盛极一时但当时已陷入艰难境地的
零售商蒙哥马利—沃德公司（Montgomery Ward）。蒙哥马利—沃
德公司和西尔斯百货公司是两家重要的百货零售商，从19世纪80年
代到第二次世界大战，两家公司始终在相互竞争。战后，西尔斯百
货公司的首席执行官罗伯特·伍德（Robert Wood）和蒙哥马利—
沃德公司的首席执行官休厄尔·L.艾弗里（Sewell L.Avery）采取了
相反的策略。

　　两位首席执行官在二战日本宣布投降后不久在芝加哥俱乐部
（Chicago Club）共进午餐。艾弗里告诉伍德："未来两年美国将
陷入混乱。每一次大战都会伴随着大萧条……"但伍德的观点截然
相反，两人按照各自对未来的展望开始管理公司。西尔斯百货公
司建了新商店。蒙哥马利·沃德公司则关闭了一些商店。西尔斯
百货公司投资增加库存。蒙哥马利·沃德公司则廉价出清库存。
1954年，蒙哥马利·沃德公司的销售额从12亿美元降至8.873亿美
元，利润从7420万美元降至3520万美元。公司的资本净值为6.39亿
美元。其资产负债表显示，该公司拥有的现金和证券价值3.27亿美
元。人们将它称为附带商店的银行。

　　到1954年9月，沃尔夫森开始计划收购，这是第二次世界大战
以来在美国首次引发高度关注的企业恶意收购。沃尔夫森囤积了20
万股蒙哥马利·沃德公司股票，为1955年4月22日年会上的代理权
争夺做准备。他的策略是"通过提出尖锐的问题，使艾弗里无力招
架，从而体现他的虚弱无力、头脑糊涂和龙钟之态（当时他已年近

80岁）"。艾弗里的发言语无伦次。虽然沃尔夫森的收购计划以失败告终，但艾弗里也垮了。

沃尔夫森与迈克尔·米尔肯有一些有趣的相似之处。两人都是打破现存体制的"外来者"，都使用了新技术，赚取了大量财富，也都在监狱里服过刑。支持者对他们大力吹捧。乔治梅森大学（George Mason University）法学院院长亨利·曼内（Henry G. Manne）在谈到沃尔夫森时说："他对人类的贡献远远超过历史上所有私人慈善事业所创造的价值之和。他发明了现代的恶意收购。这项发明激活并推动了公司控制权市场，是20世纪70年代和80年代美国工业实现革命性重塑的主要原因，并带来了随后的经济腾飞。"

20世纪80年代美国轮胎行业经历的艰难旅程就是美国公司进入的新世界的缩影。我们可以从中看到职业经理人的传统方法［例如美国固特异轮胎橡胶公司（Goodyear）的罗伯特·默瑟（Robert Mercer）的做法］与迈克尔·米尔肯创造的魅力资本主义之间的冲突，迈克尔·米尔肯将公司视为一个可以踢来踢去的金融足球。在这个案例中，魅力型资本家是詹姆斯·戈德史密斯爵士（Sir James Goldsmith）。

在俄亥俄州的阿克伦（Akron），这些方法之间的冲突引起了激烈的争论。这个新世界的特点是，迈克尔·米尔肯等有影响力的人物为新世界的开启发挥了重要作用。这个新里充满了人们对股东价值的需求、新技术对美国五大轮胎制造商的冲击，以及通过"垃圾债券"融资将股权转化为债务。

第二次世界大战后，美国的轮胎行业出现了典型的寡头垄断。该行业由五家公司统治：成立于1898年的固特异轮胎橡胶公司（下文称固特异轮胎公司）；成立于1900年的费尔斯通轮胎公司（Firestone）；成立于1892年的永耐驰轮胎公司（Uniroyal），原名为美国橡胶公司；成立于1870年的BF古德里奇公司（BF Goodrich）；以及1915年成立的通用轮胎橡胶公司（General Tire and Rubber Company）。其中四家公司的总部设在阿克伦（除永耐驰轮胎公司以外），因此阿克伦也被称为"世界橡胶之都"。

固特异轮胎公司的绰号是"大猩猩"，在1970年以33%的全美市场份额成为行业领导者。第二名是费尔斯通轮胎公司，美国国内市场占有率为25%。在剩下42%的市场份额中，约22%被其余三家公司瓜分。其他各种各样的小公司总共占有20%的市场份额。这种寡头垄断的状态非常稳定。1919年，除通用轮胎橡胶公司（当时该公司刚刚成立四年）之外的另外四大公司占全美轮胎出货量的65%。1970年，五大公司占据80%的轮胎出货量。进口轮胎的市场占有率不足4%。

从第二次世界大战结束到1970年，这段时间是轮胎行业的光辉岁月。新车销量大幅增长，但这还不是关键。尽管美国国内轮胎产量的30%都流向了底特律的汽车制造三巨头，但从这一细分市场中的盈利微乎其微。底特律的汽车制造巨头会挑起轮胎制造商的相互竞争，从而获得最低价。原始设备制造商也对轮胎制造商造成了不小的威胁，例如福特汽车公司在20世纪30年代末就这样做了。正如通用轮胎橡胶公司的创始人所说："底特律的汽车制造巨头想要又圆又黑又便宜的轮胎——但只要足够便宜，它们不在乎轮胎是不是又圆又黑。"

轮胎制造商需要通过轮胎替换业务赢利。但原始设备轮胎的售价为替换胎的一半。即使在轮胎替换业务中，利润也无法保证。轮胎制造商向一些零售商出售产品时——此时正是西尔斯百货公司的辉煌时代——零售商会大力讨价还价，还常常需要购买对方的自有品牌商品。

因此，轮胎行业的赢利能力并不像人们认为的那样高。然而，从第二次世界大战到1970年左右，轮胎制造商通过直营连锁商店和加油站等独立的销售渠道赢利。

到1970年，轮胎替换业务受到新技术发展的威胁。美国生产的是斜交帘布轮胎，后来是带束斜交轮胎。在欧洲，由米其林公司大量生产的子午线轮胎迅速流行起来。子午线轮胎的使用寿命是斜交轮胎的三到四倍。显然，买家的替换次数将更少。华尔街注意到了子午线轮胎革命。但基金经理们认为轮胎行业前景渺茫，并于20世纪70年代初开始抛售股票。轮胎公司的标准普尔500指数首次表现不佳。

由于汽车制造商的要求，轮胎公司如果想继续向底特律的汽车制造商出售产品，就需要投资生产子午线轮胎。子午线轮胎的生产成本高昂。因此，轮胎公司几乎别无选择，要么花钱自掘坟墓，要么转型为具有一定赢利潜力的多元化企业；或者选择完全退出该行业。这不是一件容易的事，但也并非不可能，它取决于轮胎销售额百分比。

1982年到1987年间，五大轮胎公司都成为恶意收购的目标，有三家公司遭到两次恶意收购。其中固特异轮胎公司的案例最有趣，我们也能借此看到迈克尔·米尔肯所创造的世界。这场简短但精彩的"固特异战争"体现了传统公司管理者和挑战者之间的斗争。

自第二次世界大战结束以来，米其林公司一直在欧洲生产子午线轮胎，并在市场上占据主导地位。1974年，小查尔斯·J.皮利奥德（Charles J. Pilliod Jr.）成为固特异轮胎公司首席执行官，任期到1983年。他于1941年加入固特异轮胎公司，并像大多数人那样在公司里度过了整个职业生涯。他不是一个守旧的人。他曾在国外工作过很长时间，看到了子午线轮胎如何迅速占领欧洲市场。事实上，早在20世纪50年代，固特异轮胎公司就开始在欧洲生产子午线轮胎了。

在美国人看来，子午线轮胎是一个噩梦——这项技术发展对客户有利但对公司不利。除了比标准的美国斜交帘布轮胎或带束斜交轮胎更加耐用，子午线轮胎所产生的滚动阻力更小，因此可以降低油耗。子午线轮胎能够使汽车更加平稳地行驶，尤其是在湿滑路面。难怪固特异轮胎公司拒绝承认这种轮胎的影响力。早在1974年，固特异轮胎公司的一位副总裁就说过："子午线轮胎是一种复杂的轮胎。如果美国的车主不会保养轮胎，他会对子午线轮胎非常失望。几年后，子午线轮胎肯定会让人失望。"

但皮利奥德明白，最好不要相信这种胡言乱语。米其林公司和日本的轮胎巨头普利司通公司（Bridgestone）于1971年开始向美国出口子午线轮胎。《消费者报告》（*Consumer Reports*）将子午线轮胎评为高级轮胎。在皮利奥德的领导下，固特异轮胎公司顶着内部阻力，开始在美国投资生产子午线轮胎，最终耗资25亿至30亿美元。

该公司还将周期性竞争激烈的轮胎业务进行多元化。其目标不只是成为一个成熟行业中的制造公司。1982年年初，公司成立了一个多元化工作组，以评估收购的候选企业。

1983年，65岁的皮利奥德到了法定退休年龄，同年1月1日，罗伯特·E.默瑟继任公司首席执行官。1947年，默瑟结束兵役，从耶鲁大学毕业后加入固特异轮胎公司。和普通人一样，他将整个职业生涯献给了这家公司，1981年起担任首席运营官。1982年12月，默瑟表示，他的目标是："进军与我们的技术相关的领域。我们不会成为一家企业集团，也不会购买油井。"然而，根据多元化工作组的建议，固特异轮胎公司以8.25亿美元的股票收购了赛扬公司（Celeron Corporation）。赛扬公司经营天然气输送系统，并勘探石油和天然气。该公司原本是一家全资子公司，但其首席执行官担任了固特异公司董事会成员。此次收购使固特异公司在汽车行业的销售额从82%降至75%，但华尔街并未感到高兴。宣布交易后，固特异轮胎公司的股价下跌3.50美元，至每股30美元。这意味着其市值损失了2.6亿美元。固特异轮胎公司在展开此次并购前已发行7400万股股票。到1986年年底，由于此次交易以及其他业务的发展，固特异轮胎公司的流通股为109 435股。

默瑟的目标是将固特异轮胎公司在汽车行业的销售风险降至50%。赛扬公司开始了一项雄心勃勃的扩张计划，以帮助实现这一目标。它收购了全美管道公司（All-American Pipeline

Company），该公司计划以8亿至9亿美元的成本建造一条从加利福尼亚州的新油田到得克萨斯州的炼油厂的1250英里长的热油管道。1985年，由于业绩不佳，赛扬公司以4.435亿美元的价格被出售给天纳克公司（Tenneco）。出售所得资金被用于购买石油和天然气储备。

到1985年年底，全美管道公司（仍归固特异轮胎公司所有）已耗资10亿美元。计划经过修改后，它需要将管道再延长500英里，耗资超过7亿美元。与此同时，原油价格下跌了一半，人们不禁怀疑这条管道是否会被起用。除此之外，固特异轮胎公司还在扩大其航空航天业务。总的来说，多元化计划耗资巨大，但进展并不顺利。此时，公司的成员对公司现行发展策略的看法截然不同。

默瑟于1986年10月从日本回国。他乘坐商业航班抵达芝加哥，之后再乘公司专机飞往阿克伦。在公司专机起飞前，他接到一个必须马上接听的紧急电话。这个电话确实非常紧急。电话那头的首席财务官向他报告了固特异轮胎公司股票的走势，他认为公司遭到了"袭击"（有人恶意：大量买进该公司的股票）。默瑟说："我一个小时后到办公室。让'霹雳小组'集合。"

1986年10月8日，星期一，固特异轮胎公司的股票以每股36.875美元收盘，创下五年来的新高，之后华尔街收到了有关固特异轮胎公司股票遭到大量恶意买进的第一个传闻。固特异轮胎公司的股价在10月大幅上涨，从9月底每股32.75美元升至10月27日星期一的每股48.25美元，此前一天股价已经上涨了4.125美元。固特异轮胎公司的股票交易频繁，并多次出现在最活跃的名单上。10月27

日，交易量超过1270万股。

六个月前，默瑟和他的团队针对公司可能遭遇到的大量股票被恶意买进的情况进行了一次演习。默瑟咨询了在纽约的财务顾问——固特异轮胎公司聘请了高盛集团和德雷克塞尔公司的财务顾问，以了解遭遇袭击的可能性。他们估计可能性大约有15%，因此默瑟对它的关注度不高。事实证明，这种可能性是100%。

到达办公室后，默瑟问："我们掌握了多少情况？"

回答："固特异轮胎公司的股票出现大幅波动。"

默瑟："谁干的？"

回答："他们不会告诉我们的。"

默瑟："我以为你们在华尔街有朋友。"

回答："是的，但是他们都守口如瓶。"

默瑟："这说明我们被'袭击'了。"

突然之间，默瑟的雷达荧光屏幕上只剩袭击这一个词了。

同年10月24日，星期五，固特异轮胎公司宣布了"近期股东价值最大化计划"，其中可能"包括公司资产或资本结构的重组"。随着这一消息的公布，固特异轮胎公司的股票价格在10月27日急剧上涨。

第二天，人们得知"袭击者"是詹姆斯·戈德史密斯爵士。10月30日，星期四，戈德史密斯向美国证券交易委员会（SEC）报告，在固特异轮胎公司的1.09亿股股票中，他和他的赞助人——包括美林证券公司（Merrill Lynch，该公司已将固特异轮胎公司作为戈德史密斯的"袭击"目标）和英国汉森信托公司（Hanson

Trust）——已经囤积了固特异轮胎公司11.5%的股票。

我们很难找出有哪两个人像默瑟和戈德史密斯这样迥异。默瑟
是极具美国特色的美国人。他将自己的职业生涯全部献给了固特异
轮胎公司。他聪明又勤奋。他的父亲是新泽西州一个小镇上的福特
汽车经销商，后来成为警察局局长，不能向市政当局出售汽车，而
市政当局原本是他最大的客户。六口之家的日子过得十分拮据，但
家人们相处融洽。

默瑟喜欢棒球。在高中和耶鲁大学时都打过棒球，还参加了推
动《退伍军人权利法案》颁布的活动。1947年7月5日，他与高中时
的恋人梅（Mae）结婚。他经常跟妻子开玩笑说，7月4日是他的最
后一个独立日。他们两人相伴终身，幸福美满。

戈德史密斯则在世界各地吃喝玩乐。他说自己的祖先是摩
西·冯·沙夫豪森（Moses von Schaffhausen），他是一位金匠，因
其犹太人的身份而在1499年被纽伦堡驱逐出境。他在法兰克福定
居，改名为戈德施密特（Goldschmidt），和名气更大的罗斯柴尔德
家族一样，他和家人也为欧洲政府提供资金。

戈德史密斯于1933年2月26日出生于巴黎，他的父亲是德国犹
太人，母亲是法国人。他年轻时疯狂赌博。20岁时，他与伊莎贝
尔·帕蒂诺（Isabel Patino）私奔，后者的父亲非常富有。结果伊莎
贝尔英年早逝，之后戈德史密斯先后结了两次婚，还有无数情妇。
戈德史密斯完美概括了他和默瑟之间的差异："如果你和情妇结
婚，你就创造了一个岗位空缺。"

1997年7月18日，戈德史密斯去世，当时他已坐拥约20亿美元

的资产。他有五处住所：墨西哥的大庄园、法国的城堡、伦敦西南部的豪宅和伦敦市中心的住房。（他卖掉了曼哈顿上东区的豪华宅邸，他曾与默瑟在那里会面。）他有私人的波音757飞机，机上配备了两间卧室、一间厨房和一间办公室。他拥有巨额财富，却始终不满足。

1984年和1985年，戈德史密斯成功收购克朗—泽勒巴科造纸公司（Crown Zellerbach）。结果他几乎没有花钱就得到了美国的一大片树林。他将已经不复存在的克朗—泽勒巴科造纸公司拆分，这次并购让他赚到4亿美元。他还收购了钻石国际公司（Diamond International）和大陆集团（Continental Group）所持有的森林。他将钻石国际公司拆分倒卖，在这个过程中赚取了5亿美元。在这些并购之后，他在美国拥有350万英亩林地。戈德史密斯对固特异轮胎公司的生存构成了威胁。

在固特异轮胎公司，默瑟和同事"花了数个日夜召开了好几场让人头昏脑涨的战略会议"。他们穿梭于阿克伦和纽约之间。有一次，默瑟决定亲自与戈德史密斯会面，这让公司内外的顾问都感到恐惧。"为什么不见见他？"他问，"戈德史密斯是我们最大的股东，我应该去认识一下他。"

默瑟来到曼哈顿东80街，戈德史密斯的联排别墅就坐落在此。默瑟敲了敲门，开门的人告诉他敲错了门。"但是，"默瑟回忆道，"这扇门看起来非常宏伟，实际上它是厨房的门。所以我走了四分之一个街区，敲了下一扇大门。开门的还是刚才那个人，这次他将我迎了进去。"

“我走了进去，看到两尊巨大的雕像立在那里。我环顾四周，带我进来的人说：‘詹姆斯爵士在二楼等您。’”默瑟沿着一段蜿蜒的楼梯上楼，“那个大人物（戈德史密斯身高6英尺4英寸①）就在这里，一切都安排好了，这样他就可以俯身和我握手。我们走进一间餐厅，非常宽敞，看起来像好莱坞才有的东西。他在壁炉前坐下。这张餐桌肯定有20英尺长。我坐在他的右边。他坐在餐桌的一头……在壁炉上方有一张巨幅照片，画着一个绝美的女人。我对自己说，不能让他发现我在看这幅画，尽管我想说：‘您的母亲肯定很漂亮。’”默瑟忍住了。

两人开始谈正事。默瑟说：“显然您对固特异轮胎公司感兴趣，对此我们感到很高兴。”据默瑟表示，戈德史密斯回答说，他之所以对固特异公司的兴趣是因为想保护公司股东。对此，默瑟说：“这个出发点非常崇高，我深表赞许。”戈德史密斯表示，固特异轮胎公司的管理非常糟糕，因此股东们需要一个领路人。

默瑟回答说：“如果您的意思是希望我辞职，我没有任何异议，但我并不认为这家公司管理不善……您的问题是——我可以叫您吉米吗？（戈德史密斯表示同意）——您不了解这家公司。”默瑟后来回忆说；“戈德史密斯甚至不知道赛扬公司。他和我聊了很久，说的全是‘发掘公司的价值’——一次也没有提到赛扬公司……他说的全是废话。”

的确如此。戈德史密斯对固特异轮胎公司一无所知。在全公司

---

① 约1.9米。——译者注

132 000名员工中，他可能只见过默瑟一人。但戈德史密斯确实了解财务报表，他认可美林证券公司银行家们的看法，认为在这里有一个快速赚钱的好机会。

默瑟对戈德史密斯说："吉米，过去我们的股票是12块钱……你当时在哪里？"戈德史密斯讲述了迈克尔·米尔肯将"垃圾债券"作为"武器"的故事。"那时没有钱可赚。现在，我可以通过'垃圾债券'赚到我需要的钱。这就是区别。今天，我能赚到钱，但那时候不行。"

这场斗争受到了广泛关注。固特异轮胎公司是一家大公司。然而，据默瑟说，"令人惊讶的是，商务部并不这么认为"。在华盛顿的一次听证会上，商务部长马尔科姆·波多里奇（Malcolm Baldrige）表示，对他来说，固特异轮胎公司是否遭到袭击并不重要。"你知道，"默瑟评论道，"他也是耶鲁大学的老校友。"在说过这番话不久后，波多里奇在一场竞技事故中不幸遇难，他的继任者对默瑟的处境表达了更多的同情。

固特异轮胎公司被戳中痛点，开始了全面出击，取得了良好的效果。阿克伦市长［碰巧名叫汤姆·索亚①（Tom Sawyer）］与固特异并肩作战。有人引用他的话，说戈德史密斯是"英国混蛋"，但后来他说自己不是这个意思。他的意思是"假惺惺的混蛋"。工会和固特异轮胎公司的供应商也在支持该公司，至少两次关闭了他

---

① 汤姆·索亚是美国文豪马克·吐温代表作《汤姆·索亚历险记》的主人公。——编者注

们的美林证券账户。

在华盛顿哥伦比亚特区，众议院司法委员会的兼并与竞争力小组委员会举行了关于此次并购的听证会。约翰·塞伯林（John Seiberling）是众议院中阿克伦市的代表，他的祖父是固特异轮胎公司的创始人之一。他对正在作证的戈德史密斯说："我的问题是，你到底是谁？"戈德史密斯回答说，他是一位"积极投资者"，致力于将美国从"扼杀企业家精神的大公司、大工会和大政府"的"欧洲弊病"中拯救出来。

那天晚上，戈德史密斯检查了他的证词录音带，对所听到的结果很不满意。"真不敢相信我对这个问题的回答这么糟糕。我看起来像个怪物。真是不可思议！"无论如何，与戈德史密斯的回答相比，塞伯林的问题具有更大的影响力。

最终俄亥俄州立法机构匆匆通过立法，并由州长理查德·塞莱斯特（Richard Celeste）签署，提升了恶意收购的难度和成本。戈德史密斯无法接受这一结果。这对他来说只是一场游戏，但他未从中获得任何乐趣。他告诉默瑟，这场戏是时候落幕了。

两人在华盛顿会面。简言之，固特异轮胎公司同意以每股49.50美元的价格回购戈德史密斯的1250万股股份，并赔偿他所承担的某些费用。戈德史密斯大约获利9300万美元。正如默瑟对李·艾柯卡所说："这位'袭击者'在两个月内从固特异轮胎公司赚的钱，是我在这家公司工作40年所得总收入的12倍之多。"戈德史密斯同意在五年内不购买固特异轮胎公司的股票。

固特异轮胎公司仍然掌握在管理层手中，但公司元气大伤。

默瑟曾对艾柯卡说："一年的债务还款额（为抵抗戈德史密斯的并购，固特异轮胎公司承担了26亿美元的债务）足以在马里兰州坎伯兰买一家全新的最先进的子午线轮胎工厂。结果我们现在反而要关闭坎伯兰的一家工厂，并裁员1111人。"戈德史密斯没有重现他并购克朗—泽勒巴科造纸公司时取得的成果，但他也没花多少力气就赚了一大笔钱。

尘埃落定后，我们不禁对商业产生了两种相互矛盾的看法。在2001年的一次采访中，默瑟说："我们需要照顾好几个群体。第一个是客户。我们必须让客户满意。第二个是员工。如果我们不把他们当人对待，不能帮助他们实现所有的希望和愿望，就无法构建一支能让客户满意的团队，那么我们就无法做生意。我们必须考虑的第三类群体是供应商……他们（必须）明白，我们希望他们能以极具竞争力的价格按时交付最佳质量的产品。第四个群体……是我们要对其负责的政府实体……甚至在这些实体管辖范围内的阿克伦人民和我们所在的社区也是我们需要负责的对象。我们想成为好邻居。我们觉得这是我们对社会的亏欠。这是做生意的代价。第五个群体是股东。如果你满足了前四类人的需要，股东也就能大赚一笔。"

默瑟表示，分析师不赞同他将股东排在第五位，但这是他的真实感受。这一表述实际上与罗伯特·伍德·约翰逊（Robert Wood Johnson）1943年为强生公司（Johnson&Johnson）所写的信条完全相同，该公司于第二年上市。

默瑟的观点并非始终如一。曾有人引用他的话说："我从不认为股东是公司所有者。"股东"拥有一张写有公司名称的纸，在股价下跌八分之一点的时候，他们就会把纸扔掉。"然而在1986年11月18日，默瑟在众议院小组委员会面前（戈德史密斯也曾在此作证）说："虽然我由衷地赞同股东是上市公司的主要支持者，但我认为其他支持者，包括公司的客户、员工和供应商，以及公司设施所在的社区也应有一定的权利。"

尽管存在这些矛盾，但他的商业生涯可以表明，前文提到的第一种公司支持者排序最接近默瑟的真实想法。如果确实如此，那么他所进行的就是一场崇高的战斗，但他捍卫的是不可重现的过去。

如果默瑟是柯蒂斯的同龄人，他的职业生涯会大有不同。但是，由于包括迈克尔·米尔肯在内的诸多因素，你不可能在20世纪80年代成为柯蒂斯。不仅是默瑟，通用汽车公司的罗杰·史密斯（Roger Smith）也证明了这一点。底特律—匹兹堡是第二次世界大战以来美国的商业轴心，而迈克尔·米尔肯是导致其经济衰落的推手之一。

固特异轮胎公司存活了下来。2020年，它成为全球第三大轮胎制造商，仅次于普利司通（收购了费尔斯通轮胎公司）和米其林公司（收购了永耐驰轮胎公司和古德里奇公司）。德国的大陆集团收购了通用轮胎橡胶公司，加入了全球轮胎业寡头垄断集团。固特异轮胎公司在2020年拥有6.4万名员工，比默瑟担任首席执行官时的员工数量少了一半。2020年10月，该公司的市值为22.4亿美元。下一章我们会讲到，美国创新行业主要集中在太平洋沿岸，而不是中西部地区。苹果公司的市值维持在2万亿美元左右。

在这场戏剧性事件中，戈德史密斯是最具魅力的人物。据《华尔街日报》报道，戈德史密斯"才华横溢，能够淋漓尽致地表达他对未来的展望，在'企业袭击者'中，无人能出其右……詹姆斯爵士的魅力个性与外形常常令人难以抗拒他所说的话……他的影响力超越了国界……他是庞大的商业、人才和政治网络的中心。"他的一位前员工说："如果我从环境最险恶的非洲给他打电话，告诉他我快要病死了，他肯定会派飞机来接我。我的朋友们都觉得我疯了，竟然会相信这种事，但我就是相信。"一位英国赌场老板说："即使是17岁的戈德史密斯，也有着令我着迷的生命力和人格魅力。我喜欢狮子和老虎，它们在受到攻击时能够反击……他讨厌过度的安全感。"

魅力型人物都会吸引追随者。戈德史密斯有追随者。金融市场也追随着戈德史密斯。他几乎是单枪匹马地将固特异轮胎公司股票的每股价格从1986年10月1日的34.50美元推高到11月7日的48美元。当固特异轮胎公司实行"绿票讹诈"，让戈德史密斯离开公司时，史密斯－巴尼公司（Smith Barney）起诉了戈德史密斯和固特异轮胎公司，因为他们违背了不适用绿票讹诈的承诺。当时史密斯－巴尼公司的套利者已经囤积了180万股固特异轮胎公司的股票。

戈德史密斯在英国成立了一个政党，1997年获得80万张选票。投票结果导致一些候选人落选。玛格丽特·撒切尔（Margaret Thatcher）谈到他时说："吉米·戈德史密斯是这一代人里最有影响力且最有个性的人物之一。"事实上，戈德史密斯所做的一切完全是为了他自己。在"贪婪的十年"①（decade of greed）中，博斯基（Boesky）、佩雷尔曼（Perelman）、皮肯斯（Pickens）②和其他继任领袖也是如此。

迈克尔·米尔肯是20世纪80年代公司金融变革的主要推动者。如果你在德崇证券公司的年会（也叫"袭击者"舞会）上见到他——詹姆斯·戈德史密斯爵士是这一聚会的重要嘉宾——或者在贝弗利山庄总部的办公桌中间看到他，你可以毫不费劲地认出他来，因为他具有超凡魅力。看看团队成员们对他的评价。他让"我们都放弃了自我"。换句话说，我们只是迈克尔·米尔肯意志的延续。有人说，像迈克尔·米尔肯这样的人每500年才会出一个。

迈克尔·米尔肯也体现了超凡魅力的危险性。不对自己的观点负责，转而支持一个更有魄力、更有吸引力的人的判断，有可能会得不偿失。

可悲的是，这个故事中没有英雄。迈克尔·米尔肯、戈德史密斯以及他们的同类都是价值收受者，而不是价值创造者。默瑟和像他这样的传统经理人还在坚守过去的传统做法。与戈德史密斯相比，人们会更加同情默瑟，因为默瑟有责任感，而戈德史密斯只是为了自我满足。然而，像固特异轮胎公司这样的旧式企业要么已经

---

① 即美国的1981—1990年。——译者注
② 分别指伊万·博斯基（Ivan Boesky），华尔街传奇人物，被称为"股票套利之王"；罗纳德·佩雷尔曼（Ronald Perelman），美国亿万富翁，露华浓公司（Revlon）总裁；布恩·皮肯斯（Boone Pickens），对冲基金创始人、慈善家。——译者注

倒闭，要么变得无关紧要，因为世界正在以令人措手不及的方式发生着变化。

无论是迈克尔·米尔肯、戈德史密斯，还是默瑟，都与那些在美国和其他国家创造了数万亿美元市场价值和成千上万个工作岗位的变革者们毫无关系。我们需要新一代的魅力型商业领袖。那些敢于冒险的人满足了我们的需求。

第三部分

杰出首席执行官的出现

从20世纪90年代中期至今，魅力型首席执行官越来越多。首席执行官的薪酬大幅增加。我们比以往更加迫切地想寻找一个能够创建公司或带领公司从平庸走向辉煌的人。

在政治领域，1977年至1981年，吉米·卡特担任美国总统。虽然他是一个令人钦佩的人，但人们并不认为他是一位成功的总统。滞胀——经济停滞加上物价上涨——席卷了全美。在卡特的总统任期内，通货膨胀率一度达到两位数，这给那些试图省钱的中产阶级造成了极大的损失。1979年7月15日，卡特发表了题为"能源和国家目标——一场信心危机"的演说。虽然卡特没有提及"萎靡"一词，但这场演说仍然作为"萎靡演说"而被人铭记。卡特是个聪明又真诚的人，但在他任职期间，美国社会的信心危机似乎越来越严重。

1980年，卡特在竞选总统连任时失败，由美国总统，即其国家的首脑所领导的动荡而低效的十年终于结束了。在这期间，尼克松于1974年被迫下台，杰拉尔德·福特（Gerald Ford），美国历史上唯一一个未经选举就接任总统职位的人，在1976年的竞选中失败，之后由卡特接任总统职位。

1980年，罗纳德·里根当选，成为自德怀特·D.艾森豪威尔（于1953—1961年任美国总统）以来第一位连任两届的总统。在竞选期间，当被问及演员如何才能成为总统时，里根回答："总统怎么可能不是演员？"作为演员和总统，里根有他的成功之处。

1987年6月12日，里根在当时的西柏林勃兰登堡门（Brandenburg Gate）发表讲话，他说："戈尔巴乔夫总书记，如果你要寻求和平，就推倒这堵墙。"任何人看到这堵墙，都会对它那巨大的规模印象深刻。里根发表演讲时，没人想到这堵墙会被拆除。然而两年半后，1989年11月9日，不可思议的事情发生了。柏林墙倒塌了。两年后的1991年，苏联解体。

1989年，里根的继任者乔治·H.W.布什（老布什）入主白宫。1992年，老布什在竞选总统试图连任时被来自阿肯色州的"黑马"比尔·克林顿（Bill Clinton）击败。在克林顿执政期间（1993—2001年），美国似乎真的获得了重生。他是一位极具魅力的"首席执行官"，也是美国企业正在寻找的魅力型首席执行官。

1995年8月，商业界发生了两个具有里程碑意义的事件。微软推出了Windows 95操作系统，美国网景通信公司首次公开募股，这证明互联网将成为一股不可忽视的力量。同年11月，皮克斯公司（Pixar）也完成了首次公开募股，公司所有者乔布斯成为亿万富翁。1997年，英特尔公司首席执行官安迪·格罗夫当选《时代周刊》年度风云人物。那时，每个人都知道盖茨、乔布斯和格罗夫的名字。

魅力型商人不仅存在于科技领域，也不仅限于白人。奥普拉·温弗瑞（Oprah Winfrey）是美国第一位白手起家的非洲裔女性亿万富翁。事实上，"第一"这个词在她的维基百科条目中出现了22次。诺贝尔奖获得者、美国非洲裔作家托妮·莫里森（Toni Morrison）称比尔·克林顿为"第一位黑人总统"。他的身上"几乎具备了所有关于黑人的'特征'：单亲家庭、出身贫寒、工人阶级、会演奏萨克斯管、来自阿肯色州热爱麦当劳和垃圾食品的男孩"。或许在他执政期间，美国第一位白手起家的非洲裔女性亿万富翁成为家喻户晓的"媒体女王"，也是理所当然的。

第10章

偶然的亿万富翁

作为一名首席执行官，他被自己联合创立的公司解雇，花了12年的时间从事各种复杂的风险投资，然后再回到自己最初创建的公司，不仅使公司免遭破产的厄运，而且使其成为全球最重要的公司之一，你能说出几个这样的首席执行官？只有一个。从1997年到2011年去世，乔布斯重新定义了商界中的超凡魅力。本章我们将讨论乔布斯从1985年被苹果公司解雇到1997年重返苹果公司之间所发生的转变。

英国历史学家弗雷德里克·W.梅特兰（Frederic W.Maitland）提醒我们，研究历史时必须牢记，对过去来说，现在即未来。埃德·卡特穆尔（Ed Catmull）是皮克斯公司的联合创始人兼总裁（最近已退休）。他说："事后之明离真知灼见还差得远……我们对往事的回顾，并不比我们对未来的预测清晰。虽然我们对往事的了解要多过未来，但我们对往事构成因素的理解却极为有限。除此之外，由于我们自认为对往事洞若观火，因此往往不愿接受别的意见。"

当我们回望历史时，似乎任何事情都是不可避免的。但是想象一下，在1987年，苹果公司的市值超过70亿美元，销售额超过26亿美元，利润约为2.18亿美元，约翰·斯卡利出版了一本关于他自己和苹果公司的著作。此时不管你问任何一名技术高手或华尔街分析师，乔布斯顺利重返苹果公司的可能性有多大，想必答案不言自明。这一年，英特尔推出387微处理器，标志着20世纪90年代主导个人计算市场的Windows-英特尔双头垄断格局的开始。比尔·盖茨成为业界关注的焦点。1980年，当乔布斯在苹果公司大获成功的时候，比尔·盖茨还只是一个无足轻重的小人物。然而到了1987年，两人的地位发生了逆转。

离开自己一手打造的公司，而后又重返公司的商业领袖并不罕见。戴维·帕卡德是惠普的联合创始人兼首席执行官。1969年他离开公司，担任美国国防部部长。两年后，他回到惠普，担任董事会主席。查尔斯·施瓦布（Charles Schwab）于2003年5月离开了以自己的名字命名的公司，但14个月后，董事会解雇了他的继任者，他重返公司。这两人都是创始人，都在短暂离开后重返公司，这并非偶然。但两人都不是被解雇的。

乔布斯的身上要出现史无前例的转折，就需要一些必要的发展。其中一些发展来自乔布斯本人。总之，他成熟了。1985年，他30岁，富有且举世闻名。无论他给谁打电话，对方都会回电。

尽管乔布斯是个天才，他最大的敌人却是自己。你很难将他当成一般人来看待。特别是在1985年和随后的12年里。他的情绪波动很大。欣喜过后可能就是歇斯底里。他一生都没有摆脱一种孩子气。1976年，21岁的他与别人联合创立苹果公司的时候，以及他后来回归领导公司的时候，他始终没有完全摆脱童年经历对自己的影响。他的故事证明，成长并不意味着与童年割裂。

然而，在这个世界上，孩子气和像孩子一样是完全不同的状态。在离开苹果公司的12年中，乔布斯在这两种状态之间摇摆不定。

在此期间，乔布斯的生活发生了三个值得我们关注的变化。第一是他离开苹果时创办了一家电脑公司。第二是进行所谓的"额外加注"（side bet），投资皮克斯公司，与其总裁埃德·卡特穆尔建立合作关系。第三是个人生活的变化，他与劳伦·鲍威尔（Laurene Powell）结婚。

乔布斯离开苹果公司时成立了另一家电脑公司，他给公司起了一个无甚创意的名字：NeXT。同时他带走了五位才华横溢的高管，因此苹果公司起诉了他，称他"违背受托义务"（该诉讼后来很快被撤销）。苹果公司宣布乔布斯离职的消息时，其股价立刻上涨了1美元。一位技术分析师说："东海岸的股东总是对'这些不靠谱的加利福尼亚人'来经营公司感到担忧。现在沃兹尼亚克[①]（Wozniak）和乔布斯都走了，这些股东都松了一口气。"乔布斯对这次不信任投票的反应如何，我们无从得知。他拥有650万股苹果股票，占该公司的11%，价值超过1亿美元。他的离职又为自己多赚了650万美元，至少从理论上来说就是这样。

乔布斯带走的五个人中，有两人特别值得注意。一个是丹·卢因（Dan'l Lewin），1976年毕业于普林斯顿大学，对教育市场有深刻的了解。他的大学毕业论文主题是鲍勃·迪伦（Bob Dylan）和魅力型领导力。加入NeXT之后，他没有再回苹果公司，而是参与了各种各样的活动，其中最重要的是他在微软公司度过了近17年，

---

① 即史蒂夫·盖瑞·沃滋尼亚克（Steve Gary Wozniak），美国电脑工程师，曾与乔布斯合伙创立苹果公司。——编者注

最后成为微软公司的副总裁。

另一个值得注意的苹果公司"叛逃者"是盖伊·L.特里布尔。特里布尔在NeXT负责软件业务，后于1993年加入太阳微系统公司（Sun Microsystems）。作为一家硬件公司，NeXT完全是失败的。它依靠软件业务才得以存活。

NeXT在商业上是失败的，它充分展示了乔布斯最糟糕的一面，或者说好听一点，乔布斯的表现就像个被宠坏的孩子。尽管华尔街对他离开苹果公司有不良反应，但至少在一段时间内，他在吸引投资者和追随者方面没有遇到困难。然而，记者布伦特·施兰德（Brent Schlender）和里克·特策利（Rick Tetzeli）合著的传记毫不留情地指出乔布斯以下这些缺点。"在NeXT，乔布斯任凭自己的阴暗面发展到了极致。乔布斯的确对产品有着独到的想法，也的确是公司及其产业的最佳代言人，但他还没有准备好担起首席执行官的重任。从很多方面来看，他甚至还没'长大成人'。从苹果公司'逃出来'的那一刻，乔布斯坚信自己摆脱了层层压迫，重获渴望已久的自由，然而他并没有意识到自己身上依然束缚重重：声名在外，对于无伤大雅的小细节有着令人发指的完美主义倾向，管理上轻浮专横，不善于分析自身所处的行业，心中有着想要报复（别人）的强烈渴望，对于自身的弱点却茫然无知。从很多方面来看，他还是个不成熟的青少年：以自我为中心，拥有不切实际的幻想，不会处理人际关系中的起起落落。"

历史学家兰德尔·E.斯特罗斯（Randall E.Stross）在1993年写了一本关于NeXT的书，书中对乔布斯及NeXT的描述同样令人难忘。这家公司就是"从一个错误到另一个错误，从一场灾难到另一场灾难。"斯特罗斯在书中有如下论述：

在NeXT诞生之际，有这样一个奇怪的悖论：这家公司渴望成为21世纪的公司典范，但它却仿佛倒退到了19世纪中叶的美国乌托邦社会，以一位魅力型领袖为中心。魅力……通常是指某种无法定义的吸引力。然而，乔布斯的魅力不止于此——那是一种领导者所拥有的权力，来自他对人类生存首要问题的感知。乔布斯不会去卖早餐麦片或浴室水龙头；他甚至不关注利润本身。其他人可能会追求平凡。而他所追逐的是一个更大的目标——改变世界，将电脑用户从现有的平庸牢笼中解救出来，在宇宙中留下印记，掀起一场革命，在历史上占据不朽的地位；这非凡的雄心壮志正是他的魅力的根本来源。

乔布斯对待团队的方式与玫琳凯或山姆·沃尔顿的方式相反。最明显的是，"他频繁公开羞辱（员工）……这是NeXT文化的重要组成部分……乔布斯指名道姓地提出尖锐、羞辱性的批评，可能会让员工落泪……"，这在当时的Next是家常便饭。

从很大程度上来说，正是"他那非凡的雄心壮志"导致了NeXT的失败。1993年，有一位《财富》杂志的记者写道："很难说乔布斯究竟是一个蛇油推销员还是一位真正的梦想家。"这是一种错误的二分法。在NeXT，他兼具了这两种身份。遇到当时精通技术的商人时，他完全无法施展自己的魅力。

乔布斯恳求比尔·盖茨为他那设计精美的黑色NeXT电脑编写软件。然而，在比尔·盖茨看来，NeXT电脑无疑是没有未来的，尽管1988年的发布会声势浩大。比尔·盖茨曾略带嘲弄地谈起这位对手："他把一个微处理器放进了一个盒子里。那又怎样？"他对新的磁盘驱动器也不感兴趣。全黑的设计也没有给他留下深刻印象。比尔·盖茨说："如果你想要黑色，还不如去搞一桶油漆。"他认为，"从总体上看，这些特征大部分都微不足道。"当被问及是否会为NeXT开发软件时，比尔·盖茨毫不迟疑地说："为它开发软件？我恨不得在上面尿尿。"比尔·盖茨最终明确表示，微软公司不会为NeXT开发任何应用，乔布斯并没有生气……他只是泄气了。很长时间都没有说话，这对他来说很不正常。他知道比尔·盖茨说的可能是对的。他曾经认为这个黑色的立方体可以改变世界，但前景似乎没那么乐观。

乔布斯孩子气的行为确实在NeXT得到了充分的展示。在苹果公司的经历好像没有让他学到任何东西。除非你学会了忽视他的尖叫、咆哮和事无巨细的管理方式，否则你无法忍受他。"然而，硬件和软件工程师却依然心甘情愿地为乔布斯工作……因为除了史蒂夫，没有任何一个人会如此看重工程师的工作。"

其他公司的高管不必忍受乔布斯。因此，蓬勃发展但竞争激烈的电脑市场并没能为NeXT带来商机。1992年，乔布斯终于不得不面对无情的事实。他关掉了公司的硬件部门，将NeXT打造成一家伟大的电脑公司的梦想破灭了。"毫无疑问，NeXT的失败主要归咎于史蒂夫。"用施兰德和特策利的话来说，"这是乔布斯事业的低谷。"

1994年11月，乔布斯联系了一位名叫劳伦斯·利维（Lawrence

Levy）的律师，他想聘请此人担任皮克斯公司的首席财务官（CFO），乔布斯于1986年收购了这家公司。利维读过斯特罗斯"对史蒂夫在NeXT的行为和商业实践的严厉批评"。"……乔布斯可能是硅谷最引人注目的名人，但让他更惹人注意的是，他在很长一段时间内——很长一段时间——没有再取得成功……乔布斯好像逐渐过气了。"当利维告诉熟人他将与乔布斯见面讨论皮克斯公司的事情时，对方的回答通常是：没有必要。在那段时间，乔布斯被比作奥森·威尔斯（Orson Welles），后者在25岁时凭借电影《公民凯恩》（Citizen Kane）走上事业顶峰。

NeXT的梦想可能已经破灭了，但公司还没有倒闭。在被苹果公司收购之前，它一直在经营软件业务。维持其运营的关键是NextStep操作系统，这是一个由阿瓦·特凡尼安（Avie Tevanian）及其团队创建的操作系统。特凡尼安在卡内基梅隆大学（Carnegie Mellon University）取得计算机科学博士学位，他在卡内基梅隆大学时就开发了一个操作系统。特凡尼安比乔布斯小6岁，他知道如何利用乔布斯的优势，又不被他的缺点吓倒。

除了NextStep，特凡尼安和他的团队还开发了WebObjects，这是一种可用于构建网站的预构建代码。1991年，蒂莫西·伯纳斯·李爵士（Sir Timothy Berners Lee）使用搭载NextStep操作系统的NeXT计算机创建了万维网，开启了20世纪90年代后半叶的互联网腾飞时代。WebObjects于1996年上市，通过该产品和NextStep操作系统，NeXT终于在1996年产生了营业利润。乔布斯重返苹果公司时，曾将自己所获得的声誉和荣耀归功于少数几个人，其中之一就是特凡尼安。

我们该如何看待NeXT？

它给我们的第一个教训是，仅靠魅力无法成为一名成功的高管。NeXT未能实现它所肩负的使命，即成为一家伟大的电脑公司，超越苹果公司在20世纪70年代末辉煌时期所取得的成就，成为"未来电脑"。NextStep操作系统和WebObjects拯救了公司；更重要的是，互联网的爆炸性发展拯救了公司，而乔布斯在互联网的发展中没有发挥任何作用。乔布斯将近乎毁灭的NeXT中从灾难中解救出来，这已经使他筋疲力尽。

社会学家布莱恩·R.威尔逊（Bryan R.Wilson）对"魅力"做过如下表述："如果一个人在街上裸奔，宣称只有他才能拯救别人，使其免遭即将到来的厄运。如果立即有人追随他，那么他就是一个魅力型领袖：一种社会关系已经形成。如果没有人追随他，他就是一个疯子。"1997年的乔布斯依然属于第一类。特凡尼安和其他才华横溢的人一直追随他——从NeXT到苹果公司。但NeXT遭受的厄运险些让乔布斯成为第二类。

第二个教训是，如果乔布斯希望拯救苹果公司，他就必须成长。正如上面引文所述，魅力是一种社会关系的建构。疯狂的完美主义和微观管理注定会被时代遗忘。要成为一个真正的魅力典范，乔布斯必须对他在NeXT的行为（更不用说他在苹果公司的头几年了）做出改变。但是应该怎么做？谁来教他？

最了解乔布斯的人是电脑科学家、皮克斯公司总裁埃德温·卡特穆尔。卡特穆尔比乔布斯大10岁，他出生于西弗吉尼亚州的帕克斯堡（Parkersburg），在犹他大学（University of Utah）读完本科和研究生，主修物理和计算机科学，并获得博士学位。卡特穆尔和特凡尼安与乔布斯一生交往过的其他几十人一样，他们都从事着复杂的新兴行业，是具备深厚技术知识的行业专家，这些知识是史蒂夫所不具备的。但这似乎从未困扰过他。

卡特穆尔和乔布斯有一些有趣的相似性。两人始终对自己的工作充满热忱，高度专注于自己的目标，这是很少有人具备的素质。两人都明白，正如乔布斯所说，也如我们在关于埃德温·兰德的章节中所指出的那样，"光靠技术是不够的，技术必须与人文相结合"。在谈及《玩具总动员》（Toy Story）——皮克斯首部大获成功的动画长片——时，卡特穆尔说："虽然我们可以用很多创新手段来完成这个作品，但我们始终没有让技术掩盖我们的真正目的：制作一部伟大的电影。"

小时候，卡特穆尔有两个偶像，华特·迪士尼（Walt Disney）和阿尔伯特·爱因斯坦（Albert Einstein）。"迪士尼是创新专家，他将从未出现过的艺术和科技成果带进我们的世界。爱因斯坦则是阐释既存事物的大师。"《迪士尼的奇妙世界》（The Wonderful World of Disney）是一部周播电视节目，每集一小时，1954年首播，影响了当时那个年代的所有人。迪士尼创造的乐园是让梦想成真的地方。"当你寄望于星辰时，无所谓你姓甚名谁。"

卡特穆尔深受迪士尼的影响。他想成为一名迪士尼动画片制作者，但他认为自己没有天赋。然而这个梦想从未消逝。"26岁那年，我为自己定下了一个新的目标：研发出一种新的绘画方式，用电脑，而不是画笔来制作动画，并保证制作出的图像在质量和美观上达到电影标准。我告诉自己，我的动画师梦想是有希望实现的。"这些平静的话语背后蕴藏着巨大的抱负。卡特穆尔决意实现这个梦想，至死方休。

1985年，卡特穆尔正领导团队在旧金山北部的马林县市为乔治·卢卡斯（George Lucas）工作。他们为卢卡斯的《星球大战》（Star Wars）系列和其他电影制作了视觉特效。乔布斯还在苹果公司的时候就对他们的作品有所耳闻。1985年2月，卡特穆尔和乔布斯第一次见面。

乔布斯被苹果公司解雇后，对卡特穆尔及其团队的工作越来越感兴趣。乔治·卢卡斯在正在签署离婚协议，急需用钱。而乔布斯有钱，他付给乔治·卢卡斯500万美元，买下了皮克斯公司，使其成为一家独立的公司，然后他又投资500万美元。1986年2月3日，交易结束了。

卡特穆尔回忆："老实说，当时我有点儿不喜欢乔布斯。他的个性很强，我却不然，因此我觉得自己受到了他的气场的压制。"这两句话所体现的卡特穆尔的自我意识超过了乔布斯一生所表现的自我意识。乔布斯不是一个会反观自省的人，但卡特穆尔是。

乔布斯能够察觉到别人在他面前是否感到威胁。他习惯利用这种威胁在人际关系中掌握优势。他善于利用人们的弱点，但他没有这样对卡特穆尔。他似乎非常尊重卡特穆尔，因此不愿意让他领教标准的乔布斯式待遇。或者他已经感觉到，在卡特穆尔温和的外表背后有一种钢铁般的意志。

用卡特穆尔的话来说，标准的乔布斯式待遇就是"缺乏耐心和唐突无礼……"。"与潜在的客户会面时，只要他觉得对方是泛泛之辈或是准备得不够充分，便会毫不迟疑地和对方当面叫板。想要达成交易或是建立忠实的客户群，这样的做法可不是明智之举。但当时的乔布斯年轻气盛，一心扑在事业上，并没有察觉到自己对别人产生的负面影响。我们刚开始共事的那几年，他完全无法理解'普通人'，即那些没有自己的公司或是缺乏自信的人。他喜欢用'这些图表都是垃圾'这种咄咄逼人的话语来激怒大家，然后通过观察大家的反应来评判对方的品性。如果你敢跟他叫板，就很可能会赢得他的尊重。他使用这种先试探、后观察对方反应的方式，一来可以推测对方的想法，二来可以看看对方是否具备捍卫自己想法的魄力。"

在20世纪80年代末和90年代初，皮克斯公司制作了一些颇受好评的动画短片。但不幸的是，它一直在赔钱，赔了很多钱。卡特穆尔写道："在皮克斯公司最为低迷的时期，我们举步维艰、赢利无望，而乔布斯从自己腰包中掏出的5400万美元也石沉大海。这笔钱在乔布斯的净资产中占了很大的份额，鉴于我们惨淡的财务状况，任何风险投资公司都不会愿意将这么一大笔钱花在我们身上。"最后，皮克斯公司不得不退出硬件业务，但其实硬件业务本来就不适合皮克斯公司。皮克斯图像电脑（Pixor Image computer）的销量只有300台。

当时皮克斯公司的财务状况有多么"惨淡"呢？1995年2月劳伦斯·利维受聘担任首席财务官时，他形容状况"糟糕"。皮克斯公司"既没有现金，也没有储备金，它的资金来源取决于某个人的一时兴起，而这个人是出了名的反复无常"。此人已经被苹果公司解雇，他所创立的NeXT也惨遭失败。"（乔布斯）受到了双重打击。如果再来一次打击，他就永远翻不了身了。""……皮克斯公司充满风险……但是，乔布斯又为其增加了另一层不确定性。"随着了解的深入，利维感觉情况愈发糟糕。他对妻子说："早知道这样的话，我根本不会接受这份工作。把这家公司弄上市简直就是天方夜谭，投资人不可能买这家公司的账。亏损5000万美元、没有利润、没有发展空间、迪士尼公司占据绝大部分市场份额，我不知道皮克斯公司还要首席财务官做什么。"

买下皮克斯公司后，乔布斯醉心于NeXT，根本没有多少时间去管它。皮克斯公司的总部位于距帕洛奥图以北50多英里的圣拉斐尔（San Rafael），路上经常堵车，所以乔布斯一年才去一次，每次都得问路。卡特穆尔每隔几周就到硅谷去看他，带去的总是坏消息。皮克斯公司需要更多的钱。1987年到1991年间，史蒂夫曾三次尝试出售皮克斯公司。他开出了1.2亿美元的价格，微软公司愿意出9000万美元。而事实似乎是，"他始终无法与我们（皮克斯公司）分开"。

卡特穆尔非常清楚，没有乔布斯，皮克斯公司就无法维持经营，他的毕生梦想也无法实现。不过，他不止一次地怀疑，乔布斯是否真能将皮克斯公司引向生路。"乔布斯的确才华横溢，有鼓舞人心的魅力，能够深入问题巧妙地找出解决方法。但他也的确是个难伺候的主儿：他目空一切，居高临下，盛气凌人，甚至有些颐指气使。从管理的角度来看，他那无法为别人着想的性格或许才是最大的缺陷……他全然不知换位思考为何物，幽默感在他身上更是完全找不到。在皮克斯公司，我们的许多员工都是插科打诨的好手，一直将逗乐奉为核心理念。但无论扔给乔布斯怎样的段子，都会被他的'冷面'挡回来。"

正如卡特穆尔所说，乔布斯无法"换位思考"，这使得他在与皮克斯公司结合的初期问题重重。"观察""视角"和"感同身受"是皮克斯公司早期电影的伟大之处。不只是用眼睛看，而是深入地观察，这样的能力不是随便就能买来的。例如，在制作《虫虫危机》（*A Bug's Life*）时，制作团队认为从"虫子的视角"看待现实至关重要。怎么才能做到这一点呢？制作团队将关节镜装在摄影机上，然后在各种各样的地形上，将镜头沿着地面推动，以蚂蚁的视角进行观察。

乔布斯与卡特穆尔合作了26年，这可能是他人生中维持时间最长的一段工作关系。随着合作的深入，他们的关系变得更加深厚，进而成为两人一生中最满意的合作关系之一。卡特穆尔利用自己的优势，找到了与乔布斯相处的方法。他的优势非常明显，能够与乔布斯的优势相互匹配。

卡特穆尔明白，你无法从乔布斯对自己的谈论中去了解他这个人。"我们不会经常谈及哲学。当我们聊到人格等问题时，他只会说'我就是这样'。乔布斯不会像堂吉诃德那样说：'我知道我是谁。'"他从来没有真正了解过自己。卡特穆尔比乔布斯本人更了解他。"他的内心并不是毫无感觉的。问题是，他并不知道如何让大家看到真实的自己。"

皮克斯公司最会讲故事的人是约翰·拉塞特（John Lasseter）。《玩具总动员》就是他的创意，这部电影将皮克斯公司从一个资金黑洞转变为一家价值数十亿美元的公司。"拉塞特曾说，乔布斯的生平就是古典式的英雄之旅。因傲慢自恃而被人从亲手创建的公司中驱逐出去，然后披荆斩棘，历经各种冒险，最终变得更强大。"

就在乔布斯收购皮克斯公司之前，卡特穆尔问他，如果合作中出现意见分歧，他会如何处理。乔布斯认真地回答说，他会继续"向对方解释，让对方知道什么才是正确的选择"。卡特穆尔指出，"这个回答逐渐成了我对待乔布斯的方式。当我们意见相左时，我会把自己的观点陈述出来，但乔布斯的脑筋转得比我快许多，所以经常把我的论点驳倒。我便冷静一周，整理自己的思路，再找他重新理论。他或许依然会对我的观点嗤之以鼻，但我锲而不舍，直到出现以下情况：一是他回话说'哦好，我明白了'，然后向我提供所需的支持；二是我意识到他才是对的，也就不再去说服他；三是双方都不愿妥协，我就不管那么多，直接按照自己的提案去做……一旦碰到第二种情况，乔布斯绝对不会质疑我。尽管他固执己见，但他懂得尊重别人的热情。"

1993年，随着《侏罗纪公园》（Jurassic Park）的公映，电脑特效显然将成为电影业的一个重要因素。皮克斯公司与迪士尼公司达成协议，将皮克斯公司产品的大量潜在收入转让给这个行业巨头。皮克斯公司基本上变成了迪士尼公司的承包商，也因此获得了它所需的金融和市场影响力。

两年后，《玩具总动员》上映。在首映前，乔布斯告诉卡特穆尔和拉塞特，他想在电影上映后立即让皮克斯公司上市。卡特穆尔和拉塞特对此犹豫不决，他们希望先让皮克斯公司建立起良好的口碑，但乔布斯说："这是我们的机会。"

首次公开募股是有风险的。在这种情况下，首次公开募股对乔布斯的重大意义使原本就压力重重的状况变得更加紧张。利维解释说："此次公开募股承载着乔布斯从十年前被苹果公司驱逐的阴影中挣脱出来得以东山再起的全部希望。如果说有一件事能完全象征乔布斯实现自我救赎，那件事就是皮克斯公司的首次公开募股。没有什么比这更能宣告他的复出。难怪我们每次谈到公司上市的问题时，他的语气中都带有一种难以想象的沉重感。"

乔布斯知道游戏规则。当他说这是"我们的机会"时，他是对的——比他想象的还要正确。

在《玩具总动员》首映后的一周内，皮克斯公司的首次公开募股已经准备就绪。如果电影失败，首次公开募股也会失败，一切都将失败。再也没有比这更高的赌注了。卡特穆尔、拉塞特和乔布斯都对这部电影充满信心。但电影业是最变化无常、最不可预测的行业，没人知道这部电影会怎么样。一切都靠运气。

1995年，《玩具总动员》首映，立刻轰动一时，打破了票房纪录。这是一部前所未见的电影，它用精美的制作讲述了一个非凡的故事。

皮克斯公司于1995年11月29日举行了首次公开募股，取得了巨大成功。突然之间，皮克斯公司的市值达到14亿美元。当年乔布斯花了500万美元买下该公司80%的股份。在首次公开募股前的几年里，他曾想以1.2亿美元的价格出售这些股份。现在，他凭借这些股份成为亿万富翁。他打电话给甲骨文公司首席执行官，也是硅谷首富的拉里·埃利森（Larry Ellison）："我成功了。""额外加注"为乔布斯带来了在NeXT未能实现的成就，称他为"偶然的亿万富翁"可能有点不公平。他对皮克斯公司的成功发挥了至关重要的作用。然而，有人怀疑，当他买下这家公司时，是否曾想过这样的结果。

首次公开募股后的第二天，《华尔街日报》使用了这样一个头条标题：史蒂夫·乔布斯东山再起，皮克斯公司首次公开募股使其跻身亿万富翁之列。"无论从哪个角度看，"利维说，"皮克斯公司当时都命悬一线。"好在"线"还没有断。

皮克斯公司最终被迪士尼公司收购，人们认为这是它命中注定的结局。经过紧张忙乱的一天，交易圆满结束。2006年1月24日，迪士尼公司宣布将以74亿美元收购皮克斯公司。其中一半以上的股权，价值将近40亿美元，归乔布斯所有。最后，卡特穆尔、拉塞特和乔布斯"终于松了一口气"，卡特穆尔写道："办公室的门一关，乔布斯就双手抱住我们，哭了起来。这是自豪之泪，是欣慰之泪，也是爱的眼泪。"乔布斯成功地将皮克斯公司由一家濒临破产的硬件供应商打造成动画界巨擘。在这个过程中，他成为全球最富有的人之一。

在对乔布斯进行总结评价时，卡特穆尔说："妻子和孩子在他的生命中重于泰山，苹果公司是他在商海中最早获得的且最为人熟知的成就，而皮克斯公司则为他提供了一片可以稍稍放松和自由探索的乐园。虽然乔布斯从未有过松懈，但我们发现，他越来越懂得倾听的艺术，也越来越能将心比心、关爱他人、耐心处事。他实实在在、彻彻底底地改变了。"没有这些变化，乔布斯就不会取得后来的成就。卡特穆尔正是他需要的老师。

乔布斯的个性中存在无法融合的对立面。这种自我撕裂在他的个人生活中表现得最为明显，对此我们非常清楚。他的成长过程和其他孩子不一样。上小学时，同学们都嘲笑他是被领养的。"出什么事啦？"孩子们嘲笑道，"你妈妈不爱你了吗？"我们只能猜测他的养子身份是遭到欺凌的原因或借口。"乔布斯从小到大都和周围世界格格不入，这是因为他的智慧如此卓越，直觉如此敏锐，可他的情商却落后于他人。"

乔布斯告诉父母他再也忍受不了校园暴力，再也不要去那所学校上学了。父母满足了他的意愿，从山景城（Mountain View）搬到了洛斯阿尔托斯（Los Altos），让他上了另一所学校。

就是在库比蒂诺附近的家园高中（Homestead High School），乔布斯和克里斯安·布伦南（Chrisann Brennan）坠入爱河。由于性格上的一些弱点，乔布斯一方面非常渴望亲密关系，另一方面又很害怕与他人建立亲密关系。他与克里斯安恋爱，却又很排斥恋爱。他们当时17岁，即使是普通的孩子在这个年纪也对异性缺乏了解。多年后，克里斯安写道："乔布斯是个有情感障碍的人。他对恋爱的排斥其实是一种通过控制实现的亲密关系形式……"

克里斯安是（现在依然是）一个艺术家和理想主义者。她的叔祖父是布鲁克林道奇队[①]（Brookly Dodgers）的共同所有人布兰奇·瑞基（Branch Rickey），他招募了杰基·罗宾森[②]（Jackie Robinson），一起打破了美国职业棒球大联盟的种族界限。克里斯安为瑞基和罗宾森的成就感到骄傲。"这些人代表着我为自己设定的志向：成为一名领袖，为他人做贡献，有所作为。"克里斯安谈到乔布斯时说："第一次见到他时，我就知道他是个天才……"她还指出："他的身上有一种难以化解的忧伤气质，这一点很吸引我……"

克里斯安的著作能帮助我们进一步理解乔布斯与其出身的关系。"不知道自己从哪里来，这对他产生了非常重大的影响……在我看来，乔布斯最大的心愿肯定是重拾那些因为被父母遗弃而失去的东西……乔布斯不仅因为被收养这件事而在内心里留下了一道伤痕，他的庞大本我还以几乎所有能填充进来的东西为能源。他一直在寻找他失去的爱，并且确保所有人都把目光放在他身上，这样他就能得到他需要的东西。在这个过程中，他会把人们压垮。"

克拉拉·乔布斯告诉克里斯安："在他刚出生的头六个月，我太害怕了，根本不知道如何爱他。我很害怕他的生母会把他从我身边抢走。后来我们赢了官司（当时乔布斯的生母不同意克拉拉·乔

---

① 布鲁克林道奇队后更名为洛杉矶道奇队，是美国加州洛杉矶的一支著名的职业棒球队。——编者注

② 杰基·罗宾森是美国职业棒球大联盟现代史上第一位非裔美国人球员。——编者注

布斯和保罗·乔布斯领养乔布斯），可乔布斯是个很不听话的小孩，我甚至觉得收养他是个错误。我想把他送走。"乔布斯以一种特殊的方式开始了人生旅程。有一个主题自始至终都没有变——从一开始，有关史蒂夫的任何事情都不容易。

克里斯安的确认为，乔布斯"能对别人的故事高度共情。""共情"这个词很难与乔布斯联系在一起。但他的"高度共情能力"是使他具有吸引力、影响力和危险性的"工具"之一。除了"具有高度共情能力"，如果再用一个合适的说法来评价史蒂夫，那就是他"一向都很自恋"。

对克里斯安来说，其一生中最重要的时刻是1978年5月17日晚上10时38分，她生下女儿丽莎。从那一刻起，克里斯安就将全部精力都放在了孩子身上。但乔布斯不是这样。几年前，乔布斯曾告诉克里斯安，"他很担心自己'在商海中失去人性'"。1978年，这样的担心似乎变成了现实。

当克里斯安告诉乔布斯她怀孕了的时候，"乔布斯的脸立马变得很难看"。"他瞪着我看，然后一言不发地冲了出去。""乔布斯充分考虑到了全局，可我根本不知道苹果公司将在三年内上市，而我怀孕这件事会被视为对乔布斯公众形象的威胁，进而威胁到苹果公司的品牌。""乔布斯想要控制人们对他的看法。很可能就是因为这个原因，他才开始在人们心中根植这样一个概念：我到处和别人上床，他不能生育，而这意味着这个孩子不是他的。我想人们是相信他的，因为人们需要一个英雄。苹果公司取得了成功，乔布斯成了一颗璀璨之星，我则被当成了一个无关紧要的人，没有人真正关心单身母亲。"

女儿出生时，乔布斯并在不在场，但三天后他回来为孩子取名字。他和克里斯安最终选择了丽莎·尼科尔·布伦南（Lisa Nicole Brennan）这个名字，并没有让她随乔布斯的姓。然后乔布斯就从她们的生活中消失了。克里斯安说："他不想和她（丽莎）或者我扯上任何关系。"

克里斯安和孩子搬到了紧邻帕洛奥图的门洛帕克（Menlo Park）。她们靠政府救济金生活。圣马特奥县（政府）起诉了乔布斯，试图证明他和孩子的亲子关系。乔布斯开始打官司，声称克里斯安一直和别的男人上床。在法庭上宣誓证词时，乔布斯否认了自己与孩子的亲子关系，声称自己没有生育能力，并称另一个男人才是丽莎的父亲。布伦南深受反主流文化运动[①]的影响，面对这种人身攻击，她束手无策。"我曾经在电话里对乔布斯吼道：'你知道那不是真的。'"她说："他想让我带着孩子出现在法庭上，然后证明我是个荡妇——任何人都可能是孩子的父亲。"

最终，乔布斯同意做亲子鉴定。亲子鉴定在当时还是新鲜事物，也不像现在这么精确。检测报告显示："亲子关系的可能性为94.41%。"法院判决乔布斯每月支付385美元的抚养费。出于某些原因，他决定每月支付500美元。此外，他还需要向圣马特奥县偿还5856美元的政府救济金。他享有探视权，并签署协议承认亲子关系。

---

① 反主流文化运动主要指对美国主流文化的反叛与背离，其参与主体是青年。——编者注

　　然而，乔布斯还是时常否认自己是丽莎的父亲。他告诉迈克尔·莫里茨（Michael Moritz，当时他是《时代周刊》的记者，如今已成为硅谷最成功的风险投资人之一），只要分析一下数据，就会发现"全美国28%的男性都可能是孩子的爸爸"。乔布斯授权的传记作家沃尔特·艾萨克森认为，这种论断不但是"错误的"，也是"荒谬可笑的"。克里斯安听说了乔布斯的言论，受到了极大的打击。她说："读了《时代周刊》上的文章后，我受到了沉重的打击，连着三天几乎无法说话或集中注意力。"

　　1991年3月18日，乔布斯与劳伦·鲍威尔结婚了。劳伦·鲍威尔于1963年11月6日出生于新泽西的西米尔福德（West Milford），在其东南45英里的地方就是纽约。她的父亲是海军陆战队的飞行员，在一次坠机事故中牺牲，当时劳伦·鲍威尔只有3岁。她的母亲再婚了，用艾萨克森的话来说，"那个男人是个酒鬼和虐待狂"，但她母亲依然没有放弃这段婚姻。有10年的时间，劳伦·鲍威尔和她的三个兄弟"只好忍受着家里的紧张气氛，循规蹈矩，自己解决问题"。这段经历让她学会了一个道理，"永远要自立……我跟金钱的关系是，它是实现自立的一种工具，但是它不是我这个人的一部分"。据估计，2020年劳伦·鲍威尔的净资产为212亿美元，可以说她已经实现了自立。

　　劳伦·鲍威尔在宾夕法尼亚大学主修政治学和经济学。在华尔街工作了几年后，她感到收获不大，于是去了斯坦福大学商学院继续深造。在那里，她遇到了乔布斯。1989年10月，乔布斯在那里进行了一场演讲。

两人结婚时乔布斯36岁，劳伦·鲍威尔27岁。当时劳伦·鲍威尔已经怀了他们的第一个孩子，1991年9月孩子出生。两人都有丰富的与异性交往的经历。乔布斯有过无数的恋人，最有名的是克里斯安·布伦南和蒂娜·莱德斯（Tina Redse）。劳伦·鲍威尔先后两次拒绝了乔布斯的求婚。她聪明、漂亮、精明、坚韧，并且——用麦金塔电脑团队早期成员安迪·赫茨菲尔德的话说——"她就像披了铠甲"，她知道自己在干什么，也知道自己应付得来。她有强烈的自我意识，并且能够依靠自己取得成功。

最重要的是，劳伦·鲍威尔明白角色和真人、形象和现实之间的区别。她使乔布斯展现的形象是忠诚体贴的丈夫和三个孩子的父亲——当丽莎加入这个家庭后，就变成了四个孩子。劳伦·鲍威尔欢迎丽莎加入这个家庭。1992年，丽莎的姓被改为布伦南—乔布斯。全家福照片拍得很完美。在职业生涯中最困难的时期，史蒂夫需要劳伦·鲍威尔这样的人在身边。这个性情暴躁、爱发脾气的人，被理智和稳定所包裹。

劳伦·鲍威尔想建立一个完整的家庭。她欢迎乔布斯的亲妹妹莫娜·辛普森以及丽莎·布伦南—乔布斯加入这个家庭。她与克里斯安以及与乔布斯有关系的其他人相处融洽。

乔布斯会在两种情况下表现出暴虐的性情。一是为了得到某种东西的时候，他会通过极端的方式达到目的。二是他内心深处某种不受控制且他自己都没有意识到的东西突然爆发，他会陷入一阵疯狂。

劳伦·鲍威尔知道如何安抚他。克里斯安描述过一个情节，她和丽莎、乔布斯、劳伦·鲍威尔以及里德（乔布斯与劳伦·鲍威尔夫妇还在襁褓中的儿子）在帕洛奥图（乔布斯的家里）时曾有这样一段经历。"我们正要去散步，史蒂夫毫无预兆地开始批评我，他的话难听极了，而且荒唐透顶，就像一挺机关枪向我扫射。这完全出乎我的意料，而且太可怕了，他的大意就是说我做人真是彻底失败，我听后只觉得透不过气来。不管这样的行为出现过多少次，你都没法为之做好准备。我沉默不语……劳伦·鲍威尔对他大叫，叫他别再说了，连她都为我愤愤不平。"

2018年9月4日，丽莎·布伦南—乔布斯出版了一本精彩的回忆录《小人物》（*Small Fry*），讲述了她那不可思议的艰难青春岁月。《纽约客》（*The New Yorker*）刊登了书评作家凯蒂·瓦尔德曼（Katy Waldman）对本书的评价："丽莎·布伦南—乔布斯钦佩她父亲的才华和魅力，但她的回忆录很难让读者对他产生共情。《小人物》这本书颇具文学技巧，充满了令人困惑和相互矛盾的内容，既流露出作者的愤怒，又透露出她渴望给予（父亲）原谅的心理。最核心、最引人注目的谜题是，丽莎·布伦南—乔布斯不仅为父亲的行为辩护，也为她对父爱的渴望进行辩护。读之令人迷惑。"

《小人物》充分描绘了一个不配当父亲的人。乔布斯临终前，丽莎·布伦南—乔布斯陪在他的身边。他为自己对她做过的事道歉："我欠你的。"的确如此。

劳伦·鲍威尔对本书的反应如下："丽莎是我们家的一员，因此我们在读这本书的时候内心充满了悲伤，但这本书与我们对当时的记忆有很大出入。她笔下的乔布斯不是我们所认识的那个作为丈夫和父亲的乔布斯。乔布斯很爱丽莎，他后悔自己没有在她童年时期承担起一个父亲的职责。在乔布斯生命的最后几天里，丽莎和我们所有人在一起，这对他来说是一种莫大的安慰，对于我们作为家人共同度过的那些岁月，我们心怀感激。"

对于一本注定会引发讨论的回忆录，这已经是最完美的回应了。人们不禁好奇劳伦·鲍威尔花了多长时间才写下这些话。在乔布斯去世8年之后，她的反应充分说明了她在这段婚姻中起到的作用。她使乔布斯变得理智且得体，并最终让这个非婚生子找到了自己的归属。在与卡特穆尔相处的那些年里，乔布斯的确发生了变化。但是，如果没有这段天造地设的婚姻，他也不可能从一个孩子气的男人转变成一个真正的男人。

最后，在开发了NextStep操作系统，在皮克斯公司取得了惊人的成功，并与适合他的女人步入婚姻之后，乔布斯准备承担起他的历史角色：他回到濒临破产的苹果公司，将它推向辉煌，唯有他才能做到这一点。

第11章

奥普拉·温弗瑞：苦难的魅力

个人魅力是创新的必要条件，此外，在一个有约定俗成的规则的领域中，历来遭受排斥的群体成员要想"突破规则"并取得成功，也必须具备个人魅力。《今夜秀》（The Tonight Show）的第一位主持人是一位名叫史蒂夫·艾伦（Steve Allen）的男人。作为一位白人男性，他在1954年该节目首播之时担任主持人，观众并不会为此感到吃惊。艾伦风趣幽默，极有感染力。

艾伦在《今夜秀》完成首次表演的这一年，奥普拉·温弗瑞在密西西比州的科修斯科（Kosciusko）出生。众所周知，她是一位非洲裔女性。如果当时她已成年并担任《今夜秀》的首播主持人，那么美国至少有一些地区的街头会爆发骚乱。温弗瑞出生那年，来自密西西比州的两位参议员约翰·斯滕尼斯（John Stennis）和詹姆斯·伊斯特兰（James Eastland）都是种族主义者。伊斯特兰于1986年去世。《纽约时报》在他的讣告中写道，他将黑人描述为"劣等种族"，而他"被视为南方抵抗种族融合的代表人物"。

温弗瑞生于1954年1月29日。她这样写道："1954年，我出生于密西西比州——那个州比美国其他任何一个州的私刑都要多。我出生时，一个黑人走在大街上什么都没干，就可能变成某个白人谴责的对象。在那时，有份好工作意味着为一个'好心'的白人家庭工作，他们至少不会当面叫你'黑鬼'。在那时，种族隔离制度大行其道，黑人教师自己本来就没接受过多少教育，还必须得用白人学校不要了的破破烂烂的教材上课。"

但温弗瑞并没有一直详述这种恶劣环境。"然而就在我出生的同一年，改变开始了。"同年的5月17日，联邦最高法院对布朗诉教育委员会一案做出判决。科修斯科是一座位于密西西比州中部的小镇。除了温弗瑞，当地最著名的人物是1933年出生的詹姆斯·梅雷迪思（James Meredith）。1962年，梅雷迪思成为首位进入密西西比大学就读的非洲裔美国人。对他的录取曾引发了一场种族骚乱。

6岁以前，温弗瑞一直住在科修斯科，这期间她克服了重重困难——1963年，马丁·路德·金（Martin Luther King Jr.）发表了不朽的演讲《我有一个梦想》（*I Have a Dream*），他说："我梦想有一天，甚至连密西西比州这个正义匿迹，压迫成风的地方，也将变成自由和正义的绿洲。"在性格形成的重要时期，温弗瑞之所以能够茁壮成长，很大程度上源于哈蒂·梅·李（Hattie Mae Lee，温弗瑞的外祖母）的守护。"我和我的外祖母住在一起，"温弗瑞说，"因为我是一个非婚生的孩子，我的母亲搬到了北方……很多黑人小孩都是由祖父母、姑妈、叔叔之类的亲戚照料……我也是其中之一。事实上，这反而帮了我……因为外祖母为我奠定了成功的基础，让我得以继续发展。她教我读书，这为我提供了走向成功的各种可能性。"说到阅读，温弗瑞是个天才。她3岁时就能读书了。

温弗瑞的母亲名叫沃内塔·李（Vernita Lee）。她生下温弗瑞的时候只有18岁，还没有结婚。有一段时间温弗瑞被认为是沃内塔·李与弗农·温弗瑞（Vernon Winfrey）一夜情的产物。然而，事实证明，弗农·温弗瑞不可能是温弗瑞的父亲，尽管他对她就像对待亲生女儿一样。温弗瑞的父亲是谁仍未可知。她出生后，沃内塔·李在密尔沃基（MilWaukee）开始了新生活。6岁时，温弗瑞来到北方和母亲一起生活。自此开始祸事不断。

密尔沃基的生活让沃内塔·李自顾不暇。她整天都在别人家里做用人，完全无法保护女儿免遭新环境的伤害。"温弗瑞小女士"诗情画意的日子结束了。

9岁时，温弗瑞被强奸了。此后她接连遭受多个男人的性侵犯，其中包括表哥、叔叔、家里的朋友和她母亲的男友。这种情况从9岁持续到14岁。这种事持续不断。一次又一次，以至于温弗瑞开始想："这就是生活的样子。"

这些反复的创伤让她陷入困惑和自责之中，因为，用她自己的话说（也包括其他原因）："这种'爱抚'的感觉确实很不错"。她还说当时自己并没有去阻止这种"爱抚"，因为那时她很享受这种受人关注的感觉。即使她真的说了出来，她也担心没人会相信自己，后来的事实证明，她的这种担忧是有道理的。

这些悲惨的经历粉碎了温弗瑞的自我认知。她成了一个不良少女。母亲管不了她。用温弗瑞自己的话说："我成了一个纵欲少女，淫乱、叛逆，为所欲为。有一次我把家里伪装成遭到抢劫的样子。我记得我把眼镜放在地板上踩碎，然后自己进了医院，我自己演完了整场戏。我经常做各种恶作剧——离家出走——结果给自己带来很多麻烦，我想这都是自作自受。"

"直到我36岁我才意识到自己为什么会那样。我总是责备自己，即使我会理性地对其他孩子说："哦，永远都不要责备一个孩子。被性骚扰不是你的错。"但我仍然认为我有错，我是个坏女孩……"

14岁时，温弗瑞怀孕并生下一个儿子。这个婴儿是早产儿，几周后便夭折了。她的母亲一度要把她送进收容机构，但是那里的床位不够。

如果见到14岁的温弗瑞，你会对她的未来做出什么样的预测？温弗瑞的母亲后来又生了三个孩子。儿子杰弗里，也就是温弗瑞同母异父的弟弟，于1989年死于艾滋病。女儿帕特里夏，温弗瑞同母异父的妹妹，于2003年死于可卡因成瘾。温弗瑞的母亲还有一个女儿也叫帕特里夏，同样是温弗瑞同母异父的妹妹，现在依然在世。奥普拉直到2010年才知道帕特里夏的存在，她邀请这个妹妹作为嘉宾参加了她的节目。

14岁时，温弗瑞"离家出走，来到父亲家"。担任起父亲这一角色的是弗农·温弗瑞，1933年出生于密西西比州，他在部队服役时结识沃内塔·李。奥普拉回到南方时，弗农·温弗瑞已与泽尔玛·温弗瑞（Zelma Winfrey）结婚，住在田纳西州的纳什维尔（Nashville）。此前温弗瑞曾与父亲和继母同住过一段时间，那时他正在范德比尔特大学（Vanderbilt University）当看门人（1963年他从哈斯拉理发学校毕业，第二年开了自己的理发店）。

弗农·温弗瑞严厉又苛刻。他对温弗瑞第一学期的成绩单非常不满。"这个孩子惹多少麻烦事，我不管那个。我对她的期望比她的实际成绩高出不知道多少倍。我跟她讲："如果你只有得C

的本事，那你可以带回来得C的成绩单。但是你没那么差的！明白吗？……如果你以后还带回来得C的成绩单给我看，我会给你加重负担的……很重的负担。'"

温弗瑞说她需要管教和关注。父亲为她提供了管教。而她即将得到关注。来到纳什维尔标志着她开始了向上攀登的道路。

1968年秋天，温弗瑞就读于东纳什维尔高中（East Nashville High School），她的班级是一个混合班级，她被选为副班长。她逐渐有了名气。1971年，田纳西州选出两名学生代表（每个州有两个学生名额）参加"儿童及青少年白宫会议"（White House Conference on Youth），温弗瑞就是其中之一。为此她还接受了当地一家广播电台的采访。当时温弗瑞17岁。"突然，我就要代表这个广播电台去参加'防火小姐'比赛了。好吧，你只需要走几步路，穿着晚礼服游行，回答一些关于个人生活的问题……那是一场非常小型的选美比赛。嗯，没人指望我能在选美比赛里获胜，因为那时候我还被叫作'黑鬼'——有色人种、黑人，直到现在我才被称为非洲裔美国人。我是所有红发女孩中唯一一个黑人，参赛女孩都是红头发，因为这是'防火小姐'比赛。所以……天知道，我赢不了。"

她回忆起当时被问到的两个问题。第一个问题是：如果你有100万美元，你会怎么做？当时她觉得"反正我肯定赢不了"。所以她说："如果我有100万美元，我就疯狂花钱。我不知道自己会买些什么，但是我会不断地买东西，买东西，成为疯狂的购物者。"参赛者被问到的另一个问题是，未来想做什么。温弗瑞通过《今日秀》（The Today Show）认识了芭芭拉·沃尔特斯（Barbara

Walters）。沃尔特斯一定给她留下了深刻的印象，因为当时她说：
"我想成为一名电视节目记者，因为我相信真理。我想向全世界的人
宣告真理。最后我赢了比赛。嘿，我这个黑人可真够令人吃惊的。"

温弗瑞有自我表现的天赋，赞助她在选美比赛中获胜的电台也
认为她拥有完美的嗓音，非常适合播音——听不出任何口音，适合
所有观众。1974年1月，电视台播出了她的节目。温弗瑞的人生开
始走上了上坡路。

温弗瑞说："不能说这份工作是我应得的。我只不过是一个典
型的代号而已，但我敢肯定这个代号会让人感觉很幸福。"雇用她
的人是电视台新闻主任克里斯·克拉克（Chris Clark）。他主张多
元化，并愿意冒风险实现多元化。他说："你要知道，当时的纳什
维尔种族冲突非常急剧。而温弗瑞是第一个上电视的黑人女性。"
如果温弗瑞失败了，克拉克就要承担全部责任。

温弗瑞记述了她开始从事媒体工作后所发生的事情。她进入
电视台工作后，立刻遭到了嫉妒。"所有朋友都讨厌我，"她回忆
道，"因为他们还在割草。"

19岁时，温弗瑞登上了电视。在接受采访时，她说："我想正
是因为20世纪70年代的暴乱，他们开始发觉媒体中需要少数族裔。
我决定假装自己是芭芭拉·沃尔特斯，我就是因为她才进入这个行
业的……我坐在那里，脑子里想着芭芭拉，干什么都模仿她的样
子，然后我就被录用了。"

"作为一个'代号'，我不得不忍受大学同学的压力——我就
读于一所黑人大学，他们都认为我只是个代号。"她会这样回应：

"没错，但我是有报酬的代号。"

"这让我感到非常生气，因为我总听到其他黑人说：'哦，不管你多么成功……你都是想成为白人，想模仿白人那样说话……'我觉得这种想法非常荒谬，因为你每天早上照镜子的时候都会看到，你就是黑人。你的倒影里有一张黑色的脸庞……一开始我感到很不舒服……我假装自己是芭芭拉·沃尔特斯，但我一点也不像她……"

"我的（大学）同学非常嫉妒我。"温弗瑞说。她想安慰他们，于是请他们吃比萨，并主动借钱给他们。她回忆道："那就是'想要取悦别人的一种病态心理'，也是我最糟糕的经历了。因为我老是想让别人接受我，却不能如愿以偿……我当时在人际交往方面困难重重，那真是我一生中最糟糕的一段时期。我想适应学校生活，也想在电视行业成就一番事业。"

伟大的非洲裔美国学者和种族平等斗士W.E.B.杜波依斯（W. E. B. Du Bois）写过一篇关于黑人的文章。他写道："一个黑人总是感觉到他的二重性——美国人，黑人；感觉到两种无法调和的身份认同在争斗，一个人的身体中的两种相互对立的思想，只有凭借顽强的力量才使自己不被'割裂'……他只希望自己有可能既是黑人也是美国人，而不被他的伙伴诅咒、蔑视，不会被粗暴地拒之门外。"

年轻的温弗瑞就陷入了这个由来已久的困境。她的情况比杜波伊斯所描述的还要复杂。她不仅仅是一个试图在白人世界中取得成功的非洲裔美国人，她还是一个试图在男性世界中取得成功的女性，她冒着被所有人拒绝的风险。

温弗瑞表现出坚忍不拔的品格和同情心，这使她在未来的岁月里获益。早年间她去纳什维尔的某个种族隔离区工作。她走到一位店主身边，伸出手来。对方说："我们不和这边的黑人握手。"她毫不迟疑地回击道："我敢说黑人知道后肯定很高兴。"

她的报道淋漓尽致地展现她的同情心。"她待人很好。"克拉克说，"这就是她作为记者的缺陷，因为她无法冷静下来。台里派她去报道火灾，结果她一回来就开始打电话，想为受灾的家庭争取救援，而不是抓紧时间为晚间新闻准备稿子。"

温弗瑞具有极高的天赋，很快巴尔的摩（Baltimore）的主流电视台就邀请她去做新闻节目的联合主持人。她无法拒绝这份工作。即使只有21岁，她已经谈下了一份符合自己晋升计划的合同。她说："我只不过是运气好……在对的时候出现在了对的地方。"多年之后，她说这是命运对她的安排之一。

从小时候开始，温弗瑞就有两种相互矛盾的想法。一方面，她承认自己非常幸运；另一方面，她坚信并且向全世界宣扬，人可以掌控自己的命运。你可以做你想做的事，成为你想成为的人。"无论我们受到多少不公平的待遇——我们都要为自己的人生负责。"

2006年，温弗瑞与奥斯维辛集中营最著名的幸存者之一埃利·威塞尔（Elie Wiesel）重返奥斯维辛。温弗瑞对他说，他在大屠杀中幸存下来是一个奇迹。对方回答道："如果奇迹救了我，那么原因何在？还有很多比我更好的人……不，我的幸存只是偶然。"温弗瑞显然难以接受这样的解释。

温弗瑞花了几十年的时间才得以接触到威塞尔这样有声望的

人。搬到巴尔的摩后的几年里，她的生活充满了戏剧性，足以拍一部肥皂剧：因暴饮暴食导致体重飙升；反复"与坏男人陷入麻烦"（"我就是那种病态的女人，认为没有男人的生活一文不值……他越是拒绝我，我就越想得到他……没有什么比遭到拒绝更糟糕了，甚至比死亡还要糟糕"）；她想倾诉内心的众多秘密，却又渴望保护自己的隐私，因而陷入了无休止的挣扎之中；她想放纵自己的欲望，又真心希望在世界上行善，两者构成了矛盾。在这些矛盾的背后，是她想出人头地、有所作为、赚大钱的野心解放了她，也奴役了她。她的野心使她变成了一台不知疲倦的巨大引擎。

除了她的野心，为了掌握命运而努力奋斗的意愿也是支撑她坚持不懈的动力。之所以具备这种职业精神，是因为她拥有一种特殊才华。唯一一部全面记述温弗瑞成长经历的个人传记的作者是凯蒂·凯利（Kitty Kelley）。凯蒂·凯利以一针见血和抓住一切机会揭露真相而闻名。她在传记的结尾处称温弗瑞是"她这个时代最有影响力的女性"。这个评价夸张吗？可能有一点。但毫无疑问，她是一个有影响力的人。

1976年，WJZ电台的新闻主任看了温弗瑞的样带之后，决定录用她。"她的表现令人印象深刻，让人难以抗拒……"她与整个巴尔的摩都"崇拜"的一个男主持人（他也崇拜自己）共同主持晚间6点的新闻节目。8个月后，这位男主持人无法忍受和温弗瑞一起主持节目。1977年4月1日，温弗瑞被降级到主持WJZ的日间节目。几年后她说："这就好像你的人生结束了。"

温弗瑞注定无法成为新闻主播。她并没有被命运抛弃，当她失去那个职位时，人生也远没有结束。1978年8月14日，WJZ电台推出了一档名为《人们说》（*People Are Talking*）的晨间脱口秀节目，由温弗瑞与一位名叫理查德·谢尔（Richard Sher）的白人男性共同主持。在第一期节目后，温弗瑞说："录完节目后，我知道这是我应该做的事⋯⋯就是这个。这是我生来就要做的⋯⋯就像呼吸一样。对我来说，这是最自然而然的过程。"

到1982年，WJZ电台每天要播送三档温弗瑞的节目。从晨间新闻开始，接下来是《人们说》，然后是午间新闻。尽管工作非常繁重，但她从没退缩。尽管《人们说》常常会被贬低成"垃圾节目"，但她在巴尔的摩的名气越来越大，受到了尊敬。在这个逐渐受欢迎的节目中，你可以看到温弗瑞在一种难以掌控的媒介中似乎完全无拘无束。因为她很放松，所以摄制场内的观众和电视机前的观众也都感到轻松自在。就算她和搭档理查德·谢尔之间的关系紧张，她也能将此完美隐藏起来。

温弗瑞的非洲式发型会令今天的观众感到吃惊。她的头发打理得非常对称，看起来像是假发。当人们看到这种非洲式发型时，就会想起温弗瑞说过的话，人们对她的称呼逐渐改变，从"黑鬼"到有色人种再到黑人，最后成为非洲裔美国人。这是一个了不起的漫长旅程。有多少种族、民族或宗教团体走过这样的道路？1954年温弗瑞出生时，最初定居北美大陆的民族被称为印第安人。今天，他们被称为"美国原住民"。这是一个重大改变。今天的非洲裔美国人这一称呼已历经三次改变。我想不出还有哪一个群体经历过如此频繁的改变，大多数群体的称呼根本没有变化。意大利裔美国人依然被称为意大利裔美国人,华裔美国人仍然是华裔美国人,而对于其他构成美国的其他民族来说,今天人们对他们的称呼与20世纪50年代的称呼是相同的。温弗瑞年轻而有天赋。她的皮肤是黑色的——19世纪美国废奴运动领袖弗雷德里克·道格拉斯(Frederick Douglass)称为"不受欢迎的肤色"。温弗瑞以白人女性芭芭拉·沃尔特斯为榜样。20世纪七八十年代,她在以白人为主导的广播界取得了成功。然而,正如她自己所说,当她照镜子时,镜中映出一张黑色的脸庞。在公共领域,要定位一个人的身份非常困难。如果再加上种族因素,难度会变得更大。

1983年,是温弗瑞要与WJZ电台续约的时候。命运之门再次被敲响。芝加哥一个脱口秀节目《芝加哥早晨》(*AM Chicago*)的主持人即将离开该节目。突然之间,这个巨大的电视市场上出现了一个空缺。但进入这个市场需要冒很大的风险。《芝加哥早晨》是一个失败的节目。这座城市里最火的节目由闻名全美的菲尔·多纳休(Phil Donahue)主持。

在面试时,奥普拉对恋爱和体重管理的不安全感荡然无存。她在面试前观看了《芝加哥早晨》的节目。然后,她径直走进播出该节目的WLS电台办公室,直截了当地告诉面试官,他们的节目很难看,然后她分析了节目失败的原因。

面试官给她设置了重重难题,但电视台总经理一见到她,就决定录用她。1984年1月2日,温弗瑞在《芝加哥早晨》节目中首次登台。此时距离她30岁的生日还有几个星期,她在芝加哥掀起了一股风潮。

《芝加哥早晨》的收视率迅速攀升，1986年9月8日，这档节目更名为《奥普拉·温弗瑞脱口秀》（*The Oprah Winfrey Show*），节目时长从30分钟延长为1小时，并且通过King World①出售给多家媒体，使其在全美范围内播送。"我主持的节目有望在收视率方面击败菲尔·多纳休的节目，这个前景令我激动。"她说。她获得了100万美元的签约费。而这笔钱此后将发展成数十亿美元的财富。她变得很富有，不久之后将更加富有。

时机很重要。1960年，第一个由非洲裔美国人主持的电视脱口秀节目在费城的WRCV电台播出。《戴尔·希尔兹秀》（*The Del Shields Show*）的主持人是一位30岁的非洲裔男性，他从事过几年广播节目。这个电视节目只播出了几个星期，就被种族主义扼杀。希尔兹说："我们只是收到了50封信，信上说，把那个'黑鬼'从节目里赶出去，否则我们再也不喝你们的啤酒了。赞助商就放弃了这个节目②。我也狼狈地离开了。"希尔兹哀叹道。

对温弗瑞来说，时机已经成熟了。20世纪50年代初，美国人痴迷于看电视，电视节目"显然由白人主导"。当时播出的唯一一部以非洲裔美国人为主角的电视剧是《阿莫斯和安迪》（*Amos'n'Andy*），剧中的演员由白人训练，扮演"略微不同于刻板印象"的角色。20世纪50年代的电视节目"不断地告诉黑人，他们别无选择——只能被侮辱……"

---

① 一家电视节目制作与分销商。——译者注
② 此处的赞助商为啤酒商。——译者注

20世纪60年代，电视节目的"白度"开始被打破。1965年秋天，美国全国广播公司（NBC）播出电视剧《我是间谍》（I Spy）。主角是两个美国间谍，一个是白人，另一个是非洲裔美国人，分别由罗伯特·考普（Robert Culp）和比尔·科斯比（Bill Cosby）扮演。科斯比确定自己与考普完全平等，而不是随便添加的角色，才决定出演。这个角色的确如此，电视剧也大获成功。

1984年，当温弗瑞在芝加哥首次亮相时，科斯比已经在演艺界确立了自己的地位，成为在白人观众中也颇受欢迎的电视名人。但此时还没有一位非洲裔女性能在美国获得同样的地位。温弗瑞要改变这一点。

芝加哥就是她开始攀升的地方。1983年，芝加哥选出了首位非洲裔市长。此时30岁的温弗瑞已经有了10年的电台节目经验。当一个公众名人让她感到更加轻松自在。1987年，《时代周刊》将她描述为一位"体形丰满的黑人女性"（委婉一点说，这是很不讨喜的描述），她的节目常常探讨"人类不幸中的隐秘角落"。10年后，她被《时代周刊》评为100位最具影响力的美国人物。这是相当大的转变，其他从事脱口秀事业的非洲裔美国人从未取得过这样的成就。她的秘诀是什么？

温弗瑞的节目嘉宾会讲述他们所遭受的痛苦经历。他们似乎忍受着极为可怕的痛苦。他们向温弗瑞坦白，向录制现场的观众坦白，也向电视机前的观众坦白（观众数量后来迅速增长为数百万），他们在节目中所讲的故事可能连他们自己最亲密的朋友都没听过。温弗瑞鼓励他们。这是他们有生以来"第一次有听众"——有人真诚地倾听他们讲话。

温弗瑞自己的故事是众所周知的。论痛苦程度，她的人生经历不逊于任何人。事实上，大家都看到她一直在与体重问题作斗争。1988年11月15日，身材苗条的温弗瑞拉着一车重达67磅的肥肉上了台。这就是她减掉的体重。不幸的是，减肥效果没有维持多久。在1991年的一篇日记中，温弗瑞提到，她在度假时"体重增加了8磅，达到了有史以来的最大体重——226磅"。"如此巨大、不成比例、肥胖的脸，加之无法自由移动……我不认识自己了。我的身体背叛了我，还是它默许了这样的我？我不认识这个在机场里蹒跚而行的人。我瞥见商店橱窗里映出的影子。我没有认出那个盯着我看的胖女人是谁。"痛苦是真实的。她的肤色和性别也是真实的。事实上，她是一名非洲裔女性，就算她什么也不说，这一事实也足以表明她的痛苦经历。

温弗瑞说："我挣脱了种族身份认同对我本人的束缚。"所有人的内心都是一样的。她在1987年说过："种族不是问题，对我来说，种族从来都不是问题……事实是，我从来没有因为自己是黑人或女性而感到受阻。"一篇报道说她"在白人文化和黑人文化之间搭建了一座舒适又不具威胁性的桥梁"。（科斯比在其地位一落千丈之前也发挥了这样的作用。）为了吸引广大观众，她必须建造这座桥梁。但是，由于她的节目没有回避种族问题，她也不得不"掌握好平衡……温弗瑞必须非常敏感地意识到，大多数白人观众可能会离她而去"。

温弗瑞的种族之所以重要，正是因为它无关紧要。中产阶级白人观众欢迎温弗瑞（或科斯比）到家里做客，是为了实现所谓的"虚拟融合"。"它让白人能够与黑人生活在同一个世界，而事实上他们不必这么做。它提供了一种没有任何风险的亲密关系，让白人可以通过文明又简单的方式（声称自己能够）打造一个公平、包容、没有种族歧视的社会……"

20世纪80年代的美国希望成为"后种族"社会。科斯比和温弗瑞就是证明。前者是"美国老爹"，"一个和蔼可亲的父亲"，他不仅是美国中产阶级价值观的缩影，同时也对那些不符合中产阶级价值观的非洲裔美国人提出了指责。

温弗瑞一直是美国的"心理治疗师"。她邀请那些有着不幸遭遇的人上节目。节目组不需要为登台的嘉宾支付出场费。温弗瑞知道如何节约成本。她能让人敞开心扉，这证明她利用超凡的个人魅力将自己与嘉宾以及她的粉丝联系在一起。她有一种诱惑力——难以形容，但肯定与性无关。她的嗓音优美，总是自信满满地在演播室观众的身边走来走去，用一种近乎神奇的力量让人们感到轻松自在。这需要真正的天赋。她从不做评判，她只会赞美。一个典型的例子是她在1997年5月对负责O.J.辛普森（O. J. Simpson）"世纪审判"①的首席检察官玛西娅·克拉克（Marcia Clark）进行的一场精彩访问。

当你向温弗瑞和她的观众坦白后，你就开始康复了。她一次又

———————

① 即1994年前美式橄榄球运动员辛普森杀妻案。此案的审理异常曲折，最终因警方的重大失误导致有力证据失效，辛普森被判无罪释放。——译者注

一次地宣扬："唯一能让你获得自由的方法就是相信自己可以获得自由。"你的责任是想办法摆脱困境。

这是一种传统的美式思维，可以追溯到本杰明·富兰克林，贯穿于戴尔·卡耐基（Dale Carnegie）［著有《人性的弱点：如何交友并影响他人》（*How to Win Friends and Influence People*）］、拿破仑·希尔（Napoleon Hill）［著有《思考致富》（*Think and Grow Rich*）］和诺曼·文森特·皮尔（Norman Vincent Peale）［著有《积极思考就是力量》（*The Power of Positive Thinking*）］的经典之作之中。

这些书所传达的观点与温弗瑞的观点相似，它们的关注重点不是制度或宏观经济状况，而是个人。值得注意的是，戴尔·卡耐基的著作出版于1936年，拿破仑·希尔的著作于次年出版，当时正值美国的大萧条时期。经济因素和制度障碍都敌不过你的意志力，也不能免除你对生活的个人责任，命运掌握在你自己的手中。

温弗瑞确实用过"奴隶心态"之类的词语。这种心态的确不可取，但她也没有对奴隶制度及其对全美非洲裔的影响发表意见。她写道："从很小的时候起，我就知道我要对自己负责。"她的意思是，你也应该如此。

一个人应该如何掌控自己的生活，从而以有意义的方式履行这个责任？这其中有无数答案。例如，T.D.杰克斯（T.D.Jakes），温弗瑞"超级灵魂100"（一个"能够激励和振奋他人"的团体）的成员，于2013年9月15日登上《奥普拉的人生课堂》（*Oprah's Life Class*）。杰克斯在台上演讲，温弗瑞在台下感召观众。

杰克斯身材魁梧、嗓音洪亮，他的自我展示令人难忘。他说："如果沉溺于历史，你就要赔上自己的命运。"温弗瑞站在演播室观众席的过道上，拿着麦克风大声说道："哇！我明白了。我刚刚突然意识到……大家都明白了吗？当你沉溺于自己的历史，你就要赔上自己的命运。我都要哭了。这对我的冲击太强烈、太深刻了。"

这句话不是杰克斯的原创。在詹姆斯·乔伊斯（James Joyce）的小说《尤利西斯》（*Ulysses*）中，主人公斯蒂芬·德达路斯（Stephen Dedalus）说："历史是一场噩梦，我正设法从梦中醒来。"精神病学和临床心理学的分支学科都致力于将患者从过去的创伤中解放出来。

正如温弗瑞所说，将自己从历史中解放出来，这种需求已经超越了种族。这是我们所有人必须在一定程度上实现的目标。问题是怎么做。自助商店的销售员不会回答这个问题。如果你是投资者，我对你的建议是，低价买进高价卖出。怎样做呢？我也不知道。

温弗瑞是一位非常成功的女商人。一位记者写道，她的成功秘诀在于她做了什么，也在于她没有做什么。她没有让公司上市，没有创立自己的图书出版机构，也没有将自己的名字授权给任何商品。她不会在公开场合做出有损自己信任度的行为。她没有成为交易的牺牲品，这些交易往往承诺会带来人们常常挂在嘴边但很少实现的"协同作用"。她对公司内部事务严加保密。总之，她不会多管闲事。没有什么能转移观众对她的信息的注意力。

2002年，温弗瑞说："我不认为自己是一位商人。"她在这样一个充满挑战的行业中赚到数十亿美元，却依然能说出这样的话，的确很了不起。一位女商人可能会犯上面提出的那些错误。但温弗瑞的"想法与常人不同"。据报道，她对资产状况的态度很随意，对巨额财富的管理也不积极。她会留一小笔现金，但不会恣意挥霍。她在"防火小姐"竞赛上说，如果她有100万美元，她会"疯狂花钱"。但当她拥有超过20亿美元的时候，她对自己和朋友十分慷慨，也积极地为众多慈善机构捐款，但她从不会挥霍自己的巨额财富。2021年3月，温弗瑞一下飞机就着手对哈里王子①和他的妻子梅根·马克尔（Meghan Markle）进行采访，这个事例最能证明她的商业能力。据《华盛顿邮报》（*Washington Post*）报道，"奥普拉·温弗瑞对哈里王子和梅根的采访为她赢得了700万美元和1700万观众。这也体现了她宏大的商业战略。"

《时代周刊》写道："鲜有人会下赌注赌奥普拉·温弗瑞能迅速成为……最受欢迎的电视脱口秀节目主持人……嘉宾们带着悲伤的故事而来，讲得温弗瑞眼中泛泪……他们也会发现自己竟然讲出了不可告人的秘密，他们从未想过要将这些秘密告诉别人，更不用说全国（美国）的电视观众了。"一项有关温弗瑞的社会学研究用了这样一个副标题：苦难的魅力。这几个词用得恰到好处。

到了20世纪90年代中期，温弗瑞已成为整个媒体行业中一股不容忽视的力量。她"称霸"美国电视业，将严肃的话题和无法归类的猎奇内容混在一起。1986年出演《紫色姐妹花》（*The Color*

---

① 全名为亨利·查尔斯·阿尔伯特·大卫·蒙巴顿-温莎（Henry Charles Albert David Mountbatten-Windsor），被大众昵称为哈里王子。当今英国王储威尔士亲王查尔斯和威尔士王妃戴安娜的次子。——编者注

Purple）后，她在好莱坞也获得了举足轻重的地位。1996年，她开办了节目《奥普拉读书俱乐部》（Oprah's Book Club），这是一次非常成功的尝试，她的节目不再只是面向大众的娱乐产品。2000年4月14日，她创办了《奥普拉杂志》（O, TheOprah Magazine），成为美国历史上发行量最高的杂志之一。

温弗瑞是一位自学成才的女商人。她相信自己的直觉。她本可以一直做自己的电视节目，攒下一大笔钱，满足自己在20世纪50年代许下的梦想。如果是这样，她可能会像史蒂夫·艾伦和菲尔·多纳休等其他电视脱口秀主持人一样。在商界，如果找到了一个取胜的方案，人们就想一直沿用下去。但是，这么做只会令你堕落成无关紧要的人物。世界变化太快，你不可能原地不动。问题是，你无法事先预知自己将进入一个什么样的环境中。你要勇于承担失败的风险。然而，随着美国脱口秀节目在20世纪90年代变得越来越低俗，温弗瑞大胆地采取了不同的策略。"她将自己的节目主题改成了正直、努力工作和自我完善等亘古不变的美德，吸引了更多的观众，每天有800万人收看她的节目，她自己也从一个千万富翁变成了亿万富翁。"

温弗瑞在媒体行业度过了漫长的职业生涯（从1974年在纳什维尔首次亮相至今），她拥有无人能敌的资本。作为电视上最具魅力的人物，她与观众建立并维持着特殊的关系。观众信任她，相信她的判断。他们觉得，她正以某种深不可测的方式关注着他们。但这种强大的纽带也是脆弱的，温弗瑞非常了解这一纽带的本质。如果她背叛了粉丝，她赢得的"媒体女王"的头衔就会岌岌可危。

除与观众的这种特殊联系之外，温弗瑞还非常精明地知道自己品牌的覆盖领域能有多广。她凭借直觉认为——没有经过任何市场调查——读书俱乐部能够加强自己与追随者的关系。杂志也是如此。她是一位专业的品牌经理，知道品牌的覆盖领域太广会削弱品牌价值，特别是像她这样每天工作18个小时的人，她无法保证所有借她的名气来销售的产品的质量。

但是读书俱乐部提供了一个合适的机会。读书俱乐部并非新鲜事物。1926年，每月读书会（The Book of the Month Club）成立，次年文学公会（Literary Guild）得以创办。随后出现了数十个读书俱乐部。我在年轻时曾为普伦蒂斯霍尔出版公司（Prentice-Hall）——现已成为培生教育出版集团（Pearson）下属部门——的商业和专业图书部的4家读书俱乐部撰写过广告和书封文案。1970年，仅普伦蒂斯霍尔出版公司就至少有20个读书俱乐部。

然而，其他读书俱乐部中都没有像温弗瑞的人，没有人比得上她的魅力。一位记者写道："温弗瑞和摄像机的融洽关系跨越了阶级和种族。"这个说法有点不可思议，但她的确推动了图书的销售量，增加了这种说法的可信度。

《奥普拉读书俱乐部》于1996年9月17日推出，第一期介绍了杰奎琳·米查德（Jacquelyn Mitchard）的小说《海洋深处》（The Deep End of The Ocean）。维京出版社（Viking）最初发行了68 000本《海洋深处》。当温弗瑞节目的制作人联系出版社，告诉对方这本书被选为节目的推荐书目时，维京出版社又加印了10万册。最终，这本书的销量达到数百万册。类似的故事还有很多，获得温弗瑞认可的图书销量会直线上升。

温弗瑞会在自己的电视节目中插播《奥普拉读书俱乐部》的片段，介绍她下一期选择的书。"如果一本小说没有什么人看过，那也没有什么人想看关于它的讨论，所以在电视上介绍小说作品需要相当的演艺技巧（当然，温弗瑞具备这样的技巧）。"

每一期《奥普拉读书俱乐部》都会以介绍作者的短片开场，然后温弗瑞会和作者以及几个观众边吃边聊。"他们谈论自己对这本书的看法，以及……这本书与他们的生活的相关性。他们能与书中的主角成为朋友吗？他们如何通过本书了解自己？这是一种真正的创新，温弗瑞让小说变成了电视节目。她着重探讨自己和观众的读后感。温弗瑞自己的感想往往最为生动。在一间看起来像餐厅的演播室里一边吃饭一边讨论虐待配偶问题，这是一种需要不断学习的技能。"

2002年，温弗瑞宣布"每个月找出一本我认为有必要分享的书，这项任务已经变得越来越难了"，她决定终止《奥普拉读书俱乐部》节目。这无疑让出版业陷入悲痛。据估计，她的图书推荐已经为出版业创造了7亿美元的收入。她一手将一些作家变成了百万富翁。我们看到了一位女性所发挥的巨大影响力。[我最近正在用平板电脑阅读一本书，书名是《种姓》（*Caste*），封面中间有一个O，意思是"2020年《奥普拉读书俱乐部》推荐书目"。每一页的页眉上都写着《奥普拉读书俱乐部》。]

温弗瑞在2003年重启了《奥普拉读书俱乐部》节目，并一直持续到2012年。据估计，温弗瑞推荐的书的销量达到了5 500万册，这是一个惊人的数字。她的《奥普拉读书俱乐部》已演变出2.0版，由新成立的奥普拉·温弗瑞网络（OWN）和《奥普拉杂志》赞助播出。2019年3月25日，苹果公司和温弗瑞宣布在Apple TV+（苹果公司推出的高清机顶盒）重播该节目的视频。

有一期《奥普拉读书俱乐部》值得我们特别关注。詹姆斯·弗雷（James Frey）出版了《百万碎片》（*A Million Little Pieces*），据称本书是他对自己的"瘾君子"和罪犯生涯的回忆。这本书简直是为温弗瑞量身定做的。2005年9月，她推荐了这本书，此书也成为截至当时该节目所推荐的所有书目中最畅销的书籍。但不幸的是，为了制造轰动效应，弗雷在书中捏造了事实。2006年1月4日，"铁证"（Smoking Gun）网站发现了这些内容是虚构的，并发布了长篇文章《百万谎言：揭露詹姆斯·弗雷的虚构内容》（*A Million Little Lies. Exposing James Frey's Fiction Addiction*）。原来，弗雷精心策划了一场文学骗局。揭秘文章的第一句话就是："奥普拉·温弗瑞被骗了。"

起初，温弗瑞站在弗雷一边。然而，他的骗局造成的影响实在恶劣，温弗瑞不得不与他划清界限。弗雷的谎言影响了温弗瑞的追随者的忠诚度，进而威胁到她与他们之间的信任关系。这是不能容忍的。

2006年1月26日，温弗瑞再次邀请弗雷参加她的节目，并在节目中极大地挫伤了弗雷的元气。她这些年来努力工作，可不是为了被一个骗子轻易打倒。正如她谈到节目时所说："我要捍卫我的地盘，捍卫每一位买了那本书的观众的利益。我站在这里……和所有读者一样……感到愤怒，因为，这本书的内容并非我们想象的那样（真实）。"她不能让这条既脆弱又结实的魅力之绳被切断。

温弗瑞与弗雷断绝关系后，他变得孑然一身，几乎一无所有。他相当于在电视直播中被"阉割"了。弗雷遭到了毁灭性的打击，以至于几年后连温弗瑞都批评自己没有同情心。

温弗瑞直截了当地提出了一个问题："你为什么要撒谎？"答案显而易见，但不讨人喜欢：为了卖书。在主流媒体上，温弗瑞收获了广泛赞誉，因为她驳斥了一个与她打交道的伪装者。

在这个故事中，最值得一提的是，一位非洲裔女性在全世界面前击败了一位白人男性。美国的种族历史中净是些与此相反的故事。袭击非洲裔女性的都是白人男性。至于非洲裔男性，几十年来，他们总会被臆想成侮辱白人女性的人，进而被白人男性私刑处死。1955年，14岁的黑人青年埃米特·路易斯·蒂尔（Emmett Louis Till）因向一名白人妇女吹口哨而被两名白人男子杀害（至于蒂尔当时到底做了什么，有多种不同的说法）。白人陪审团宣告这两名男子无罪。一年后，两人承认了自己的罪行，但受到了一罪不受两次审理原则的保护。这起谋杀案发生在密西西比州，事发前一年温弗瑞在这里出生，事发当时她也住在该州。

在和弗雷打交道时，温弗瑞表现出了自己的冷酷和无所畏惧，同时体现了她对自己和粉丝关系的深刻理解——粉丝也是她的客户。粉丝相信她说的话都是真实的，在信任的基础上建立起信任关系，她必须捍卫这种信任关系。

为了捍卫了这种信任关系，温弗瑞不惜让大家普遍认为她是一个很难合作的人。员工们全天待命。"脱口秀女王"不希望员工谈论她，他们签署了严格的保密协议。她总是提防那些和她最亲近的人，以防他们背叛自己——她的这一心理并非毫无来由。她对自己的信息披露得越多，她也变得越发隐蔽。

2007年，温弗瑞向自己的舒适区之外迈出了一大步。她支持奥巴马竞选总统，当时奥巴马正与希拉里·克林顿（Hillary Clinton）角逐民主党总统候选人。当年5月，温弗瑞在《拉里·金现场秀》（Larry King Live）中明确表达了她对奥巴马的支持，并解释了原因。

从宣扬"如果沉溺于历史，你就要赔上自己的命运"等正确但无用的建议，到支持一位政治候选人，这期间经历了漫长的时间。温弗瑞曾一直坚持远离政治的立场，如今却全心全意地投入其中，而且她的立场也并不那么坚定。

观众对温弗瑞的支持率一直很高。1996年，78%的被调查者对她评价良好。但2007年8月的民意调查显示，她的支持率仅为61%，与7个月前的一项同类调查相比，支持率下降了13%。在2007年12月18日至19日进行的一项民意调查显示，她支持率为55%，反对率为33%。到2008年3月底，受访者表示他们更喜欢艾伦·德詹尼丝（Ellen DeGeneres）。这是几十年来，温弗瑞第一次退出了这类民意调查支持率之首的位置。

温弗瑞很早就开始支持奥巴马了，当时人人都认为希拉里将成为民主党总统候选人。然而温弗瑞赌赢了。她之所以能赢，部分原因在于她和粉丝之间的密切联系。据估计，仅在初选中，她就为奥巴马赢得了100万张选票，做出了极为显著的贡献。2013年，奥巴马总统授予温弗瑞总统自由勋章。

在一位非洲裔男性从夏威夷一路攀登进入白宫的过程中，这位来自美国密西西比州科修斯科的、具有超凡个人魅力的非洲裔女性发挥了重要的作用。但奥巴马的继任者已经证明，美国要成为一个"后种族"社会还有很长的路要走。

温弗瑞成为美国首位白手起家的非洲裔女亿万富翁并非偶然。今天，她已成为一个偶像。有人力劝她去竞选美国总统。事实证明，这个国家的确还存在很多问题。她克服了生活中的重重障碍，获得了近乎崇高的尊重。

温弗瑞当然是独一无二的。几年前，当她突然到访哈佛商学院时，人人都想一睹她的风采，和她面对面地说话。通过几十年的努力，加之她所具备的勇气和与生俱来的判断力，温弗瑞已经成为一个具有超凡魅力的人物，她的魅力超越了种族的界限——这是美国社会中最深的裂痕。

第12章

埃隆·马斯克：现实边缘的超凡魅力

2012年，埃隆·马斯克正在检查尚未上市的特斯拉S型轿车（Tesla Model S）。他坐进车里，环顾四周，最后将目光落在了遮阳板上，上面一条肉眼可见的接缝使布料微微外拱。马斯克说："这看起来像鱼唇一样。"此外，将遮阳板固定在车身上的螺丝钉也清晰可见，对马斯克来说，这些螺丝就是他的眼中钉。他就是用这种方式来说明，（这款车）一切都不尽如人意。"我们首先要决定世界上最好的遮阳板是什么样子，然后我们要做得比那更好。"马斯克说。底特律有句老话："每辆汽车都是'妥协出来的'。"马斯克认为特斯拉的标准不该如此。传记作家阿什利·万斯（Ashlee Vance）在关于马斯克的传记中记录了上面这则故事，我们从中可以看到马斯克对他的汽车公司的态度。每一个细节都要求完美。

追求卓越给汽车的批量生产带来了巨大压力。这个行业的现实是无情的。汽车是复杂的机器，从概念到设计，再到生产和销售，每一步都有可能出错。这些错误小到遮阳板上可见的螺丝钉，大到可能导致事故并危及人身安全的故障，风险极高。

自1925年克莱斯勒汽车公司创立以来，美国汽车行业内一直没有再出现成功的新企业。20世纪70年代，全球汽车行业迅速发展，美国的汽车业遭到外国企业的重创。多年来，美国汽车业产能过剩，而美国汽车行业周期性起伏并未缓解现有（美国）企业的压力。

过去的企业之所以失败，如20世纪80年代初的德劳瑞恩汽车公司（DeLorean），是因为他们想在现有企业的基础上做得更好；或者和其他现有企业做同样的事情，然后从政府手中压榨出补助金。诚然，特斯拉公司也获得了政府补贴。但不同之处在于，这是一家真正的使命驱动型公司。它只生产电动汽车，以保护地球免遭废气污染，并解决全球变暖的问题。

用电驱动汽车的想法并不新鲜，它可以追溯到20纪初，汽车行业刚刚诞生的时候。由蒸汽、电力和汽油内燃机驱动的汽车相互竞争。内燃机之所以能够胜出，是因为它所带来的问题最少。

2003年7月，马丁·埃伯哈德（Martin Eberhard）、马克·塔彭宁（Marc Tarpenning）和伊恩·赖特（Ian Wright）三位工程师共同创立了特斯拉公司。次年在公司首轮融资的过程中，马斯克加入该公司，并担任董事会主席。他不想只扮演一个象征性的角色，他还担任了产品设计的负责人。

一年后赖特离开公司。用他的话来说，"特斯拉一直在追求进步，尽其所能确保每个人都开上电动汽车。但我对此并没有那么强烈的信念……"与高速公路相比，他对赛车场更感兴趣。2008年，马斯克成为公司的首席执行官，迫使埃伯哈德卸任。两人的关系破裂了，这个过程十分惨烈。2020年2月，马斯克谈到埃伯哈德时说："在我合作过的人中，他是最糟糕的一个。"埃伯哈德离开时，塔彭宁也走了。如今马斯克经常被当成特斯拉公司的创始人，但实际上他不是。

特斯拉公司成为马斯克大展宏图的重要舞台，他立志要改变人们的生活方式。如果汽车不能从内燃驱动转变为电力驱动，人们将无法呼吸到干净的空气，气候变化将使地球变成不适宜居住的星球。特斯拉公司与马斯克所投身的其他事业——太空探索技术公司（SpaceX）和太阳城公司（Solar City）——拥有一致的目标。太空探索技术公司的目标是移民火星。马斯克相信，除非进入星际，否则人类终将灭亡。他的宏伟目标——有些人可能会认为这是不切实际的目标——是拯救全人类。

如果马斯克未能成功地结束燃油时代、解决通勤拥堵问题、将人脑与电脑连接，那么人类还有第二次机会，移民到另一个星球上，去做正确的事情。毫无疑问，那个星球的生存条件比海洋、戈壁沙漠或南极洲更恶劣。没有人能想到在那样的地方建设如辛辛那提那般规模的城市，但对马斯克来说，这种问题微不足道。如果他将人类带到那里，人们就能建设城市。尽管如此，一个适宜人类生存的世界也离不开赞美、感恩和政府补贴。

对马斯克来说，特斯拉不仅仅是一种新型汽车，"它是你能买到的最有趣的东西之一"。马斯克在2018年的一次采访中说："它不完全是一辆车。实际上它能让我们极大限度地享受快乐……带给我们极大的乐趣。"

真正使特斯拉公司不同于以往众多汽车制造商的是，它渴望重新"发明汽车"，而不是模仿前人。在2008年国际金融危机中，特斯拉公司差点破产。和其他几家汽车公司一样，特斯拉公司也靠政府救助挺了过来。事实上，现在路上行驶的特斯拉汽车已越来越多。它们是环保型汽车，从里到外都很漂亮。

尽管如此，该公司依然遭受了众多批评。2020年7月4日公布的一份报告显示："特斯拉公司的市值约为福特汽车公司、通用汽车公司和菲亚特—克莱斯勒汽车公司总和的2.5倍，汽车年销售量约为40万，而福特汽车公司、通用汽车公司和菲亚特—克莱斯勒汽车公司的汽车年销售量分别为540万、770万和440万。"特斯拉公司的股票剧烈波动。在我撰写本书时，特斯拉公司不仅是美国最有价值的汽车公司，也是全球最有价值的汽车公司，甚至超过了丰田汽车公司。事实上，它的市值已经超过了这些企业的市值总和。

特斯拉公司欠了巨额债务。马斯克一直对目前的进度不满。有些人认为公司无法生存下去（但这么想的人已经越来越少了）。特斯拉已经证明，它的汽车有销路，但尚未证明它能创造稳定的利润。

没有马斯克，这家公司可能已经不复存在。如果他现在离职，公司股票将暴跌，公司可能也会被出售。有了马斯克，我们只能说这个故事变得更加波折。

马斯克是谁？为什么他能对全球经济的中心产业产生如此重大的影响？为什么人们总习惯拿他和乔布斯对比？为什么人们常常说他有魅力？这一切从何而来？

1971年6月28日，埃隆·马斯克出生于南非比勒陀利亚（Pretoria）。他的母亲一家最早生活在美国中西部地区，后来搬到了加拿大。最后，由于马斯克的外祖父"蠢蠢欲动的冒险渴望"，举家搬往南非——一个全家人从未去过的地方。

1970年，马斯克的母亲梅耶·霍尔德曼（Maye Haldeman）与埃罗尔·马斯克（Errol Musk）结婚。梅耶外形出众。据她说，埃罗尔爱上了她，锲而不舍地追求她。她说："他因为我的腿、我的牙齿而爱上了我。"埃罗尔是一名机械和电气工程师。他既是工程师，又从事房地产开发，因此赚了不少钱。

梅耶和埃罗尔的婚姻从1971年维持到1979年。除了马斯克，他们还有两个孩子。马斯克的弟弟金巴尔（Kimbal）生于1972年，1995年与马斯克和另一位企业家一起创办了Zip2公司。这家互联网公司于1999年被康柏计算机公司（Compaq）以3.07亿美元收购。马斯克将这笔收益投进线上金融服务公司X.com。这家公司后来与彼得·蒂尔（Peter Thiel）的康菲尼迪（Confinity）公司合并，演变为PayPal（贝宝），这为马斯克的财富奠定了基础。

马斯克的妹妹托斯卡（Tosca）出生于1974年，也创办过科技公司。她还制作过故事片，是流媒体平台热情麻叶（Passionflix）的联合创始人兼首席执行官。马斯克家族的每个孩子都已成为技术领域的知名企业家，其中一个还闻名于世界，这样的三兄妹恐怕举世罕见。马斯克不仅闻名全球，而且非常富有，2021年1月7日，他超过杰夫·贝佐斯成为全球首富。马斯克的资产净值估计超过1850亿美元。（同年1月11日，他又被贝佐斯超越。未来这样的上下浮动可能会更加频繁。）

马斯克从小就与众不同。"他理解事物的速度似乎比其他孩子更快。"他的母亲说。梅耶或许并未亲眼见证这种情况，但她说的似乎是事实。据马斯克的传记作者说，马斯克"有时似乎会陷入发呆的状态。当人们跟他说话时，他经常没有反应，眼睛呆滞地望着远处"。

马斯克的母亲说："有时候，他就是听不见你说话。"父母以为他听力有问题，请医生摘除了他的扁桃体，因为这样可以提高听力。他的母亲说："但这并不管用。他总是在思考……然后就进入了另一个世界。我确实认为他与众不同，但只是书呆子气重些，这让他的同龄人很不喜欢他。"母亲说得很委婉。

小时候，马斯克一直如饥似渴地读书。因为他不擅长社交，因此读书也是一种避免与其他人打交道的方法。有时他一天读书10小时。他拥有非凡的记忆力，经常纠正其他孩子的错误。这无疑也让他在同龄人中间很不受欢迎。

父母离婚后，马斯克和母亲一起生活了几年，然后他决定搬去和父亲一起住。马斯克说："我父亲似乎很难过，并且很孤独，母亲带着三个孩子，而他却什么都没有。这不公平。"马斯克的母亲无法理解他的决定。为什么他"要离开我为他营造的这个幸福的家，这的的确确是个幸福的家。但他是一个有主见的人"。马斯克的第一任妻子贾斯汀说："我认为他跟父亲和母亲都不亲近。"

马斯克后来开始讨厌他的父亲。"我父亲总是把生活搞得一塌糊涂——这一点我非常肯定。无论多好的情况，都会被他变得很糟糕。他不是一个快乐的人。我不知道……我不知道一个人怎么会变成这样。"

"他真是一个非常差劲的人。"马斯克在接受《滚石》杂志（*Rolling Stone*）采访时说。埃罗尔不是我们所认识的那种一般父亲。

在学校里，马斯克并不是领导者，而且看起来似乎也不大可能在世界上留下印记。他的传记作者采访了当时认识他的人，大家一致认为马斯克"安静""普通"，今天人们不会再用这两个词来形容他。一个同学说："班里有四五个男生被认为是最聪明的，但马斯克不在其中。"其他同学说："说实话，没有迹象表明他将成为亿万富翁。他在学校里从来没有担任过一官半职，我对他取得的成就感到惊讶。"

像乔布斯一样，马斯克小时候也遭受过欺凌。八年级和九年级的时候尤其严重。马斯克讲述了当时发生的事情。一天，他和弟弟金巴尔坐在学校的一段水泥楼梯顶上吃东西。"我一直躲着这帮家伙，但不知道他们为什么要追着我不放。我猜可能是因为我在早会时不小心撞到了他们中的某个人，而他以为我故意冒犯。"那个男孩用脚踢马斯克的脑袋，并把他推下楼梯，然后一群男孩冲上来对他拳打脚踢。他晕了过去。马斯克说："他们是一群该死的疯子。"他有一周没去上学，最后不得不做了鼻部整形手术。"出于某种原因，他们决定无休止地纠缠我……那些年，我根本没有喘息的机会。这群人不停地纠缠，每次都把我打得狼狈不堪，然后我回到家里，但家里的氛围也同样可怕。这种恐惧似乎永无止境。"

据马斯克说，10岁左右的时候，父亲曾带他去过一次美国，"我记得那真是一次很棒的经历，因为酒店都有拱廊。所以当我们去一家新酒店时，我做的第一件事就是去拱廊那里。"

马斯克喜欢电子游戏，特别擅长玩《龙与地下城》（*Dungeons*

and Dragons）。他发现电子游戏"非常吸引人"，"所以我想学习电脑编程。我想我可以制作自己的游戏。我想看看游戏是如何运行的。我想制作一款电子游戏。这就是我学习计算机编程的原因。"

在南非的时候，马斯克家当时有一台米罗华奥德赛（Magnavox Odyssey），那是世界上第一款电子游戏机。"后来换成了雅达利（Atari），然后是'电视游戏机'（Intellivision）。有一天……我看到了一台康懋达VIC–20（Commodore VIC–20）。这就像你真的可以用一台电脑来制作游戏。我认为这简直不可思议。这台机器还随机附送了一本BASIC汇编语言教学手册。我连续看了几天几夜，完全被迷住了。当你第一次用这台机器的时候，你会意识到这非常难以置信。你可以键入指令，然后屏幕上就会发生变化。这真是太神奇了。"

12岁时，马斯克设计了一款以太空为背景的游戏源代码，游戏名为《炸弹》（Blastar），并以500美元的价格出售给南非一本名为《个人电脑和办公技术》（PC and Office Technology）的杂志。以今天的标准来看，这个游戏非常简单。即使是马斯克，而不是一个深藏不露的人，也会称之为"一个微不足道的小游戏"。然而，对于一个12岁的孩子来说，编写167行代码，并在1984年以500美元的价格将他制作的游戏出售给一个电脑杂志，这可不是一件小事。一位谷歌工程师用HTML5[①]重写了游戏。如果你想玩，现在还能找到这个游戏。

---

① HTML5是构建、呈现互联网内容的一种语言方式，被认为是互联网的核心技术之一。——编者注

　　马斯克喜欢与电脑一对一地打游戏，他会被这种以自我为中心的活动所吸引，这一点儿也不奇怪。他的童年和青春期的经历非常糟糕。在家里没有人理解他。在学校他被欺负和殴打。他活在自己的内心世界中。他持续不断地读书，这激发了他的幻想。他被电脑所吸引，因为它们有意义。在一个难以理解的世界里，电脑遵循规则——"你可以键入指令，然后屏幕上就会发生变化"。它们不会把你推下楼梯然后殴打你。它们没有恶意。它们会按照你的要求去做。你可以控制它们。

　　马斯克对于作业的态度就是质疑权威。他对完成学校规定的作业毫无兴趣。"我只是考虑'对于我需要掌握的科目，我应该取得什么样的成绩'。有一些必修科目，比如南非荷兰语，我完全不明白学它有什么意义。这看起来很荒唐。只要考试分数及格，我就满意了。但有些科目，比如物理和计算机，我会尽我所能取得最好的成绩。我取得的每一个成绩都是需要有意义的。我宁愿玩计算机游戏、写代码和读书，也不愿意去获得那些没有意义的A等。"

　　马斯克从小就很另类。他不会随大流，也不愿意遵守不符合自己目标的规则。他年少时期的生活让人想起埃德加·爱伦·坡（Edgar Allan Poe）的诗《孤独》（Alone）："儿时起，我便与常人不同；所见的不是常人所见……"

　　马斯克在比勒陀利亚大学（University of Pretoria）度过了5个月的平静时光，然后在17岁时前往加拿大。在进入安大略省金斯敦的女王大学（Queen's University）之前，他曾打过一段时间的零工。弟弟和妹妹也跟他一起到了加拿大。

在女王大学期间，马斯克很少学习，他的时间都用来修电脑赚钱了。离开女王大学之后他在宾夕法尼亚大学学习商科和物理，也在那里找到了理解自己的人。他知道自己的未来建立在技术上。"我不是投资者。我喜欢把那些对于未来真正重要和有价值的技术……变成现实。"在大学时他问自己："对人类未来影响最大的是什么？"他列出了如下清单："互联网；可再生能源；太空探索，特别是地球外的生命延续；人工智能；人类基因组重新编码。"无论他是否真的列了这样一个清单，他肯定已经在追逐这些目标了。这些目标在当时会招致嘲笑，充满了少年幻想的意味。但如今他已经筹集并花费了数十亿美元，让其他人相信，他会逐一实现这些目标。

马斯克在女王大学经历的最重要的事件是在1990年遇到了贾斯汀·威尔逊（Justine Wilson）。当时贾斯汀18岁，马斯克19岁。他们开始了持续了10年的断断续续的恋爱。"她看起来太迷人了，"马斯克回忆道，"她还非常聪明博学，有点波西米亚气质。她还获得了跆拳道黑带资格……她就是那种校园里抢手的辣妹。"贾斯汀立志成为小说家（现已有作品出版）。她并不是特别需要马斯克。他那悲惨的童年和青少年经历并没有给他带来丝毫羞怯。如果说有人天生就会拒绝"拒绝"，那么马斯克就是这种人。

贾斯汀回忆道："他会坚持打电话。电话总是响个不停，肯定是马斯克打来的。这个男人不喜欢被人拒绝。你赶不走他。我的确把他当作'终结者'。他把目光锁定在某个物体上，然后说：'这应该是我的。'我就这样一点一点被他征服了。"

离开女王大学后，马斯克仍在继续追求贾斯汀。两人终于在2000年1月结婚了。他在追求贾斯汀的过程中表现出某种浪漫的才能。然而，在他们结婚当天，贾斯汀就看到了自己被追求时和'被征服'后的区别。"我们在婚宴上跳舞的时候，马斯克告诉我，他是这段关系的主导者。"

"我没把这当回事，"她在2010年所写的一篇文章中回忆道，"后来签署婚后协议时我也没当回事，但随着时间的推移，我明白他是认真的。他在南非那种男权文化中长大，回到家的时候，他把那种让他在商业上取得成功的竞争和统治的意愿也带回了家。"当贾斯汀在女王大学遇到马斯克时，他似乎只是个一般的电脑迷，和身无分文的大男孩差不多。等到他们结婚时，他已经拥有数百万的财富了。

贾斯汀和马斯克有六个孩子。第一个孩子名叫内瓦达·亚历山大（Nevada Alexander），在10周大的时候，他只是像往常一样小睡，结果就停止了呼吸。医生称孩子死于婴儿猝死综合征。用贾斯汀的话来说："当医务人员赶来为他急救时，他已经因缺氧太久而脑死亡了。他在医院里靠呼吸机维持生命，三天后……我们决定摘下他的呼吸器。他就这么死在了我的怀中。"

"马斯克明确表示他不想谈及内瓦达的死，我无法理解，就好像他无法理解我在人前的悲痛，他说我这是'被感情牵着鼻子走'。他总是非常沉着，必须坚持这样下去，忘掉悲痛。他害怕黑暗。"用记者的话来说："儿子的去世令他感到极度错愕、困惑。"

儿子去世六个星期后，贾斯汀开始尝试试管婴儿。这对夫妇在2004年生了一对双胞胎，2006年又生了三胞胎，都是男孩。其中两个孩子被诊断患有自闭症。贾斯汀说其中一个孩子已经摆脱了病症。她反复告诉马斯克："我是你的妻子，不是你的员工。"而他经常回答："如果你是我的员工，我会解雇你。"2008年马斯克提出离婚，现在两人共同抚养这五个男孩。

马斯克的个人生活和他的商业生涯一样混乱无序。他的个人魅力似乎在混乱的环境中愈发凸显。在这一点上，他与埃德温·兰德完全相反，这也再次说明，我们很难对魅力型人物一概而论。

马斯克离婚后曾高调交往过几个恋人。最近一次的交往对象是加拿大音乐家克莱尔·埃莉斯·鲍彻（Claire Elise Boucher），艺名是格里姆斯（Grimes）。她表示她将把自己的名字改为c。2020年5月4日，她生下一个儿子，取名为X Æ A-12。"她很会取名字。"孩子父亲自豪地说。在孩子的出生地加利福尼亚州，这个名字可能不符合规定，但没关系——马斯克就是为了打破规则而生的。（我建议给孩子取个昵称叫巴德。）

从宾夕法尼亚大学毕业后，马斯克打算去斯坦福大学学习材料科学和物理学。但他在斯坦福待了两天就退学了。来到硅谷时，面对互联网的繁荣，他患上了我们今天所说的严重的FOMO——错失恐惧（fear of missing out）。他和金巴尔创办了Zip2公司，以有偿的方式向报纸提供互联网城市指南，也向小企业出售网络服务。

这项事业的资金来源存在争议。有一种说法是，被马斯克鄙视的父亲为其提供了28 000美元，帮助他们度过创业初期。马斯克始终否认父亲的功劳，他宣称："他根本无关紧要。我们上大学他一分钱也没交过。我和弟弟是靠着奖学金、贷款、做两份兼职才读完了大学。我们为第一家公司筹集的资金来自硅谷的几个天使投资者。"

马斯克的父亲是否真的做出了贡献，我们仍不得而知，只知道莫尔达维多夫风险投资公司（Mohr Davidow）在1996年向他们的公司投资了300万美元，1999年2月，在互联网繁荣的顶峰时刻，电脑制造商康柏以令人难以置信的3.07亿美元收购了Zip2公司。一位Zip2公司的高管说："这简直是从天上掉馅饼的好事。"马斯克和金巴尔分别获得了2200万美元和1500万美元。莫尔达维多夫风险投资公司获得了6000万美元的回报，是其原始投资的20倍。

面对这样的成果，我们似乎会认为这种事稀松平常。但实际上这种结果并不常见。初创企业，尤其是首次创业的企业，失败的概率远远大于成功的概率。两个不懂如何经营、个人资源有限（甚至没有）的年轻人驱车3000英里来到一个他们从未见过的地区，四年后（1999年），他们的身家分别为2200万美元（大约相当于2020年的3450万美元）和1500万美元（大约相当于2020年的2350万美元）。当时马斯克28岁，金巴尔27岁。如果愿意，他们可以靠这些钱在30岁之前退休。

但他们从来没有想过退休。1999年11月，马斯克拿出自己的1000万美元创立了X.com。它被称为"世界上第一家网上银行"，由联邦存款保险公司（FDIC）为其银行账户提供担保。不到半年，2000年3月，X.com与其竞争对手康菲尼迪公司合并，康菲尼迪公司的老板是硅谷大亨彼得·蒂尔。彼得·蒂尔将马斯克赶出管理层，但马斯克仍然是公司最大的股东，持有11.7%的股份。公司后来更名为PayPal，2002年被eBay（易趣）以15亿美元收购。马斯克获得1.65亿美元。［哈佛商学院权威教授汤姆·尼古拉斯（Tom Nicholas）在介绍其教授的风险投资史课程上称，"从对持续性创业的影响来看，或许PayPal是最重要的风险投资……"］

现在无论从哪种标准来看，马斯克都是个十足的富翁了。而他又一次证明了自己是一台"永动机"。

2002年5月，马斯克创立了太空探索技术公司。这家公司仍然归马斯克所有，估计有7000名员工。马斯克投入了1亿美元。自公司成立以来，他为其投入了大量的时间和精力。这是为什么？

他是这样说的："要想弄清楚什么才是真正重要的，我们必须从尽可能长远的角度来看问题。在地球40亿年的生命旅程中，只有大约六个真正重要的事件：单细胞生命的出现、多细胞生命的出现、植物和动物的分化、动物从海洋到陆地的迁移、哺乳动物的出现和意识的出现。"进入星际"是对威胁人类生存的无数且日益增长的问题的防范措施。小行星或超级火山肯定会摧毁我们，但我们也面临恐龙从未经历过的风险：人造病毒、核战争、偶然生成的微型黑洞或一些未知技术，都可能导致人类灭亡。我们要把生命扩展到蓝色星球之外，否则人类就会灭绝。"

为了便于讨论，我们假设马斯克所说的一切都是真实的。最近地球差一点遭到小行星撞击。埃博拉、食脑虫、食肉菌等频繁出现，危害人们的健康。新型冠状病毒不是"人造的"，但它的破坏性影响让人不禁怀疑它是人工合成病毒。几十年来，人们一直认为可能爆发的核战争对人们的生存是一种威胁。如果你真的相信当今世界的首要任务是移民火星，使人类能够生存下去，那么你也会将自己的时间都投入到这项任务中。建造一枚能把任何人送上火星的火箭，是一种极大的挑战，会消耗大量的财力与人力。

马斯克相信自己所说的每一句话，但他的注意力非常分散，这让我们怀疑他是否能使自己的方案成真。除担任太空探索技术公司的创始人、首席执行官和首席设计师之外，马斯克还是特斯拉的首席执行官和产品设计师、神经连接公司（Neuralink）的联合创始人兼首席执行官、无聊公司（Boring Company）的创始人、开放人工智能公司（Open AI）的联合创始人和太阳城公司的董事长。太阳城公司由他的两个堂兄弟创建，与特斯拉公司一样，欠了大量债务，没有赢，于2016年11月被特斯拉公司收购。担任这些职位意味着要完成诸多事业。例如，无聊公司在城市拥塞地区修建隧道。2017年4月，马斯克说，这个项目只占用了他大约2%~3%的时间。管理这种规模的企业来说，运用这点精力就足够了吗？2021年2月，一位记者说，马斯克认为自己"心有余而力不足"，抱怨说自己的工作日程排得非常满。有批评者认为特斯拉公司遭到了马斯克的忽视。这个公司能在"自动驾驶仪"上运行吗？过去10年，马斯克所做的每一件事都有头无尾。没有一个方案完全变成了现实。但特斯拉公司，作为迄今世界上最有价值的汽车公司，目前看来还是一个不错的赌注。

正如马斯克在与贾斯汀的婚姻中宣称自己是"主导者"一样，他必须在自己参与的每一项事业中都成为主导者。当他开始筹集资金创建特斯拉公司时，他已经是硅谷的明星了。自1995年以来为他投资的人确实都取得了成功。他可以接触到像谷歌创始人拉里·佩奇（Larry Page）和谢尔盖·布林（Sergei Brin）这样的巨富，所有的风险资本家都认真考虑过他的想法。从某种程度上来说，他是个大人物，而埃伯哈德、塔彭宁和赖特都不是。

马斯克不仅仅是一位投资者。无论过去还是现在，他都是一位杰出的技术专家。他的公开演讲技巧不如乔布斯，有时也会说些虚伪或不准确的话。这不是销售员的必备特质，但他有时也不得不这样。马斯克是位了不起的销售员。

在15年里，马斯克一直是特斯拉公司的主导者——有些人会说他是特斯拉公司的终结者。在此期间，公司在许多方面的表现都令人失望。产品姗姗来迟；即使销售量增加，仍会出现赤字；债务不断增加，不一而足。特斯拉公司承受着这些压力，依然屹立不倒，如果它能维持经营（截至我写作本书时，这一点似乎很有可能实现），马斯克在汽车工业史上的地位将等同于亨利·福特。下面我们来看看亨利·福特与马斯克在经营上的共同点和区别。

我从共同点开始说起。据说亨利·福特是一个"有远见和想象力"的人。远见至关重要，它指向一个可以实现的未来。但"想象"是充满风险的，它们是海市蜃楼。马斯克也是一个有远见和想象力的人。他具有在电动汽车领域的远见卓识。当谈到移民火星时，他只能靠想象力。有远见和想象力是二人第一个共同点。

第二个共同点是，二人都通过参加赛车比赛以打破人们对其产品的刻板印象。当亨利·福特在美国开拓汽车市场时，很多人对他持怀疑态度。汽车是新型产品，为了让大家相信它和其他产品一样实用，亨利·福特需要获得免费宣传。广告的成本高得让人望而却步，也缺乏说服力。因此，亨利·福特参加赛车比赛，赞助赛车比赛，甚至还赢了一些比赛，但他的目光始终放在大众市场上。

马斯克不得不想办法改变人们认为电动汽车昂贵且不实用的刻板印象——无趣、难看、行驶缓慢，所以他也参加了赛车比赛。"赛车为汽车制造商测试新技术提供了一个宝贵的机会……"也是宣传和展示魅力的场所。业界流行着一个说法，"周日比赛，周一卖货"。特斯拉S型轿车是"世界赛车亚文化的一种体现"。要说"无趣"和"难看"，当属特斯拉公司推出的第一辆汽车Roadster（"流浪者"）跑车——以路特斯汽车（Lotus）为基础，路特斯汽车是有史以来最华丽的汽车之一。

第三个共同点也值得一提，即二人的产品都缺乏与之配套的基础设施。福特汽车公司成立于1903年6月16日。T型车于1908年10月1日上市。这款车生产了近20年，1999年被全球汽车推选基金会（Global Automotive Election Foundation）评选为"世纪之车"。亨利·福特和他的T型车最引人注目的地方在于，在20世纪最初的10年里，美国几乎没有什么基础设施能够支持大众市场内燃机汽车的制造；美国当时缺乏优质公路；当时美国几乎没有加油站。事实上，相对于煤油来说，汽油提炼还没有成为大买卖。也几乎没有维修店。如果你在早年买了一辆T型车，必须非常了解它的工作原理，而且得学会自己修理它。

21世纪初，电动汽车的制造也缺乏基础设施，充电站网络也几乎没有。结果美国人的词典中出现了一个新短语："里程焦虑"。亨利·福特和马斯克都面临着先有鸡先有蛋的问题——是先有汽车还是先有相关的基础设施？两人都投下了很大的赌注，认为这辆车将成为令人无法抗拒的产品，因此也将出现与之匹配的基础设施。事实证明亨利·福特是正确的。看来马斯克也会如此。即使特斯拉公司无法作为一家独立的公司维持经营，电气化依然有可能成为汽车的未来，也成为公共汽车和卡车的未来。

亨利·福特和马斯克最大的区别在于，亨利·福特首先瞄准了低端市场。他的计划一直是让美国依靠车轮转起来。"我会打造一款大批量生产的汽车，它有最简单实用的设计，由最优秀的人用最好的材料制造而成……它的价格低廉，能够让每个普通家庭都负担得起，使购买它的人与家人一起享受汽车带来的乐趣。"这句话值得反复回味。这确实是一个能够让汽车企业团结起来的未来愿景。

马斯克同样雄心勃勃，他希望将全球交通的主导动力从汽油改为电力。他要打造"最漂亮"的汽车。他要淘汰掉独立的经销商，这是针对汽车商业模式的一场根本性革命。他借助软件的进步提高汽车的安全性，最终实现自动驾驶。总而言之，特斯拉公司用令人惊叹的方式重新定义了交通。

马斯克的策略是从高端市场入手，这与亨利·福特的做法相反。特斯拉公司的第一款产品Roadster跑车的定价非常高，产量很少。它于2008年推出，售价为109 000美元。2010年，特斯拉公司首次公开募股。Roadster跑车于2012年停产，共售出2450辆。

2012年特斯拉公司推出特斯拉S型轿车，这是由特斯拉公司完全自主设计并制造的第一辆汽车。路特斯汽车公司没有参与。它是一辆轿车，销售量已超过25万。最低售价75 000美元，最高售价

133 000美元。

特斯拉X型轿车（Model X）是一款豪华中型SUV（运动型多用途汽车），于2015年9月上市。最低价为8万美元，价格最高的"签名版"售价为14.4万美元。截至2018年9月，这款车型已售出106 689辆。

特斯拉于2017年7月7日推出了Model 3轿车。截至2019年3月，售出198 700辆，售价35 000美元，但这只是基本款的售价，其他款式的价格多2万美元。

Model 3是特斯拉推出的最重要的车型。就像T型车将汽车推向大众市场一样，Model 3的问世也是为了让电动汽车成为真正的主流产品。马斯克说："自从我们创建公司以来，这就是我们的目标。"达到这个售价"经过了一个漫长的过程，马斯克称之为'生产地狱'……"公司必须了解大规模生产汽车有多困难。

2013年4月22日，马斯克访问了位于山景城（Mountain View）的可汗学院（Khan Academy）。他从特斯拉工厂（位于旧金山湾东南角的费利蒙市）赶过去，结果迟到了。他说："问题层出不穷，因为要做的事情太多了。一辆汽车有成千上万的特殊零部件，其中任何一个部件缺失，都无法制造汽车。""今天遇到了一件尴尬的事，"他告诉萨尔曼·可汗（Sal Khan），"不骗你，我们丢了一根价值3美元的USB线……它是汽车线束的一部分，没有这根线就无法安装内部设施……真的只是3美元的事，所以我不得不派人在整个湾区寻找价值3美元的USB数据线。"像这样的故事不胜枚举。这就是批量制造汽车可能遇到的典型问题。

许多厂商都制造过昂贵的限量款汽车。难的是批量生产。无论工厂的技术多么先进，如果没有所需的零件，工厂就无法运转。3美元的USB线就证明了这一点。今天的汽车制造需要全球供应链，与此相比，3美元的USB线只是一个小问题。如果由于某种原因导致进口中断，派人在湾区四处购买缺失的零件，也是没办法的事。

针对以清洁能源驱动的交通运输，马斯克提出了引人注目的清晰愿景。对此他给出了强有力的承诺。他的魅力毋庸置疑，全世界的人都被他吸引了。他想做的事情远比衡量互联网的广告点击量更令人兴奋，围绕着他的故事进一步提高了他的吸引力。世界上到处都有像丰田汽车公司这样强劲的竞争对手，如果没有马斯克，特斯拉公司将无法在这样的世界里生存下去。但问题是：只要有了他，特斯拉公司就一定能生存下去吗？

众所周知，马斯克能够吸引优秀的人才，但同样众所周知的是，他无法留住这样的人才。一流的工程师、财务人员、公关主管以及对公司至关重要的其他职能方面的专家纷纷离开了特斯拉公司，那些赌特斯拉公司倒闭的卖空投资者饶有兴趣地记录下了这些事。"积极卖空特斯拉公司的投资者以统计其高管离职人数为乐：自2018年6月以来，至少有30名高管离职，包括首席信息官、供应链高级项目经理，以及设计自动驾驶仪架构的系统负责人。回顾过去一年，离职人数上升到64。"也许最令人担忧的是2019年7月J.B.斯特劳贝尔（J. B. Straubel）的离开。首席技术官斯特劳贝尔自2003年以来一直在特斯拉公司工作，也被视为公司创始人之一。显然，他知道如何应付马斯克，据报道，他的离职过程也是心平气和的。

马斯克的传记作者阿什利·万斯第一次见到马斯克时，对方问道："你认为我是疯子吗？"这是个不错的问题。万斯没有回答。答案是"不"。从临床意义上讲，马斯克并没有精神错乱，但他认为规则对他不适用。那些不遵守规则的人的确做了很多了不起的事。马斯克的问题在于他无法区分哪些规则值得遵守，哪些规则不值得遵守，最终我们会发现，这个问题的影响是毁灭性的。

曾有一件事几乎威胁到了马斯克在特斯拉公司的领导地位。他在2018年8月7日的推特（Twitter）上写道："我正在考虑以每股420美元的价格将特斯拉公司私有化，资金已到位。"这条推文立即被推送当时关注马斯克推特的2140万人，很快也被其他利害关系方知晓。最大的问题是，这条推文是个谎言，无可争辩的谎言。资金并未到位，特斯拉公司也没有私有化。当时，所有与特斯拉公司相关的人——员工、客户、供应商以及其他所有人——都认为该公司的首席执行官是个骗子。

这可不是普通的谎言。上市公司的高管散布有关重大问题的错误信息，这是违反美国证券交易委员会（SEC）规定的，而将公司私有化是一个无比重大的问题。马斯克痛恨卖空特斯拉的投资者，因为他们"不断地诽谤攻击……对我们宝贵的品牌造成了极大的伤害。"他们对特斯拉公司的不信任，就是对他的不信任。

据美国证券交易委员会表示，这条推文"引发了交易狂潮"，迫使纳斯达克暂停对特斯拉公司股票的交易。马斯克最终轻松逃脱了。他和特斯拉公司分别被罚款1000万美元。他代替公司支付了罚款。这点钱对马斯克来说不值一提，因此无法防止他在未来做出类似的行为。最重要的是，公司要求解除他的主席资格，但他依然继续担任首席执行官。马斯克对此评价道："值了。"人们不禁好奇，和市场上所有卖空特斯拉公司的投资者相比，这场恶作剧对品牌造成的损害是不是更大。难道马斯克精神失常了？不完全是。那么，马斯克非常精明？还是你自己判断吧。自那条推文发布以来，特斯拉公司的股价暴涨。2020年5月1日上午8点11分，马斯克再次登录推特账户。"我认为特斯拉公司的股价太高了。"我们不知道是什么原因导致他发出这种不恰当的言论，只知道2020年5月1日，特斯拉公司的股价下跌了10%以上。从那时起，特斯拉公司股票的表现一直如梦如幻。2021年1月6日，该公司股票的收盘价为每股755.98美元，这是马斯克如此富有的原因之一。

关于马斯克和特斯拉公司的故事还有很多，但在评价他是否是一个魅力型领袖时，我们还应该了解一下他那广为人知的移民火星计划。

拥有巨额财富的人常常不知道该如何处理自己的财富。以比尔·盖茨为代表的一些人将自己的财富用于改善人类生活，在2019年新冠肺炎疫情流行期间，比尔·盖茨也成了一个英雄人物。而更常见的情况是超级富豪们为自己建造豪宅，或者像威廉·伦道夫·赫斯特（William Randolph Hearst）那样，在加利福尼亚海岸的圣西米恩（San Simeon）附近建造了一座城堡。超级富豪喜欢追求各种异想天开的冒险。

埃隆·马斯克、杰夫·贝佐斯和理查德·布兰森（Richard Branson）都对太空旅行很感兴趣。马斯克不止是有兴趣，简直痴迷其中。几十年来，他一直想让人类移民火星，因为他确信，如果人类继续居住在地球上，或只有地球这一个居住地，那么人类将处于危险之中。为了实现拯救人类于灭绝的雄心壮志，马斯克在2002年成立了太空探索技术公司，这是一家私有公司，总部位于加利福尼亚州的霍桑市（Hawthorne），地处洛杉矶西南部。马斯克筹集了数十亿美元，为其资本密集型活动提供资金。2021年年初，该公司的估值在800亿美元至1000亿美元，成为世界上最有价值的私有公司之一。马斯克的"魔力"——纯粹的魅力——不仅吸引了资本，也吸引了数千名才华横溢的工程师来建造和发射用于登陆火星和重复使用的火箭。

马斯克说他希望死在火星上，而不是死于天体撞击。2019年，他预测人类将在四年内登陆火星。阿什利·万斯有如下论述："尽管'把人类送上火星'的言论让人感觉愚不可及，却成为马斯克工业帝国独特的战斗口号……他们日复一日地努力，就是为了实现这个看似不可能的目标。所以马斯克提出不切实际的目标，拼命压榨员工，并对他们恶语相向，就很好理解了——某种程度上来说，这是移民火星计划的一部分。有些员工喜欢他这一点。其他人即使讨厌他，也因敬佩和认同他的动机和使命而对他忠心耿耿。马斯克所具备的世界观，同时也是硅谷很多创业者所缺乏的。他是拥有远大抱负的天才。与其说他是追求财富的首席执行官，不如说他是'指挥军队取得胜利的将军'。当马克·扎克伯格希望帮助你分享宝宝照片的时候，马斯克则是希望将人类从自我毁灭和意外灾难中拯救出来。"

马斯克及其追随者对移民火星充满了热情。但当你退后一

步思考它的意义时，你会暂停下来。我非常推荐乔治·德沃斯基
（George Dvorsky）的文章《人类永远不会移民火星》（*Humans
Will Never Programing Mars*）。航空工程师路易斯·弗里德曼
（Louis Friedman）说，毫无根据的移民火星的热情就像20世
纪40年代和50年代的未来学。"当时，《大众机械》（*Popular
Mechanics*）和《大众科学》（*Popular Science*）等杂志的封面故事
讲述了人类移民洋底和南极的可能性，但这些都未能成为现实。"

天体物理学家马丁·里斯（Martin Rees）表示："到2100年，
那些喜欢寻求刺激的人……可能已经在火星或小行星等地球之外的
地方建立了'基地'……但千万别指望会有大批人从地球迁徙到
那里去。我强烈反对马斯克和我已故的在剑桥在大学时的同事斯蒂
芬·霍金（Stephen Hawking），他们热衷于迅速建立大规模的火
星社区。认为太空可以让我们逃避地球的问题，这是一种危险的错
觉。我们只能在地球上解决这些问题。气候问题看上去非常棘手，
但与改造火星使之适合人类相比，前者似乎更容易解决。"

关于移民火星的幻想使人们无法集中优势人力、财力，以解决
目前地球所面临的问题，这不利于我们应对当前危机。事实上，人
类在地球上所面临的一些问题是无法解决的。于是人们不禁好奇，
马斯克要干什么。他是否被自己的魅力蒙蔽了双眼？他真的相信自
己能将人类带到火星上吗？还是说这是在他无数商业冒险中激励团
队的一种方式？

如果前一种推测是正确的，那么他是在妄想；如果后一种推测
是正确的，那么他就是当今商界最有魅力的领袖之一。

第13章

史蒂夫·乔布斯：赢在苹果

1997年，史蒂夫·乔布斯是全世界唯一能够拯救苹果公司的人。苹果公司需要被拯救。连续几任领导者将公司管理得一塌糊涂，1993年斯卡利从苹果公司辞职，由迈克尔·斯平德勒（Michael Spindler）接替他担任首席执行官，1996年他被解雇，由董事会成员吉尔·阿梅里奥（Gil Amelio）接任首席执行官，500天后他也被解雇，苹果公司逐渐走向衰败。不必详述那些血淋淋的细节，我们也能看到，那时候苹果公司的产品已经变质，销售状况非常糟糕，要不是靠着首席财务官弗雷德·安德森（Fred Anderson）的努力，公司的财务早已崩溃。当时计算机行业由微软公司主导，尤其是在1995年8月具有里程碑意义的Windows 95操作系统推出之后。

为了在Windows 95操作系统的世界中与时俱进，苹果公司不顾一切地购买了一种全新的操作系统。1996年12月，苹果公司当时的首席执行官阿梅里奥以4.29亿美元的惊人高价（包括现金和股票）买下了NeXT，这是一个重要的转折。NextStep操作系统和WebObjects拯救了乔布斯和他的投资者。乔布斯也终于摆脱了沉重的负担。苹果公司不仅收购了NextStep操作系统，还聘请天才工程师阿瓦·特凡尼安担任软件总监，同样来自NeXT的才华横溢的乔恩·鲁宾斯坦（Jon Rubinstein）也被聘来负责硬件开发，成为首席工程师。

但是乔布斯呢？他将扮演什么角色？我们相信乔布斯对他的下一步行动犹豫不决。他不再是一个神童。他已经42岁，组建了家庭，资产超过10亿美元。他的婚姻很成功。他爱妻子和孩子，也承担起了作为丽莎·布伦南—乔布斯的父亲的责任，尽管他对待丽莎时而残忍时而善良，足以让一个天生缺乏安全感的人发疯。皮克斯公司取得了惊人的成功。那些看过《玩具总动员》和后续作品的人都被深深打动了。没有乔布斯就没有这些作品，当他看到一个故事时，他就能判断出这是不是一个吸引人的故事。

NeXT是一家失败的企业。史蒂夫一直希望能在NeXT取得他从1976年苹果公司成立到1985年被解雇期间想在苹果公司取得的成就。他仍然相信未来是计算机的世界。他同意担任阿梅里奥的顾问，承诺"按照他要求的方式帮助阿梅里奥"，这件事说明，当乔布斯提供帮助时，你最好小心一点。

阿梅里奥是一位出色的技术专家，拥有佐治亚理工大学（Georgia Tech）物理学博士学位。他在半导体行业拥有丰富的经验，比乔布斯更了解技术。在哈洛·柯蒂斯的年代，他或许能成为一个成功的首席执行官。他完全没有魅力。他自己写道："一些记者将我与史蒂夫·乔布斯对比，对我的个人魅力评价很低……我是一名优秀的管理者……而乔布斯擅长吸引观众。"阿梅里奥在担任首席执行官后不久，就开始为苹果公司的破产做准备。

在一次晚宴上，拉里·埃利森见到了阿梅里奥，据报道，阿梅里奥对苹果公司当时的情况做了如下描述："苹果公司就像一条船。船上破了个洞，水正在往里灌，但船上仍然有珍宝。现在的问题是，船上的人都在往不同的方向划，因此船只能在原地打转。我的工作就是要让大家劲儿往一处使。"阿梅里奥走后，埃里森问旁边的人："那个洞怎么办呢？"阿梅里奥说，这篇报道"故意让我看起来很愚蠢，它做到了，尽管如此，我还是觉得这个故事很有趣"。乔布斯一直把这件事当作笑话到处说。毫无疑问，这也是他能用斯卡利的方式对待阿梅里奥的原因之一。

　　当计算机产业蓬勃发展时，苹果公司正处于困境。但凡有感知能力的人都能看出来，阿梅里奥显然不是能够拯救它的人。迈克尔·戴尔认为应该对公司进行清算。乔布斯真的愿意千辛万苦地拯救这家公司吗？有一次，他在凌晨2点给英特尔公司的安迪·格罗夫打电话，诉说利弊。格罗夫的建议是什么？"乔布斯，听着，我对苹果公司毫无兴趣。（他应该有兴趣。）你自己看着办吧。"

　　1997年，只有乔布斯才能拯救苹果公司，主要原因有两个。首先，乔布斯说服比尔·盖茨继续支持苹果公司，微软公司向公众宣布与苹果达成为期五年的协议，为麦金塔电脑开发Office软件。无论过去还是现在，微软Office软件仍然是业界标杆，如果没有它，阿梅里奥所描述的苹果之船上的破洞将变得更大。乔布斯还说服比尔·盖茨购买1.5亿美元无投票权的苹果股票。阿梅里奥也曾向比尔·盖茨开出类似的条件，希望达成合作，结果却失败了。

　　其次，乔布斯能够为其他人的工作赋予意义，这一点苹果公司的任何人都做不到。1996年，弗雷德·安德森被聘为首席财务官，在苹果公司销售量下滑的情况下，一直在努力维持苹果的经营，他认为乔布斯"理解苹果的灵魂。我们需要一位精神领袖，让苹果公司重新成为一家伟大的产品与营销公司。那些管理经验丰富的人那个时候都不愿意蹚苹果公司这趟浑水，因此只有乔布斯了。"

所以他们必须请乔布斯来。他们留住了他。1997年9月16日，阿梅里奥被匆匆解雇。他写道："我和其他许多人……都被这个非比寻常的人的魅力和胆识所折服。"乔布斯成为"临时"首席执行官，他顶着这个头衔工作了三年。直到2000年乔布斯的职位名称才拿掉了"临时"两字。

从1997年到2011年，乔布斯成为商界偶像，他为企业界定义了个人魅力。原因有四个：打造苹果零售模式、创造iPod（苹果播放器）、推出iPhone、设计iPad。下面让我们逐一了解。

为了通过苹果公司实现雄心壮志，乔布斯必须为公司塑造一个良好的形象。他的目标不仅是在宇宙中留下印记，还希望自己能够在遥远和不可思议的未来与比尔·盖茨相提并论。2005年出版的一本书有如下表述："就像所有争夺业界领头羊头衔的战斗一样，这是关于个人的战斗。史蒂夫·乔布斯要战胜比尔·盖茨。这场战斗是莎士比亚式的、元素式的、情感化的……"乔布斯拥有完全的、独裁式的控制权。他自己挑选董事会成员。现在他必须想办法尽快抓住一些机会。计算机行业内领军人物过气的速度比任何行业都要快，乔布斯决意不能成为他们中的一员。

这意味着要解雇很多员工来削减成本。苹果公司的员工数一度减少了近40%，从10 896人下降到6658人。过时的产品也要淘汰。在乔布斯回归之前的几年里，苹果公司已经被分销商掌控。每个分销商都想要一台定制的电脑，这样他们可以宣传这是他们店的专属产品。所以苹果公司花了大量的时间和金钱为不同的零售商店生产不同的机器。但这并不代表技术上的进步。这是公司绝望之下的无奈选择，无论什么条件，只要能卖出产品，增加利润，他们就会急于接受。没有比这更能磨灭苹果公司昔日魅力的方法了。

此外，库存量单位缓慢增加——产品数量庞杂，增加了公司管理的复杂性。每款电脑都需要配名工程师和营销人员。库存管理可能成为一场噩梦。1998年，卖不掉的麦金塔电脑库存价值从4亿美元无情地降到7800万美元。

乔布斯回归的时候，苹果公司已经推出了很多电脑系统：1400、2400、3400、4400、5400、5500、6500、7300、7600、8600、9600、20、e-Mate和Pippin，正如乔布斯所说："每个平台都有无数的变体。"乔布斯问道："如果我们都不知道要向朋友推荐哪些产品，我们该如何向他人解释呢？"

整个公司的人都知道乔布斯的解决方案：四格矩阵。在水平轴上是消费者和专业人员。在垂直轴上是台式电脑和便携式电脑。左上角的象限是iMac（消费级台式电脑），这是乔布斯回归后的第一款成功的苹果产品。左下角的象限是iBook（消费级便携式电脑）。右上角的象限是Power Macintosh（专业级台式电脑）。右下角的象限Powerbook G3（专业级便携式电脑）。这些都是大胆的举措。开始一件事比终止一件事更加容易，但在一天之内，乔布斯就叫停了很多产品。它们一直是同类中的最佳产品。突然之间，它们不再是了。

重建苹果的关键是设计一条高效的供应链。苹果公司没有此类专业人员。蒂姆·库克最早在IBM成名，后来去了康柏计算机公司，他对自己的工作非常满意。苹果公司曾多次试图聘请库克，但库克对此不感兴趣。然而，当乔布斯给他打电话时，事情就不同了："乔布斯创造了我所处的整个行业。我很想见见他。"

库克说："出于纯粹的、理性的利弊分析，无论如何我都应该留在康柏计算机公司，最了解我的人也都这样劝我。我咨询过的一位首席执行官也强烈认同我应该留在康柏计算机公司，他对我说，如果我离开康柏计算机公司加入苹果公司，我就是个傻瓜。"

现在我们看到，乔布斯的个人魅力发挥了作用。"乔布斯面试我最开始的5分钟，我就决定抛弃所有的谨慎思考和逻辑，加入苹果公司。我的直觉告诉我，加入苹果公司将是一个千载难逢的、与充满创造力的天才共事的机会。"

库克抵达位于库比蒂诺的无限循环路1号楼苹果总部的第一天，不得不穿过围在外面的顾客，这些顾客对苹果公司要砍掉"牛顿"（Newton）而愤怒。这是一个由斯卡利支持发明的手持个人电子设备，能够很好地识别手写字体。它一直都不好用，销售量有限，但也确实吸引了一批忠实的顾客。乔布斯向总部外面的反对者提供免费咖啡和甜甜圈。据说提供茶点的地方在停车场的另一头，这样当记者采访这些抗议者的时候，苹果公司总部就不会出现在镜头里。

乔布斯回归后不久，苹果公司里流传着两个短语："专注和简化"和"非同凡想"。有了前者才能有后者。

当这些短语在苹果公司流传时，我正在哈佛大学商学院教授商业案例，称赞小艾尔弗雷德·P.斯隆这样的高管是管理复杂组织的大师。在哈佛大学商学院任教的31年里，我从没讲过一个以简化复杂组织和简洁管理而著称的高管案例。而乔布斯利用四格矩阵对一个复杂的组织进行了简化，他异常大胆地采用了一种新方法。

从1997年到2000年，在乔布斯的领导下，苹果公司发生了很多变化。公司砍掉了一些产品项目，开发了新的产品和服务。最重要的是，乔布斯组建了一个与业内任何优秀团队都不相上下的团队。他们"成熟稳重、富有经验"，当他们认为乔布斯被误导时，他们"敢于向史蒂夫叫板"。

然而，从数据上来看，公司的进展不大。2001年初，这支新团队的关键成员埃迪·库埃（Eddy Cue）说："我们无法做出更好的产品了，我们现在的处境跟1997年相比没改善多少。"乔布斯告诉他，必须得坚持。"客户会多起来的。"乔布斯的耐心表明他已经有了显著的成长。

事实上，通过数据也可以看出问题。在1997财政年度，苹果公司的销售额和利润分别为71亿美元和15亿美元。年末公司的市值为28亿美元。2000年的数据分别为80亿美元、23亿美元和84亿美元。2001年是科技大萧条的一年，苹果公司上述三个指标的数据分别为54亿美元、12亿美元和54亿美元。1999年最后一天，苹果公司的市值为102亿美元、微软公司的市值为6193亿美元。2010年5月26日，星期三，苹果公司的市值超过了微软公司。乔布斯的坚持确实带来了回报。

苹果零售店

对于苹果公司来说，零售不是个好主意，原因有很多。开展零售业务非常困难，它需要很多员工，就苹果产品而言，它需要能够理解并向顾客解释复杂设备的员工。门店的选址也有学问，而乔布斯对此并不了解。更可怕的是，在一个产品急速更新换代、积压库存会变得一文不值的行业中，始终存在一种风险：零售店的存货不是消费者想要的东西，而是工厂生产过多的东西。其他计算机公司已经开设了自己的零售店，其中最有名的是捷威计算机（Gateway），但都不太成功。捷威关闭了100家零售店。

然而，乔布斯认为苹果公司的产品是独一无二的。零售商店不懂如何展示这些产品，销售人员也不知道电脑之间的区别。于是，乔布斯决定投身零售业。他决定把苹果零售店设在人流量大的高档购物中心。这又是一个"非同凡想"的决定。在世纪之交，几乎没有人会在冲动下购买电脑，这是一种昂贵的耐用消费品，顾客购买后至少三年都不会换新。花钱在商场中心人流密集的服装店对面租一个铺面有什么意义？

乔布斯总是能够抓住历史的机遇，他是一位典型的魅力型商业领袖。他把梦想变成了现实。

苹果公司重新定义了零售业。乔布斯及其公司借助苹果零售店，让客户与超凡魅力建立起独特的联系。想一想2006年在曼哈顿第五大道和第59大街上开业的苹果零售店，那家商店实际上是个地下室。但在地面之上，苹果的标志悬挂在一个半透明的立方体内。

苹果公司用一个32英尺高的立方体改变了曼哈顿的天际线。乔布斯去世时，有那么多人在苹果零售店的门前留下鲜花，并将悼念信贴在橱窗上，这并非偶然。

在20世纪90年代末，乔布斯已不再像年轻时那样，自以为无所不知。他知道自己不是零售专家，因此，1999年米勒德·米基·德雷克斯勒（Millard "Mickey" Drexler）被拉入苹果公司的董事会。当时他任盖璞公司（GAP）的首席执行官，将该品牌服装连锁店推向成功。乔布斯能够说服德雷克斯勒加入董事会，这也证明了他有超凡的个人魅力。德雷克斯勒是一位零售专家，经营着当时炙手可热的公司。而此时的苹果公司仍然像一个落败者一样展望世界。

同样重要的是，2000年，乔布斯聘请罗恩·约翰逊（Ron Johnson）担任高级副总裁，分管零售业务。1984年，约翰逊毕业于哈佛商学院——有趣的是，他是唯一一位在苹果公司的重生中发挥重要作用的哈佛商学院毕业生——他拒绝了华尔街的工作（这是哈佛大学商学院毕业生标准的职业道路），转而选择了零售业。他在塔吉特公司（Target）担任分管营销的副总裁，通过将有特色的新产品推广给大众而声名鹊起。

对于乔布斯来说，要挖掘一位能够重塑零售业的高管，塔吉特公司似乎并不是一个首选之地。但这一次，乔布斯展现了作为"伯乐"的无与伦比的能力。罗恩·约翰逊本身就是一个有超凡魅力的人，他愿意在装货码头工作，也会在必要的时候清理店铺的地板。2019年，苹果公司约有14万名员工，负责零售业务的员工占了整整一半。罗恩·约翰逊是一个善于交际的人。他与乔布斯有很多共同之处，特别是他们都喜欢背离传统。正如一位记者所说，"成为'必需品'的理念和灵感让苹果公司抛弃了电脑商店传统教科书式的经营，打破了有关选址、设计、人员配备和服务的规则。"罗恩·约翰逊比乔布斯小四岁，他希望借助苹果公司，与一位被他视为商界最具创造力的人从头建设零售店。

零售店项目充分体现了乔布斯的保密强迫症。罗恩·约翰逊来到库比蒂诺时，苹果公司给了他一个可以在公司内使用的别名——约翰·布鲁斯（John Bruce）。罗恩·约翰逊在零售界很有名，他在塔吉特公司摸爬滚打了16年，乔布斯不希望别人来问他苹果公司为什么聘用约翰逊。

这很奇怪。第一，在2000年，苹果公司根本没有受到多少密切关注。第二，罗恩·约翰逊这个名字并不少见。第三，外界会根据苹果公司雇用一位成功高管推测出该公司将全面进军零售业这一假设也值得商榷。第四，德雷克斯勒在前一年加入了董事会，这已是众所周知的事。但这就是乔布斯管理苹果公司后的情况。由于没有任何一个叫约翰·布鲁斯的人的聘用记录，罗恩·约翰逊比其他员工花了更长的时间才拿到身份识别卡。

为了配合苹果零售店的保密工作，他们在远离无限循环路的地方建立了一个商店原型。在打造苹果零售店原型的过程中发生了一件事，足以说明与40多岁而不是20多岁的乔布斯共事的感觉。经过数月的工作，罗恩·约翰逊突然认为他们完全搞错了。和乔布斯开车去看零售店原型的时候，他提出了一个完全不同的想法。

乔布斯的反应如何？"你知道这是多大的变动吗？没时间了。

不要对任何人说你的想法，我也不知道该怎么办。"剩下的时间里，两人在车内一直没有说话。到达目的地时，乔布斯对团队成员说："罗恩觉得我们现在的设计有问题。他是对的，所以现在我要走了，你们都听他的，他让你们干什么你们就干什么。"

这就是埃德·卡特穆尔对乔布斯的影响。那天晚些时候，乔布斯对罗恩·约翰逊说："你让我想起了在皮克斯公司的那段经历。他们每制作一部电影，总会出现一些问题，他们每次都愿意推翻重来，直到满意为止。他们不会受到上映时间的束缚。关键不是做得有多快，而是做到最好。"

2001年5月19日，最早的两家苹果零售店开业，分别位于弗吉尼亚州麦克莱恩市（McLean）的泰森斯角购物中心（Tysons Corner Center Mall，靠近华盛顿哥伦比亚特区）和加利福尼亚州格伦代尔市（Glendale）的格伦代尔广场（Glendale Galleria，离洛杉矶市中心不远）。2019年，苹果公司在全球共有504家零售店。大量的统计数据可以证明苹果公司零售战略的成功。但现在我们结合自己的亲身经历来思考一下吧。

想想你自己第一次去苹果零售店的经历。如果是在平常的工作日，你可能会看到，苹果零售店是商场里最繁忙的店铺，有大量顾客和大量店员，但店内似乎并不拥挤。中间的桌子干净、简单、充满吸引力，墙上的图案很漂亮。店内的每一个细节都经过精心设计。

销售人员实际上并不是在销售。他们没有提成。如果你不知道该买哪台电脑，他们可能会建议你买一台更便宜的。如果你想更加高效地利用你的电脑，苹果的"天才吧"（Genius Bar）里全是苹果产品的专家，你可以预约，请他们展示如何达到你想要的效果。如果碰巧没有"天才吧"能够解决你的问题，那么你可以拨打red phone热线电话，直接联系库比蒂诺的工程师，他们会尽可能解决你的问题。这项专家服务是免费的。作为一家高科技公司，苹果公司开始涉足最古老的商业形式——零售业。乔布斯成功了，因为他重新定义了零售体验。零售店员工的任务不是销售产品，而是服务客户。

乔布斯提出的所有建立零售商店的理由都曾遭遇批评。然而今天，如果一座城市里还没有苹果零售店，它会非常欢迎苹果公司来此建立零售店。如果一座城市已经有了一家苹果零售店，它也会欢迎苹果公司来此再开一家店。20年来，零售业一直处于衰退之中。我们经常看到商店倒闭和破产的头条新闻，但苹果零售店却持续赢利。每当具有超凡个人魅力的领导者发明了新产品，苹果零售店的利润就会增长。

iPod

2001年10月23日，苹果公司发布了新产品iPod，并于11月10日上市。当时，无论是在苹果公司、行业内还是全世界，没有人能想到这个产品能卖出4亿台。

将音乐与移动设备相结合的想法并不新鲜。20世纪20年代末，车载收音机就出现了，但直到1930年，加尔文制造公司（Galvin Manufacturing Company）推出摩托罗拉5T71收音机后，车载收音机才开始流行。事实上，摩托罗拉（Motorola）是"发动机"

（motor）和"手摇留声机"（Victrola）两个词的组合，并于1947年成为该公司的名称。1947年底，晶体管问世，1954年晶体管收音机诞生，很快成为畅销品。在20世纪50年代末，到处都能看到年轻人随身带着它们，边走边听音乐。紧接着在20世纪70年代后半期，人们迎来了大型手提式收录机热潮。

1979年，索尼公司开发出随身听。在日本国内，该产品供不应求，以至于第二年才开始出口到其他国家。最初的随身听由卡式磁带播放机和耳机组成。销售量达到2亿。索尼公司开发了80种不同型号的随身听，"随身听现已成为全世界家喻户晓的词汇"。截至2009年，索尼已售出3.09亿台随身听。

索尼公司不仅在移动设备方面拥有先进经验，还拥有大量音乐资源。1988年，索尼公司收购了哥伦比亚唱片公司，成为唱片业的重要参与者。如果说在21世纪有哪家公司能够主宰音乐产业，那应该是索尼公司。它几乎具备一切条件……但它没有乔布斯。

2001年1月9日，乔布斯推出了苹果公司的"数字中枢"战略——数字化是未来。当许多人说个人电脑的辉煌时代即将结束时，乔布斯却对麦金塔电脑投入了双倍精力。他将其视为"数字生活方式"的中枢，这将成为21世纪生活的特征。这是名副其实的"新型数字设备爆炸性增长"，其中包括手机、便携式音乐播放器（如CD及MP3播放器）、数码摄像机、DVD播放器、数码相机——"占美国所售相机的15%，几年内将达到50%"（乔布斯的预见性出乎自己的意料），以及手持设备。

当人们周围充满各种新型电子设备时，你为什么还需要一台个人电脑？乔布斯给出了四个理由。第一，个人电脑可以运行复杂的应用程序。而他提到的那些设备无法做到这一点。"它们没有足够的马力。"第二，个人电脑有一个大屏幕，更方便用户操作。用户界面（业内简称UI）一直是乔布斯极其重视的部分，因此他早在1979年就看出了鼠标的重要性。第三，个人电脑可以刻录光盘，而其他数字设备无法做到这一点。第四，个人电脑的存储空间大，成本低。此外，与上述数字设备相比，个人电脑的互联网接入速度更快。因此，个人电脑不仅能为这些设备增值，还可以将它们相互联系起来。

便携式摄像机与苹果公司的iMovie2应用程序之间的兼容关系是关键。我之所以没有提到iPod，是因为那时候它还没有被制造出来。改变苹果的是音乐而不是视频。乔布斯说："我就像一个笨蛋。我知道我们错过了，必须努力追上去。"

苹果公司不仅是努力追赶，还通过iPod改变了科技产业和音乐产业。这款产品的组装速度非常快。数字音乐播放器的想法由来已久。1979年，英国人发明了第一款数字音乐播放设备，并于1985年在英国获得专利，两年后美国也推出了数字音乐播放器。这让我们再次明白了一个重要的道理，即技术的影响是长远的。

2000年秋天，乔布斯谈起了数字音乐播放器，但硬件主管乔恩·鲁宾斯坦告诉他，他们缺少必要的组件。然而，2001年2月，在东京的苹果大会（MacWorld）上，鲁宾斯坦例行访问了苹果的硬件供应商日本东芝公司（Toshiba，以下简称东芝）。东芝的工程师向他展示了一个新开发的迷你硬盘，直径1.8英寸。当时富士通为市场上的MP3播放器所提供的硬盘直径为2.5英寸。

东芝正在为这个迷你硬盘发愁。"他们说不知道可以用它来做什么。也许可以把它装进一个小型笔记本电脑里。"鲁宾斯坦当时不动声色,但他知道应该用它做什么。当天晚上,他就在东京的大仓饭店(Hotel Okura)跟乔布斯碰面。"我回到乔布斯身边,对他说:'我知道现在该怎么做了。我已经有了所有的部件。'乔布斯说:'去做吧'。"苹果以1000万美元买下了东芝能提供的所有1.8英寸硬盘的专有权。

但仍有很多障碍需要跨越。"没有人知道成品是怎样的,用户如何控制设备……"还有很多事情都是未知的。他们只知道,这个产品必须看起来很棒,必须方便操作,而且乔布斯希望它能尽快问世。

作为团队的领导者,鲁宾斯坦招募了托尼·法德尔(Tony Fadell),他在31岁时就已经成为知名的企业家和技术专家。法德尔组建了一个出色的团队,并得到了公司各个方面的支持。iPod的诞生,生动地展示了一家公司如何能在硬件、软件、设计〔由乔纳森·艾弗(Jonathan Ive)负责〕等方面,以及音频工程师、微处理器专家、电池专家等专业人员的方面同时具有优势。苹果公司发展至此,乔布斯已经利用个人魅力将各个领域的顶尖人物吸引到了公司里。

市场上还有其他各种类型的MP3播放器和便携式音乐播放器,苹果公司并不是先行者。但由于以往的产品使用不便、只能播放数量有限的音乐或存在其他严重缺陷,所以这些产品没有多少竞争力。用苹果公司营销副总裁格雷格·乔斯维亚克（Greg Joswiak，人们叫他乔兹）的话说，"那些产品糟透了"。苹果公司打算创造一种前所未有的设备。

iPod具备很多独特性能。其中之一是转轮（click wheel），也称环形滚轮。如果你有一个能够容纳1000首歌曲、只有扑克牌大小的设备，你要如何操纵它？如何找到你想听的曲目？

转轮是营销副总裁菲尔·席勒（Phil Schiller）的创意。"有一天，我走进乔布斯的办公室，对他说："嘿，这些竞争对手的产品都需要点击按钮才能选择下一首歌，每次只能跳转一首歌曲。如果有1000首歌，你肯定不想对着一个按钮按1000次。我们一直在讨论在你跑步的时候使用这个设备有多方便，因为跑步的时候你只能用一只手操作。然后我突然想到，我们可以在音乐播放器上装一个转轮。你可以旋转转轮在列表中选择歌曲，转的时间越长，列表下拉的速度就越快，那真是太棒了。'"他是对的，的确如此。

在开发的过程中，乔布斯每天都有新想法。用法德尔的话说："我们会一起讨论乔布斯最新的想法，同时也在努力预测他会怎么想。每天都会有这样的问题，比如要不要有开关、按键用什么颜色，或者是定价策略。在他的管理方式下，我们必须要相互合作，彼此照应。"

2001年10月23日，史蒂夫推出iPod，他说："这款产品可以将1000首歌曲放进你的口袋里。你可以将自己的音乐库，或者至少是音乐库的一大部分随身携带。"这是史蒂夫在这场主题演讲中提到的第一个"重大突破"。iPod是"超便携的"。它宽2.4英寸，长4

英寸，厚0.78英寸，质量只有6.5盎司，比大多数手机都轻。

第二个突破是苹果产品"出了名的简单易用"。你所有的歌曲都在iPod上，你可以按"播放列表、艺术家、专辑和歌曲"进行搜索。"独特的转轮"使搜索更加方便。第三个重大突破是"自动同步"，你可以直接将音乐从麦金塔电脑传送到iPod。只有同时拥有硬件和软件的公司才能创造出这样的体验。

当盖茨看到iPod时，他说："它看起来是一款很棒的产品。"这与他对NeXT电脑的反应大相径庭。然后，他带着怀疑的口吻问道："它只适用于麦金塔电脑吗？"当时麦金塔电脑的市场份额只有5%。比尔·盖茨提出的问题至关重要。

iPod的价格是399美元，那时候你完全可以用便宜得多的价格买到其他MP3播放器。索尼的CD随身听（Discman）——一款移动设备，但不是MP3播放器——的零售价还不到100美元。这个高昂的定价——iPod的定价有点过高了——是典型的苹果公司的做法。苹果公司推出了一种比市场上现有产品好得多的产品，颠覆了市场。它一直是一家以高价销售高品质产品的公司。

乔布斯和公司高管都不知道iPod能取得什么样的反响。产品发布会在无限循环路园区的一间不起眼的小礼堂举行，礼堂可容纳约200人。所有出席的记者都收到了一个免费的iPod。他们对产品的反应好极了。尽管如此，iPod刚开始的销售量并不高，产品推出后的第一个季度，销量只有15万台。

既然产品如此优秀，为什么销量却不高？原因有很多。第一，大家都知道苹果公司是一家计算机公司。用施兰德和特策利的话来说，计算机是它的"重点和存在理由"，它并不以其他数字设备而知名。第二，即使按照苹果其他产品的标准来看，iPod的价格也偏高。第二代产品推出后，乔布斯将第一代iPod的售价降低了100美元。第三，iPod只适用于麦金塔电脑用户。这就将大部分的潜在市场排除在外。

靠着出色的广告和宣传，iPod的销售量持续攀升。2003年5月，在《奥普拉·温弗瑞脱口秀》上，iPod成为奥普拉·温弗瑞特别推出的"爱用物"之星。（iTunes①音乐商店已于2003年4月27日问世。）"这个音乐播放器真是了不起。"温弗瑞对演播室观众以及电视前收看节目的数百万观众说。最新版的iPod可容纳3700首歌曲。"这台15G的苹果iPod售价399美元，"她对演播室内350名狂热的观众说，"各位今天有耳福了，因为你们可以免费领一台iPod回家。"（据说苹果公司向温弗瑞免费提供了这些iPod。）"媒体女王"对iPod的宣传方式不只是"热情"。2005年，当第五代iPod上市，温弗瑞将其列为该年度自己最喜欢的产品。只有她才能为一种产品赋予相当于"美国皇家认可"的赞许。

2003年，针对iPod的未来，苹果公司做出了一个重要决定。iPod是否可以用在安装Windows操作系统的电脑上？比尔·盖茨在2001年第一次看到iPod时就提出了这个问题。对此乔布斯表示反对。他认为iPod可以促进麦金塔电脑的销售。对他来说，这才是重点。但iPod团队的其他高管都不同意。"这场拉锯战持续了好几个

---

① iTunes是苹果公司开发的一款数字媒体播放应用程序。——编者注

月。所有人都站在我的对立面。"乔布斯态度坚决。他甚至宣称，"只有等我死了，Windows用户才能使用iPod"。

iPod团队继续施压。最后乔布斯说："除非你们可以向我证明这具有商业价值，否则我不会同意的。"产品团队希望乔布斯从"iPod，有限公司"的角度来考虑。如果它是一家独立公司，那么对于这个非凡的产品来说，哪个决定才是正确的？他们制作了一张数据表，菲尔·席勒说，这张表显示，无论将各种苹果电脑如何搭配，销量都无法超过iPod的销量。乔布斯听了这个分析结果后有什么反应？"去你的。我听腻了你们这群家伙说话。你们爱怎么做就怎么做吧。"难以想象哈洛·柯蒂斯会这样说话。

但这带来了另一个问题。如果让iPod与安装Windows操作系统的计算机兼容，那么是否也要为Windows用户开发一个新版本的iTunes软件？这次席勒与乔布斯的立场对换了，乔布斯赞同。消费者的苹果体验必须是卓越的。但席勒"觉得这样做太荒谬了，因为我们又不是做Windows软件的"。

最后他们采取了折中方案。由一家名为MusicMatch的公司提供软件。但大家一致认为效果很糟糕。"这是世界上最糟糕的事情，"乔布斯说，"因为这家公司（MusicMatch）控制了用户体验中的关键部分。所以我们容忍了这个讨厌的外部播放器长达6个月，之后我们终于写出了Windows版的iTunes软件。"

在2003年10月苹果大会的特别活动上，乔布斯发布了Windows版的iTunes。他谈到了第二代iTunes的新功能，然后他停顿了一下，说："在我们加上这个功能之前，人们认为我们永远不会这样做。"说到"这样做"的时候，他指向身后的大屏幕，屏幕上写着"冰封地狱"（Hell froze over）。接着，"冰封地狱"中的字母掉下来融化了。然后他对欢呼的众人说："Windows版的iTunes很可能是Windows系统里最棒的应用程序。"乔布斯打赌，iTunes软件和iPod的结合将为苹果产品的品质打开全新的市场。他是对的。

如今iPod依然活跃在市场上。事实上，消费者仍然可以通过它来了解苹果公司。2019年，你用200美元就可以用上"iOS 13操作系统和Apple Arcade（苹果公司的游戏订阅系统）"。

iPod以惊人的速度成为一款标志性产品。记者史蒂文·利维（Steven Levy）在他的著作《完美之物：iPod如何玩转商业、文化和酷品》（*The Perfect Thing: How the iPod Shuffles Commerce, Culture, and Coolness*）中指出，人们可以通过交换iPod来相互了解。"只要把你的iPod交给一个朋友、与你初次约会的人，或者是飞机上那个坐在你身旁的陌生人，你就像一本书一样被打开了。所有人只需要用转盘浏览一遍你的歌曲库，从音乐角度上说，你就'一丝不挂'了。暴露的不仅仅是你的喜好——而是你是一个怎样的人。"施兰德和特策利说得没错，"iPod让苹果公司脱胎换骨"。消费类电子产品的发展速度比计算机要快得多。全世界每年都期待能看到一款经过改进的新一代iPod。

iPod由iTunes音乐商店支持，该商店于2003年4月28日"开业"。在不到10年的时间里，它成为全球最大的音乐供应商。微软公司的一位主管第一次看到iTunes商店时问道："他们（苹果公司）是怎么把音乐公司给拉进来的？"答案是，到21世纪初，乔布斯可能已经成为商界最高超的谈判者了。

苹果公司的销售额和利润都非常出色，2001财政年度分别为54亿美元和12亿美元，到了2004财政年度增长为83亿美元和29亿美元。在这几年间，公司市值几乎翻了三倍，达到150亿美元。尽管如此，麦金塔电脑的销量却在下降。早在2000年就有人预测，个人电脑的辉煌时代已经结束了，这个预测是正确的。

iPod与iTunes商店的结合在关键时刻拯救了苹果，使其免受电脑行业持续衰退的影响。他们让一群世界首屈一指的技术专家和高管聚集在一起，创造一种让消费者玩不够的产品，消费者愿意承担高昂的售价，这是一种"强效毒品"。所有苹果产品的忠实用户都"上瘾"了。

我买的第一个苹果产品是iPod，内存为20G，奇怪的是，那是一个与惠普（Hewlett-Packard）的合作款。奥普拉·温弗瑞将iPod列为她的爱用物之一时，她说："我是一个技术白痴，我是说（她转向舞台上的另一个男人，并指着iPod），怎么把音乐放进去？"我在购买iPod时也有同样的疑问。我没有将大量的CD复制、混合、刻录到电脑里，然后再把它们传到iPod上。我只是把iPod和CD交给一个十几岁的孩子，让他去做。

iPhone

iPhone诞生于2007年。那时手机已经在全世界流行起来了，手机的销售量已达数十亿台。1973年，摩托罗拉公司生产了第一部手持移动电话。它重达2.5磅，长9英寸。充电10小时，可以通话35分钟。iPhone的故事再一次体现了技术长久的影响力。

到2007年，手机已无处不在，有很多知名的手机品牌。诺基亚（Nokia）公司于1865年5月12日成立于芬兰，它原本是一家造纸公司，后来进入电信行业，到了21世纪初，它已成为移动电话的重要生产商。同样的还有黑莓手机（BlackBerry），由加拿大动态研究公司（Research in Motion）制造。2008年，当奥巴马成为总统候选人时，他使用的正是黑莓手机，这在当时还成了新闻。这类设备非常容易让人上瘾，因此被戏称为"毁莓"（CrackBerry）。摩托罗拉的"刀锋手机"（Razr）也很受欢迎。

苹果公司又一次来晚了。而它又生产了一款物有所值的昂贵的智能手机，再一次颠覆了整个行业。乔布斯推动了这场变革。在该设备的制造过程中，乔布斯是所有重要问题的主要决策者。

现在一切似乎都合情合理。我们已经习惯了iPhone，全球已卖出22亿部iPhone。在不同国家的市场份额达到20%～40%。就利润而言，苹果公司一直遥遥领先。例如，2016年，在全球智能手机行业，几乎每5美元的利润中就有4美元进了苹果公司的口袋。其他智能手机制造商所出售的每一部手机都伴随着亏损。iPhone是迄今为止21世纪最成功的消费产品之一，它成为衡量其他智能手机的标准。韩国三星公司（Samsung）以iPhone为样板亦步亦趋地制造出了一款属于自己的智能手机。

事实上，iPhone一开始的前景并不明朗。在2003年和2004年，苹果公司甚至不确定是否要进军本市场早已饱和的手机行业。也许它应该靠平板电脑在电脑领域开辟新天地，最终苹果公司在2010

年推出iPad时实现了这个目标。施兰德和特策利写道,在2004年,
"5个与手机和平板电脑相关的项目"正在"推进"。

除这些不确定因素之外,乔布斯还出现了关乎其生死的问题。
2003年10月,乔布斯被诊断出患有胰腺癌。这个令人震惊的消息与
他必须关注的所有重大商业决策同样重要。他需要立即进行手术,
但直到次年7月31日,乔布斯才同意手术切除肿瘤。

乔布斯推迟了手术,因为他根本不想剖开身体,同时重拾年轻
时展开神秘冥想的神奇思维。这9个月的时间对乔布斯的妻子来说
是难以想象的。同样难以想象的是,他本人在这一时期受到了什么
影响。

假设你到了癌症晚期,那么每天早上你都会离死亡更进一步。
当你醒来时,一开始还没有意识到,但很快就会意识到这一点。只
有亲身经历过,才能知道这有多可怕,也才能明白在这个时候去思
考其他事情需要多么大的意志力。

此时的乔布斯已经是一个名人了,苹果公司的股价将因其健康危
机的消息而变动。在时机成熟之前,他必须严格控制自己的病情。

手术后的第二天,乔布斯给苹果公司的员工写了一封邮件,
告知团队自己身上所发生的一切。他写道,他患有"一种非常罕见
的胰腺癌",事实的确如此。他告诉员工,"如果及时发现并及时
手术,就能够治愈(我的情况就是如此)",然而情况并非如此。
不知道乔布斯是在什么时候得知医生发现了癌细胞已经转移到肝上
了。他一直认为自己会英年早逝。他的这一想法变成了现实。正是
在这种背景下,苹果公司等待着命运的裁决。

当时做出的决定是暂停平板电脑项目，着手进行手机项目。"我们希望每个人都会携带两台设备，一部iPhone，一部iPod，"埃迪·库埃说，"我们觉得可以把iTunes加载到手机上，让手机变得跟iPod一样，这只是一个软件上的问题。"因此，无论是出于防御性原因（制造手机的竞争对手也可以在手机上添加iPod，与其被其他人取代，不如自己取代自己），还是出于进攻性原因（手机市场竞争激烈，但规模庞大），手机都会成为苹果公司的下一个大目标。

iPhone是什么样子的？用什么材料制作？选择哪个通信公司来传输信号？最佳的用户界面是什么样子？除了这些问题，还有许许多多的问题等待解答。

围绕iPhone发生了无数个故事，也有很多争论。你可以反对乔布斯，但这需要极大的勇气。你必须知道自己要表达什么。毫无疑问，乔布斯很聪明。此时，他的话在公司已经成为"圣旨"。

关于用户界面，有人提出转轮的构想，因为它与iPod配合得非常好。事实证明，它也可以很方便地查找电话号码，只是不能用来拨号。

另一种构想是像黑莓手机一样使用键盘。但是键盘很笨重，一点也不精巧，从美学角度来说，还有许多待改进的地方。而最糟糕的可能是，键盘会导致屏幕的空间大大缩小。手机是一个很小的设备。乔布斯希望手机屏幕能够尽可能大。更麻烦的是，手机键盘的按钮和控件不能更改。它们固定在塑料里，限制了手机本身的功能。理想的情况是做一个软键盘，当你需要的时候可以将它调出来，不需要的时候就将它隐藏。2004年，没有人知道有没有可能实现这样的功能。一般公司会对各种方法进行市场测试。然而，苹果公司从来不会这么做。乔布斯和埃德温·兰德一样，他们都认为，用户并不知道自己想要什么，需要由苹果公司来告诉他们。

最终，苹果公司确定了我们今天所用的手机屏幕。触摸屏键盘可以在你需要的时候出现，在不需要的时候消失。完美解决了一个极其重要的问题。乔布斯对手机的各个方面都严格把关。例如，在与用户界面团队的一次会议上，乔布斯对他们的工作很不满意。他表示，团队必须"尽快向我展示一些好东西，否则我会把这个项目交给另一个团队"。负责该项目的是副总裁格雷格·克里斯蒂（Greg Christie），他在无限循环路的苹果园区附近的库比蒂诺酒店（Cupertino Inn）租了几个房间，团队在那里住了两个星期。他们真的是每天24小时不间断地工作，终于拿出了令乔布斯满意的东西。他们成功了。用托尼·法德尔的话说，整个iPhone项目"就像坐过山车，如果不吓人，就没有乐趣了"。

在手机研发的过程中，最能体现苹果公司应对挑战的例证是金刚玻璃。最初苹果打算用塑料做手机屏幕。传说——只是传说而已，乔布斯在帕洛奥图四处闲逛，口袋里装着手机原型机。结果他的钥匙划破了手机屏幕，这绝对不行。于是他们决定采用玻璃做屏幕。问题是去哪里找玻璃。

一位朋友建议乔布斯与康宁公司（Corning）的首席执行官温德尔·P.威克斯（Wendell P. Weeks）谈谈。康宁公司成立于1851年，长期从事玻璃制造行业。乔布斯打电话给威克斯，总机为他接通了一位助理，助理说会把电话内容转达给威克斯。"不，"乔布斯说，他希望获得尊重，"我是史蒂夫·乔布斯，叫他接电话。"
助理拒绝了，于是乔布斯给那个叫他联系威克斯的朋友打电话，抱
怨自己遭遇了"典型的东海岸那一套"。威克斯听说了此事，将电
话打到了苹果公司总机，表示要与乔布斯通话。结果总机接线员要
求他写下自己的请求传真过来，也让威克斯见识一下"西海岸的那
一套"，大人物就爱干这种事。

两人终于在库比蒂诺碰面了。威克斯告诉乔布斯，几年前，康
宁公司开发了一种非常结实的材料，叫作金刚玻璃。但当时找不到
市场，于是就停产了。乔布斯告诉威克斯，这种玻璃可能不适合苹
果公司，并且向他解释玻璃是如何制成的。

威克斯毕业于以工程学见长的理海大学（Lehigh University），
还上过哈佛商学院，他对玻璃的了解远远超过乔布斯。他没有耐心
听乔布斯讲完，而是插话道："你能闭嘴吗，让我给你讲讲科学好
吗？"结果，乔布斯希望康宁公司在六个月内生产尽可能多的金刚
玻璃。我们不止一次地看到，当有人对乔布斯的傲慢做出回击，而
不是唯命是从的时候，往往能得到最好的结果。这似乎是个人魅力
的一个重要表现——他愿意被人顶撞，这种摩擦可能产生魅力。

威克斯告诉乔布斯，他没法为苹果公司生产金刚玻璃。"我
们没有这个能力，我们的工厂现在都不生产这种玻璃。"然后威克
斯就发现，乔布斯根本不接受这个答案。"别害怕，"他说，"行
的，你们能做到，动动脑子，你们能做到的"。我们将两人的对话
暂停在这里。乔布斯在模仿玫琳凯的母亲——"你能做到！"有魅
力的人很有说服力。

康宁公司的确"在六个月内做到了"。威克斯说："我们生产出了从未制造过的玻璃。我们把自己最优秀的科学家和工程师都调到这个项目上，我们成功了。"iPhone发布的那一天，乔布斯以异常优雅的方式向威克斯发来一条信息："如果没有你，我们做不到。"这段故事让人想起乔恩·鲁宾斯坦在东芝找到的迷你硬盘。公司往往在创造出一种产品后，并不知道该用它做什么，但苹果公司知道。

iPhone于2007年1月9日（星期二）发布。这次的发布会没有安排在园区的小礼堂，而是在旧金山的莫斯康会议中心（Moscone Center）。当然，乔布斯站在舞台中央，发言时间不到80分钟。"每隔一段时间，就会出现一个能够改变一切的革命性产品。"会场挤满了观众，大家欢呼、鼓掌，乔布斯正在向他们介绍这样的产品。他说苹果公司即将推出三款新产品：宽屏触控式iPod，具有革命性的手机，具有突破性的互联网通信设备。"你们明白了吗？这不是三台独立的设备，而是一台设备，我们称它为iPhone。"多点触控是新时代的用户界面。乔布斯说它"像魔术一样"，没有触控笔（你只需要使用手指），非常准确，会忽视无意触碰，并能对多指手势做出反应。

这场发布会是一次杰出的高科技展示艺术。舞台看起来很大，大概40英尺宽，纵深约15英尺。乔布斯身后的屏幕也很大，大约30英尺长，10英尺高。苹果高管们坐在观众席上屏住了呼吸。这是一个现场演示，而他们知道手机还不完美。一旦出现问题，全世界的人都会看到，到时候他们将在全世界面前现眼。除了在切换幻灯片时出现了一个小故障——与手机本身无关，并且很快得到了修复——整场发布会完美无缺。乔布斯充满活力和热情，但他似乎很放松。

两年半以来，这款手机让苹果公司每一位最优秀的工程师都绷紧了神经。一些人认为这是一个"赌上全公司"的项目。据一位记者说，iPhone项目"非常复杂，有时甚至会致使整个公司脱轨。公司的许多顶级工程师都参与到这个项目中，迫使其他项目不得不放慢进度。如果iPhone不好用，或者整个项目根本无法顺利推进，那么苹果公司在很长时间内都不会有其他产品发布。更可怕的是，公司的顶级工程师会因遭遇失败而感到沮丧，可能会离开苹果公司。"

乔布斯在舞台上独自站了大约70分钟。舞台上只有一个人和一台机器。人们不禁想起1927年5月20日，查尔斯·林德伯格（Charles Lindbergh）驾驶着"圣路易斯精神"号飞机（The Spirit of St. Louis）从长岛的罗斯福机场起飞，飞行33.5小时后降落在巴黎的布尔歇机场（Le Bourget Aerodrome）。一位作家评论说："林德伯格认为他只是从纽约飞到了巴黎，但他真正做的远不止这些。他激发了人类的想象力。"此前已经有人飞越了大西洋，但林德伯格是第一个独自完成这项任务的人。"他是一只'孤鹰'，只有全面理解这一事实，才能深刻了解他的成功的情感意义。"林德伯格本人坚持说，正如他的飞机名称所示，他的成功飞行是团队努力的结果。然而，驾驶舱里只有他一个人，正如《纽约时报》所说，这一事实"给人留下了最深刻的印象"。

发布会最后，乔布斯邀请谷歌公司首席执行官埃里克·施密特（Eric Schmidt）登台。他讲了大约一分钟。施密特是苹果公司的董事会成员。不久之后，他和他的公司推出了安卓系统，成为苹果公司的"仇人"。正如乔布斯在2010年初的一次员工会议上所说：
"谷歌公司想终结iPhone。我们不会让他们得逞。他们的'不作恶'口号就是扯淡。"

施密特之后登台的是雅虎公司首席执行官杨致远（Jerry Yang）。他讲了两分钟。谷歌公司正在崛起，而曾是科技界最热门公司的雅虎公司正在走向衰落。硅谷就是这样。第三位嘉宾是辛格勒公司（Cingular）的首席执行官斯坦·西格曼（Stan Sigman）。他讲了大约5分钟，这是整场发布会中唯一沉闷的5分钟。

除这9分钟之外，其他时间都是乔布斯的。他通过观察得出结论，2006年全球卖出9.57亿部手机，销量远超游戏机、数码相机、MP3播放器和个人电脑的销量之和。这个市场的1%意味着1000万部手机。这就是乔布斯在2008年，也就是iPhone上市第一年的目标。

乔布斯本人并没有完全搞明白他手上所拿的iPhone是什么。举两个例子。第一个例子是，他不希望由第三方软件开发商为手机创建应用程序。他想要完全掌控iPhone，但他很快改变了主意。iPhone发售4个月后，苹果公司宣布授权第三方软件开发商为手机开发应用程序。

苹果应用程序商店（App Store）取得了惊人的成功。据一位专家说："突然间，硅谷和风投界的所有人都在谈论这件事。数百家小企业都开始研发、投资类似的产品。"苹果应用程序商店已经为开发者和苹果公司创造了数十亿美元。

第二个例子是，乔布斯没有意识到相机的重要性。他非常简要地提到，iPhone将配备200万像素的后置摄像头。今天，摄像头是

（我猜应该是）手机上最重要的五大应用之一。事实上，手机被称为装有电话的相机。

最好用的相机是能够随身携带的相机，而人们走到哪都带着手机。和苹果公司生产的所有产品一样，硬件和软件的集成对于创造高质量的相机至关重要。同样重要的是硬件和软件团队都在库比蒂诺。iPhone的摄像头在智能手机行业处于领先地位。智能手机摄像头的性能越来越高，致使数码单反相机（DSLR）的处境日益艰难。

当苹果公司推出智能手机时，2000年接替盖茨担任微软公司首席执行官的鲍尔默对此嗤之以鼻。"售价500美元很难成功！……这是世界上最贵的手机，它对商务人士没有吸引力，因为它没有键盘，没法用来发电子邮件……你今天花99美元就可以买一部摩托罗拉手机。它的功能非常强大……我看到iPhone，我得说，我还是喜欢我们的战略，非常喜欢。"

2019年，盖茨说他"有生以来犯的最大错误"是没让微软公司开发出安卓系统。"安卓是标准的非苹果手机……平台。微软公司要想取胜，自然应该这么做。这真的是赢家通吃。如果你的平台拥有一半或90％以上的应用程序，就算占据市场了。安卓作为唯一一个非苹果操作系统，价值多少钱？"盖茨的答案是，4000亿美元，可以说谷歌公司从微软公司转移走了4000亿美元。Windows Phone系统[①]之所以会失败，原因之一是其应用商店的失败。一些应用程

---

① Windows Phone系统是微软公司于2010年10月21日发布的一款手机操作系统。——译者注

序开发出来后无法与手机匹配。

iPhone在发布后确实遇到了一些困难。特别值得注意的是，由于美国电话电报公司（AT&T）的信号问题，手机在通话过程中时常信号中断。然而，等它获得了足够的支持后，就变得无可比拟。苹果公司每年都会推出新款iPhone，新品发布会所引发的兴奋情绪也越来越高涨。在整个供应链中，甚至在苹果公司内部，商业间谍都是一个严重的问题。每个人都想知道下一代iPhone是什么样子，增加了哪些新功能。在新款iPhone发布当天，人们一大早就在苹果商店门口排起长队，队伍延伸几个街区。还有人花钱请人替自己排队。自第二次世界大战后的"尼龙暴乱"以来，还从未出现过类似的情况。那时候由于尼龙的短缺，"导致了几起暴乱，那些急切的妇女排了几个小时的队，焦急地等待购买尼龙长筒袜"。

2007年1月的那一天，乔布斯用下面的话结束了他的发布会演讲："也许我们公司的名字应该（比苹果电脑公司）更加体现（我们在做的事情），所以我宣布，今天苹果电脑公司将去掉'电脑'二字。从今天起，我们就是苹果公司，这更能反映我们今天产品的多元化。"乔布斯引用了冰球明星韦恩·格雷茨基（Wayne Gretzky）的话："要向着冰球运动的方向滑，而不是它现在的位置。"他表示，"我们在苹果公司一直尝试做到这一点……我们也将一直这么做"。

这是一个了不起的时刻。很多公司之所以覆灭都是因为他们无法进行这样的变革。麦金塔电脑是乔布斯的"初恋"，他总是给予它过高的评价。而这一次的重新定位体现了一种灵活性，可以让苹果公司在未来拥有10年乃至更长久的黄金岁月。

iPad

早在2006年1月，乔布斯就知道自己的癌症复发了。直到2008年，外界才得知这个消息。2009年1月至5月底，他休了病假，而在3月底就已经接受了肝脏移植手术。手术很成功，但医生发现癌细胞已经扩散了。在另一场手术前，乔布斯拒绝把胃排空，结果导致了肺炎，差点死掉。那年夏天，他重新开始工作，据传记作家沃特尔·艾萨克森说，到2010年初，他"已经恢复了大部分体力"。

在身体允许时，乔布斯立刻回到了工作岗位，这次是他推出的最后一款产生巨大影响的产品——iPad。在2010年1月27日的发布会演讲中，这款产品被称为iPad，但实际上平板电脑早已问世多年。由于苹果公司决定先推出手机，因此平板电脑项目被暂时搁置。从2001年推出iPod，到2010年发布iPad，这是一家公司所经历的最成功的10年。

通过软件工程师肯·科钦达（Ken Kocienda）的杰出著作《创意选择：苹果黄金时代的产品思维》（*Creative Selection: Inside Apple's Design Process During the Golden Age of Steve Jobs*），我们可以了解苹果公司推出新产品的力度。科钦达没有用商学院视角、组织结构图来分析苹果公司的成员，而是将其视为一组同心圆。"乔布斯是所有圈子的中心……不间断地进行示例评审就是他决定苹果软件的界面、观感以及功能的最主要方式。"

乔布斯的回答始终明确而清晰，要么会批准下属的方案，要么会明确表示，下一次他要看到完全不同的东西。尽管如此，"乔布斯之谜"依然存在，无论下属的工作成果多么完美，或者在之前的初步审查中进展得多么顺利，下属永远都不知道乔布斯会产生怎样的反应。有时，他会表达自己对一件事物的喜爱或憎恶，但话音未落便更改了结论；有时，这种想法上的改变会发生在一两天之后；有时，一旦他表达了自己的意见，这意见就会很多年都不变。某位苹果公司的员工对乔布斯做出过以下评述。

乔布斯的情绪也难以捉摸。在任何时候，他都可能因为不喜欢你展示的方案而对你大声斥责，没有人能幸免于此——无论是与他朝夕相处的高管，还是像我这样默默无闻的程序员。这是向乔布斯直接汇报必须付出的代价，你要么接受，要么干脆放弃面对面演示的机会。

肯·科钦达在无限循环路4号楼的一间会议室里向乔布斯进行汇报，这间会议室有个相当不恰当的名字——密室。房间非常单调，没有什么能分散乔布斯的注意力。与会的有苹果操作系统（iOS）软件工程副总裁亨利·拉米雷斯（Henri Lamiraux），他的上司、苹果操作系统软件工程高级副总裁斯科特·福斯特尔（Scott Forstall），人机界面团队负责人格雷格·克里斯蒂及其团队设计师巴斯·奥尔丁（Bas Ording）。乔布斯当然也在那里。当肯·科钦达走进房间时，他正在打电话。肯·科钦达对当时的场景有如下回忆。

当乔布斯结束了通话，我们俩的目光在空中交汇。多年以来，很多人都在评论乔布斯的非凡能力，无论他告诉你什么，无论那些东西听起来多么难以置信，他都有能力让你相信。这种"现实扭曲力场"已经成为一个传奇。但是，当乔布斯的目光锁定在我身上的那一刻，我却感受到了相反的力量，"现实扭曲力场"的极性颠倒了。就像碰触了一个灯光的开关一样，乔布斯开启了严肃的气场，这种气场能隔绝所有的言不由衷，将一切虚假的伪装清除殆尽。他的表情看上去并非很不友好，但他一定很清楚，他目不转睛地凝视可以让处于我这个位置的人感到恐慌，我也确实被这种凝视影响了，甚至有些害怕。我把他的神情看作不会让我蒙混过关的信号，他已经准备好看我的汇报了。

斯科特·福斯特尔说："好了，让我们开始汇报吧。乔布斯，这位是肯·科钦达，他之前负责过iPhone键盘的项目，现在他有一些平板电脑键盘设计的示例程序要向你展示。"尽管就在几周前，我已经当面向乔布斯演示过了，但斯科特向乔布斯介绍我的方式仍让人感觉我们好像是初次见面……

乔布斯仍然看着我。我接着斯科特·福斯特尔的话往下说："是的，我们设计了两种方案。一种是有更多的按键，就像笔记本电脑键盘那样；另一种是有更大的按键，就像放大版本的iPhone键盘。我们的想法是同时提供两种选择，通过zoom（缩放）键在两者之间进行切换。"

乔布斯缓缓地转动他的座椅来到展示桌前，低下了头。他面前的iPad是横置的，home（回到主屏幕）键在整个平板电脑的右侧……乔布斯的目光扫视了整个iPad屏幕，他微微歪起头，在我看来，他应该是在尝试从正面和侧面观察整个键盘界面的每一处细节。

研究了很久之后，他伸手按下了zoom键……键盘随之切换成我设计的"更大按键"布局。他没有给出任何反馈，也没有透露出任何可以猜出他想法的线索……现在屏幕上显示出另一个键盘，乔布斯又开始了他的研究。他仔细观察……觉得满意后，他再一次按下了zoom键，将"更多按键"的键盘布局呈现出来，跟示例演示刚开始时没有什么区别。乔布斯又开始研究，他的想法和感觉依然让人捉摸不透。他再次按下zoom键，将界面切换至"更大按键"的布局……他转过来径直看向我。

"我们只需要其中一种，对吧？"

这不是我想要的回答。我想我当时可能连吞咽都变得很困难。乔布斯仍然看着我，而我微微耸了耸肩，然后说："是的……呃……我想是的。"

乔布斯打量了我一下，然后问道："你觉得我们应该用哪一个？"

这是一个非常简单的问题，针对我并且只有我能回答。乔布斯没有转动椅子，也没有将身体转向屋里的其他人。这是我做的程序方案，他希望我来回答。我站在那里，乔布斯一直注视着我，等待我回答他的问题。我意识到自己要说什么了，我有自己的想法。

"过去这些天里，我一直在用这个程序里的键盘，我已经开始喜欢'更大按键'的键盘布局了。我想，既然我可以习惯触控打字，那么其他人也可以。"

乔布斯继续看着我，他在思考我的答案。他的目光始终没有从我身上移开，他完全沉浸在当下。他就在这里认真地思考我关于下一个苹果公司重磅产品的想法。这是令人激动的时刻。他就刚刚的所见所闻思考了几秒，然后宣布了他对这个程序方案的最终决定。

"好的，我们用'更大按键'这个方案。"

就是这样。这就像一个你能找到的制作香肠的详细教程。肯·科钦达表示，方案演示是"将创意落地的主要手段"。制作优秀的软件是苹果公司的核心目标之一，"这是乔布斯直接提出的"。

苹果公司软件高级副总裁斯科特·福斯特尔处在围绕乔布斯的第一个同心圆中。副总裁位于第二个同心圆。"把方案交给乔布斯之前，斯科特·福斯特尔是'执行编辑'，是那个'做决定的人'。"斯科特·福斯特尔必须对方案仔细审查，如果他为乔布斯呈现出来的让后者觉得是浪费时间的东西，那斯科特·福斯特尔就要付出惨重的代价，他会颜面尽失。

所有的同心圆都在"努力追求简洁"。肯·科钦达的方案演示只保留了最基本核心要素。斯科特·福斯特尔用寥寥数语介绍了肯·科钦达，肯·科钦达又用尽量简洁的方式完成了演示。苹果公司的一位副总裁向乔布斯发送的所有邮件篇幅都限制在iPhone屏幕之内，不需要滑动屏幕就能读完。

乔布斯对肯·科钦达设计的键盘的决策也体现了简洁性。他看到两种键盘布局，本来可以都放在iPad上。当他决定二选一的时候，"由此产生的影响绝不仅限于更加简洁"。这意味着可以省去从一个键盘切换到另一个键盘的切换动画和zoom键。

这次方案演示只是乔布斯繁忙的一天中的一个片段。看完这次演示之后，他可能就会忘记肯·科钦达是谁，就像在上一次看完演示之后他也不记得他一样。然而，令肯·科钦达赞叹的是，"乔布斯在会议中只说了四句话，却教会了我太多道理"。

乔布斯的态度就这样渗透进了整个苹果公司。肯·科钦达是一位非常出色的软件工程师，从他在油管（YouTube）网站上的视频来看，他的表达能力很强。从他的著作中可以看出，他不仅懂技术，还受过良好的教育。自2001年加入苹果公司之后，他在那里工作了15年，经历了光辉岁月。他在iPhone和iPad键盘的制作过程中发挥了核心作用，这意味着他可以在任何地方胜任相关工作。

看看肯·科钦达是如何描述乔布斯决定采用前者的键盘方案那一刻的——"这是令人激动的时刻"。肯·科钦达在书的后文中称乔布斯为"苹果公司历史上最具魅力的人物"。他在方案演示过程中感受到的激动之情实际上是一种来自非凡领导者的魅力。

2010年1月27日，乔布斯在旧金山的芳草地艺术中心（Yerba Buena Center for the Arts）举行了iPad的发布会，现场依然人山人海。这与三年前的iPhone发布会大不相同。乔布斯在一个大舞台上开始了他的演讲，他穿着那标志性的蓝色牛仔裤和长袖黑色高领上衣。当他走上舞台时，全场观众起立鼓掌。然而，谁都可以看出来，他的脸颊瘦削，身体也十分消瘦。他的声音有点刺耳。

乔布斯准备向世界介绍苹果公司最新的"真正神奇和革命性的产品"，他看起来非常放松。这场发布会持续了大约130分钟。乔布斯只在台上站了50多分钟。剩下的时间交给了其他演讲者，还播放了一段关于苹果高管的视频。乔布斯瘦削的身材与其他人形成了鲜明的对照。

当iPad发布时，许多评论者对此并不感兴趣。一些人嘲笑这个名字，因为它听起来像一款女性卫生产品①。但在4月3日iPad上市以后，抱怨之声戛然而止。与iPod甚至iPhone相比，大众对这款新产品的接受速度要快得多。第一天就售出了30万台。在不到一个月的时间里，销量达到100万台，是iPhone的两倍。不到一年，iPad的销售量达到1500万。这次成功超出了所有人的预期。

2011年3月2日，乔布斯主持了iPad2的发布会。这是他的最后一次产品主题演讲。2011年6月7日，他发表了最后一次公开演讲。这次演讲是为了向库比蒂诺市议会阐述苹果公司计划建造的新园区，该园区的昵称为iSpaceship（"苹果太空飞船"），因为它看起来像一个飞碟。在举行发布会的那个晚上，乔布斯已经出现了恶病质，即"由疾病导致的伴有体重下降和肌肉萎缩的全身性消耗"，但他依然侃侃而谈，才思敏捷。此时他的生命还有4个月。

我们知道，2011年10月5日，乔布斯去世，全世界都沉浸在悲痛之中。"在中国的微博网站上，网友们发布的相关信息超过6300万条；从奥巴马到尼古拉斯·萨科齐（Nicolas Sarkozy），再到德米特里·梅德韦杰夫（Dmitry Medvedev），世界各国领导人都表达了哀悼之情；从美国纽约到东京银座购物区，苹果零售店外堆满了蜡烛、鲜花以及'iSad'（我很难过）和'iThankYou'（谢谢你）等字条。"新闻集团（News Corp.）首席执行官鲁伯特·默

---

① 英文Pad有卫生巾之意。——编者注

多克（Rupert Murdoch）在谈到乔布斯逝世时说："今天，我们失去了历史上最具有影响力的一位思想家、创新家和企业家。史蒂夫·乔布斯是他那一代人中最伟大的首席执行官。"

该如何解释这种反应呢？

如果你在互联网上搜索"悼念史蒂夫·乔布斯"，你会找到大量的结果。不仅有数百万人哀悼他的离世，还有很多人分析人们为何如此悲痛。其中有些文章是学术性的，未必都能吸引读者。例如，有一篇文章的标题为《关于史蒂夫·乔布斯之死的民间哀悼与企业悼念的表达》（*Vernacular Mourning and Corporate Memorialization in Framing the Death of Steve Jobs*），文中写道："通过利用异托邦①的概念来探索当代组织纪念活动的时空权力关系，展示当代'圣地建筑'与视觉意向如何使空间和物体暂时神圣化，并使乔布斯持续存在于消费者信徒的生活中。"

我自己的观点没有这么复杂。

毋庸置疑，乔布斯是一个有魅力的人。他有一种吸引力，能够对一些人产生巨大的影响。这源于他与生俱来的个性，并因他后天形成的某些特征而得到强化。他有一批追随者——不仅有几十亿消费者，还有许多苹果公司的高管，他们尊敬有时甚至崇拜他的直觉（这种直觉可以创造奇迹）以及他的坚强、果断和品味。有些人相信，乔布斯可以帮助他们完成一生中最了不起的事业。

---

① 异托邦指的是我们在现实社会各种机制的规划下，或者在现实社会成员的思想和想象的触动之下，所形成的一种想象性社会。——编者注

这些人认为他是举世无双的。尽管与他打交道会令人感到焦虑和恼怒，但对许多人来说，这是值得的，因为他们能够从这个过程中发现自己有多么优秀。有些事情的确只有乔布斯才能做。

必须指出的是，超凡魅力也有其不好的一面，乔布斯就是例证。据说有一次他和一个他不认识的员工一起乘坐苹果公司园区的电梯，乔布斯问对方有没有什么新鲜事告诉自己。对方回答说"没什么新鲜事"。于是乔布斯说："既然如此，你被解雇了。"

这件事可能是个谣传，但有这样的谣传就足以说明乔布斯会让那些没有攻击性的人感到恐惧。这个故事可能是虚构的，但故事所要传达的内涵未必毫无道理。有些苹果公司的员工的确害怕和他一起乘坐电梯。无论这样的故事是真是假，很少有领导者会被传出在他们身上曾发生过这样的故事。

乔布斯所引发的恐惧未必有助于公司的日常运作。肯·科钦达具有软件工程师应有的理智头脑，他说："一位才能非常出众且经验丰富的同事直接跟我说，他正是因为无法忍受乔布斯在面对面会议中表现出的待人方式，才拒绝再次为乔布斯当面演示程序方案。尽管我的这位朋友对乔布斯的脾气颇有怨言，但他仍然尊重和欣赏乔布斯对产品的品位和商业判断。"

可能正是因为乔布斯身上有这样的优点，人们，尤其是那些没有与他打过交道，也不必直接忍受乔布斯粗暴态度的人才会被他吸引。乔布斯是规则的破坏者。一些约束人类行为的准则之所以存在是有道理的。但他认为可以像打破"铁笼"（马克斯·韦伯的比喻，用以表示许多人被困在以毫无意义、愚蠢的规矩为著称的官僚机构中）一样自由地打破这些规则——他对待自己的非婚生女儿丽莎·布伦南—乔布斯的方式就证明了这一点。

乔布斯的超凡魅力不只影响了那些认识他的人。数十亿人使用他的公司所生产的产品，数百万人看过皮克斯公司的电影。尽管皮克斯公司的总部所在地被称为"史蒂夫·乔布斯大楼"，皮克斯公司能够生存下来也离不开他的财政支持，但在公众心目中，乔布斯始终与苹果公司有紧密的联系。

遭到亲生父母遗弃和被领养的经历使乔布斯一直很渴望爱。苹果公司的产品是一种爱的载体，使他获得了由于遭亲生父母遗弃而缺失的爱。在一张照片中，我们可以看到他注视着一个怀抱iPad的年轻女孩，脸上洋溢着灿烂的笑容。他希望客户能通过苹果产品获得这样的体验，因此，他对在这些产品上犯错的苹果公司员工非常无情。这样的员工会偷走他对公众的爱。

苹果公司产品的一大特点是美观——软件、硬件和硬件所用的材料都十分美观。当乔布斯谈到要将人文科学与科技的结合时，他的确是这么想的。这是他和其他技术主管的重要区别。后者并没有注意到这些方面。苹果产品之美的一个关键特征是简洁。因为简洁，所以方便使用。许多例子都表明，产品使用的便利性比产品所采用的先进技术方法更加重要。

之所以有这么多人认同乔布斯，还有一个原因是他通过自己的努力获得了新生。他于1985年被苹果公司解雇，他从未忘记或原谅这件事。后来他重返由自己共同创立的、濒临破产的公司，打破了商学院里教的那些公司经营规则，将它变成了一股不可忽视的力量。

最后，从一个戏剧性的角度来看，乔布斯在一个完美的时刻离世。他在事业走向巅峰的时候离开了这个世界。经历过失败以后，他取得了胜利。

第14章

魅力与腐败：近代史故事二则

2019年2月22日，《纽约时报》报道："美国联邦当局表示，美国安然公司（Enron）前首席执行官杰弗里·斯基林（Jeffrey Skilling）于星期四（2月21日）已被联邦监管部门释放，他在监狱中已服刑超过12年。他曾因自己的欺诈行为致使该能源公司瞬间倒闭，成为美国最引人注目的公司欺诈案。"

在20年前的美国，没有人想到这样的判决会出现在全国性的报刊中。在20世纪90年代末，斯基林是人们赞美和效仿的对象，同时也令人感到畏惧。他不是奥普拉·温弗瑞或史蒂夫·乔布斯那样的名人，但对商学院的学生和教授来说，他是热门人物。1997年，斯基林成为安然公司的首席运营官。2001年2月12日，他成为该公司的首席执行官。前一年他拿到1.32亿美元的赔偿金。安然公司的销售额从1991年的135亿美元飙升至10年后的1008亿美元，成为美国第七大公司。2001年初，其市值为625亿美元，当时的市盈率为64倍。在过去五年中，安然公司为其股东带来了507%的回报。《财富》杂志连续六年将其评选为"美国最具创新性公司"。

贝萨尼·麦克莱恩（Bethany McLean）是美国最著名的商业记者之一，他说："从远处看，杰弗里·斯基林似乎是现代最完美的首席执行官。他时髦、有才华、迷人、勇敢、前卫——这些是每个高管都想拥有的特质。他的身上有一点野性、男子气概，虽然他也是一个知识分子。人们都会被他迷住……"就像高管羡慕斯基林一样，其他公司也羡慕安然公司。这些公司认为安然公司的领导者很有进取心。"他们是先驱者，他们在改变市场。你应该成为他们那样的人"。

斯基林于1953年11月25日出生于美国匹兹堡，在家里的四个孩子中排行老二。他的父亲是一名销售经理，在一家为重型机械制造大号阀门的公司工作。由于父亲工作调动，他们一家从匹兹堡搬到了新泽西州的韦斯特菲尔德（Westfield），位于纽约市的郊区，当时斯基林还是个婴儿。12岁时，斯基林的父亲又换了一份工作，于是全家搬到了伊利诺伊州的奥罗拉（Aurora），那是芝加哥郊区。

斯基林在奥罗拉的青春期过得相当不快乐和孤独。他在学校成绩很好，在一个600人的班里，他以第16名的成绩毕业，但他觉得这"纯粹是无聊"。斯基林出身于一个中下层家庭。为了挣钱，斯基林在当地一家电视台找到了一份工作。后来电视台缺少一位制作总监，他承担起这项任务。他当时只有14岁，看样子，高中时他每个星期要在电视台工作50个小时。他存下了1.5万美元，全部用来炒股，结果赔得精光。碰巧，他又得到了3500美元，于是再次投资股票，结果他又失去了一切。18岁时，斯基林就显露出了一种终生的嗜好，他是个赌徒。

斯基林就读于南卫理公会大学（Southern Methodist University）的工程学专业，他不喜欢这个专业，因而学业成绩不佳。然后他转到了商科，在那里找到了自己的职业方向。他的成绩很好。毕业后，他在休斯敦的一家银行找到了工作，并很快成为该银行最年轻的高级职员。

接下来他前往商学院深造。他只申请了一所学校——哈佛大学。根据麦克莱恩和彼得·埃尔金德（Peter Elkind）的权威著作《房间里最精明的人：安然破产案始末》（*The Smartest Guys in the Room*）的说法，他在休斯敦的凯悦酒店（Hyatt）接受了哈佛大学商学院主任的面试。主任问他："斯基林，你精明吗？"他答道："我非常精明。"

我们不清楚这里的"主任"指的是招生主任（这是一个行政岗位，而非学术岗位）还是系主任（这是一个具有极高威望的终身学术职位）。系主任就是学院的首席执行官。很难相信他会这样跟当时的哈佛大学商学院院长拉里·弗雷克（Larry Fouraker）说话。无论如何，用"非常精明"来介绍自己——虽然他的确如此，对任何一名哈佛大学商学院的申请者来说都是一场豪赌。他要么立即被拒绝，要么立即被录取，因为没有申请人会像他这样描述自己。这次"赌博"成功了。无论是谁有幸被哈佛大学商学院录取了，都一定会对结果感到满意。1979年，斯基林从哈佛大学商学院毕业，并获得"贝克学者奖"（Baker Scholar），这意味着他在900名毕业生的激烈竞争中排名位于前5%。

斯基林的下一站是麦肯锡公司，这是一家成立于1926年的著名管理咨询公司。无论过去还是现在，从哈佛大学商学院到麦肯锡公司，这是很多人都会选择的道路。麦肯锡公司的用人之道是"不晋则退"，而斯基林一路升迁，5年后成为合伙人，10年后成为董事。他从达拉斯的办公室起步，不久就搬到了休斯敦，与其他两名员工共用一间办公室，后来他的办公室变得越来越大。

20世纪70年代，管理咨询行业迅速发展，麦肯锡公司、波士顿咨询集团（Boston Consulting Group）和贝恩公司（Bain）等都在奋力争夺哈佛大学商学院的优秀毕业生，当时的起薪高达6万美元。这些公司的主营业务都是为客户提供建议，主要是提供战略咨询，具体实施还要由客户自己定夺。麦肯锡公司非常适合斯基林，他喜欢宏大的战略，而不在意细节。

20世纪70年代和80年代，美国政府对许多行业放松了管制。天然气行业也不例外。传统上，天然气由政府定价，通过私有管道从生产商转移到当地公用事业公司。到20世纪80年代末，天然气的价格由不受监管的市场决定。

斯基林的观点是，人们受金钱和恐惧的驱动。斯基林有这种看法不足为奇，他是自由市场的信徒。对他来说，放松管制意味着机遇。在美国的能源之都工作，这是一个历史性的机会，他可以像迈克尔·米尔肯利用"垃圾债券"那样，利用天然气创造一个前所未有的市场。

在麦肯锡公司，每个人都想从小办公室搬到大办公室去。方法是向在该地区开办公司的客户进行推销。技巧是提出变革性策略。斯基林把一个宏大的战略出售给了安然公司。安然公司成为他的主要客户，这一度是麦肯锡公司最著名的成功案例。

安然公司非常需要一个全新战略。这是一家陈旧而乏味的公司，处于一个稳定、低利润、低增长的市场中。安然公司的历史可以追溯到1925年，但其现代历史开始于1985年，由总部位于奥马

哈（Omaha）的联合北方公司（InterNorth）与休斯敦天然气公司
（Houston Natural Gas）合并而成。

这家新成立的公司首席执行官是肯尼思·李·莱（Kenneth Lee
Lay），他于1942年出生于密苏里州的蒂龙（Tyrone），后就读于
密苏里大学。肯尼思·李·莱从公共部门转向私营部门，在这个过
程中还获得了休斯敦大学经济学博士学位。1984年，他成为休斯敦
天然气公司的首席执行官。第二年，该公司与联合北方公司合并，
更名为安然公司，肯尼思·李·莱成为新公司的负责人。他买卖了
许多子公司。他的目标是快速发展。但是该如何实现？

公司并未取得多少进展。肯尼思·李·莱是一个平庸的经营
者，他喜欢自在的生活，但也明白政治权力的重要性。他是布什
家族最喜欢的商人。乔治·W.布什称他为"肯尼小子"（Kenny
boy）。他将越来越多的时间花在跟政客闲聊和为他们筹集资金
上，因此投入到公司业务上的时间就越来越少，他对公司业务的兴
趣也日渐消退，越来越不了解公司的情况。

斯基林提出了一种在全新的不受监管的天然气行业中联系买卖
双方的方法，他认为这种方法是一个重大突破，能够使安然公司成
为做市商[①]（market maker），从而获得丰厚利润。他的办法就是
"天然气银行"（Gas Bank），1987年底，斯基林向安然公司的25
名高管推销了"天然气银行"的计划。公司最终采纳了这个想法。
顾名思义，斯基林提议将安然公司变成金融产品交易公司。在由公

① 即在没有市场的地方创造出市场。——编者注

司缔造或拓展至前所未有的规模的市场上，公司的天然气资产和可靠收入将成为在这个市场上推出无形产品的跳板。

斯基林"使天然气摆脱了物理特性的限制，摆脱了其分子和运动的限制"。这种贸易意味着安然公司无须拥有一套资产——天然气储存设备和管线——就能够简单拥有一系列合同，使自己可以控制所需的资源。安然公司不再将自己通过管线系统输送天然气当成一种责任承诺；安然将自己的责任承诺转变为一种金融承付义务，"这是一种全新的将生意概念化的方式"。这种"全新方式"被称为"轻资产"。它所需要的资本很少，因此有机会提高资本回报率。当人们描述斯基林时，使用了诸如"才华横溢"或"我所遇见的最精明的人"等语句。斯基林的超凡形象开始深入人心。

起初，"天然气银行"和相关的交易活动并未兑现承诺。斯基林知道原因：他并未亲自参与管理。1990年6月，他离开麦肯锡公司，成为新成立的安然金融公司的首席执行官。在接受这份工作之前，斯基林提出了一个要求，麦克莱恩和埃尔金德称之为"奇怪的要求"。他坚持使用按市值计价模式，而不是历史成本计价模式，后者是当时天然气行业的通用模式。这对他来说太重要了，他告诉肯尼思·李　莱，如果安然公司不能满足他的要求，他就不会加入安然公司。为什么这一变化对斯基林来说是关系成败的问题？

会计被称为"商业语言"。其目的是为投资者、管理层、供应商以及与该公司有利益关系的其他各方提供公司经济实况的准确描述。要做到这一点并不容易。

对某些情况下的某些行业而言，市值计价模式是合法的会计方法，它能尽可能地反映出公司最准确的情况。事实上，这是19世纪美国标准的会计方法。它"按照当前市场水平对（公司）资产进行估值"，可以体现出：如果公司今天出售资产，能够获得多少收益"，因此它也被称为"公允价值计价模式"。相比之下，历史成本计价模式是将资产按照购买时的原始名义货币成本进行估价。这两种方法没有好坏之分。在不同时期和不同资产中，两种方法都有可能真实地描述现实情况。

2001年12月2日，安然公司宣布破产。2001年1月1日，公司的市值为625亿美元。仅11个月，这些市值就全部蒸发了，创下了当时美国商业史上规模最大的公司破产纪录。

在这场灾难中，市值计价模式一直备受关注。按照传统的历史成本计价模式，如果你签订了一份为期20年的合同，那么你每年都可以将所得收入入账。至少在斯基林时代，安然公司采用了市值计价模式，你可以在签订该合同的当天，将该合同的预计价值全部入账。在随后几年里，你需要记录合同价值的变化。

为什么斯基林如此坚决地采用市值计价模式？麦克莱恩和埃尔金德给出了一个解释，斯基林"从来就没有放弃他当顾问时的那种自负，认为创意最重要，应该得到回报……一笔生意应该在它产生的那一刻起就可以向人们显示它所能赚取的利润。否则，生意人只不过是票据操纵者，只能从过去那些伟人所设计的方法中收获利润。"

"没有哪一种方式能替代这种方式，"斯基林说，"这反映了真正的经济价值。"

也许斯基林真的说过这样的话。然而，他所说与所做之间的确存在巨大的差距。他在安然公司工作了11年，尽一切可能让会计报表不要反映"真正的经济价值"。在他的努力之下，他取得了巨大的"成功"，最终在监狱里服刑超过12年。

任何会计方法都可能被像斯基林这样根本不诚实的人滥用。20世纪80年代末，在天然气行业，市值计价模式可能很容易被滥用，因为放松管制使原有的规则变得无关紧要。没有人知道取代这些规则的将是什么，而斯基林知道答案。

安然公司在处理会计问题上之所以会遭遇惨败，另一个原因在于公司隐藏债务的方式。为了隐藏债务，安然公司开始着手构建"特殊目的实体"，通过巧妙的手段，将堆积如山的债务从资产负债表中抹去。

安然公司拥有"轻资产"的说法一直都是假的，它在世界各地拥有硬资产的主要所有权权益。一个典型的例子是位于印度孟买以南100英里处的大博电厂（Dabhol power plant）。这个建设项目耗费了大量资金，结果却没有产出任何收益，安然公司在其他硬资产上的投资也是如此。但该公司的财务报表非常模糊，需要经过大量的调查才能看出实际情况。本应承担这项工作的人——商业记者、评级机构、股票分析师、安达信会计师事务所（Arthur Andersen，它承担了对安然公司的审计工作）、公司律师、董事会审计委员会，其中包括1983年至1990年斯坦福大学商学院院长、会计学教授罗伯特·K.杰迪克（Robert K. Jaedicke）——却没有这么做。可能是这么做不符合他们自己的利益，因为他们当中的许多人都要靠安然公司养活自己，也可能他们已经被网络公司市值的扩张弄得眼花缭乱，相比之下，安然公司反倒显得保守（这听上去难以置信，但确实如此）。2000年3月，纳斯达克市盈率为175。

天然气合同有效期往往长达10年或20年。自合同签订后20年，天然气的价格极有可能保持乐观的态势（我找不到更好的词了）。按照市值计价模式的要求，20年合同的价值必须在合同签署之日入账，因此，无论是谁参与谈判，都能获得丰厚的奖金，安然公司损益表的顶行数字（即销售量）也相应增加了。在一连串繁忙的操作过后，安然公司明年需要再签订一份这样的合同，接着再签订一份这样的合同，却不考虑对未来10年或20年内天然气价格不可预测的波动性进行审慎评估。

斯基林涉足钢铁、金属、广告、宽带、气象等领域，这增加了上述风险。他的想法是利用他人资产的前景来赚钱。"在过去，"斯基林说，"人们为资产工作。现在局面扭转了——变成了资产为人们工作。"把那些句子再读一遍。它们听起来不错，但毫无意义。

1990年，斯基林聘请安德鲁·法斯托（Andrew Fastow）为安然金融公司工作。当时法斯托29岁。他与一位富婆结了婚，与安然公司的其他人一样，他也无比渴望金钱，这一点说明了很多问题。法斯托认为斯基林是胸怀大志的人。他没有放弃任何讨好他的机会。法斯托给长子取名杰弗里。法斯托的资产负值表外的特殊目的实体让法斯托赚了数百万美元，他不止一次为了自己的利益牺牲了安然公司的利益。东窗事发后，他被判处有期徒刑六年，缓刑两年。

随着安然公司在20世纪90年代的发展，斯基林的权力也越来越大，在重重险境中击败了对手。1997年，他成为安然公司的总裁和首席运营官，地位仅次于肯尼思·李·莱，而肯尼思·李·莱当时对公司的情况一无所知。肯尼思·李·莱一边出售自己账户上数百万美元的股票，一边不停地吹捧安然公司的股票。与此同时，斯基林"为世界提供了一个强大，甚至是有魅力的全新安然公司的愿景"。它将成为互联网正在创造的"新经济"中具有影响力的参与者。他确信，鉴于20世纪90年代末网络公司的估值，安然公司股票的定价应该比以前高得多。

超凡魅力往往有一个与外表有关的维度，对斯基林来说也不例外。在20世纪80年代末，他"不是引人注目的人物——他个子矮小，略微发胖，而且秃顶"。他戴着一副眼镜。到了20世纪90年代末，他通过准分子激光手术摘掉了眼镜，而且"他决意要努力进行调整"。"他开始减肥，并在两个月后减轻了65磅。他……开始使用生发剂来治疗秃顶。43岁的时候，他好得不能再好了。"他认为自己将从肯尼思·李·莱手中接管整个公司，肯尼思·李·莱才智平庸，对公司运营也不闻不问，这使他变得越来越无关紧要。2001年2月12日，斯基林终于爬上了巅峰。他取代肯尼思·李·莱成为安然公司的首席执行官。他依然带着法斯托，并于1998年任命他为首席财务官。从1997年到2000年，斯基林那魅力四射的"绝顶智慧"得到了市场的回报，一个季度又一个季度，安然公司达到了预期的盈利指标。大家都很高兴。

之所以能取得如此优秀的业绩，是因为安然公司采取了一种方法。之所以选择这种方法，不是因为它有多么不同寻常，而是因为它是非常典型的，而且与法斯托经常炮制的那些令人厌烦的计划不同，这个方法很容易理解。

1999年第四季度即将结束时，安然公司已拥有三座巨型发电厂，漂浮在尼日利亚海岸的驳船上。无须了解细节。安然公司知道，如果不出售这些资产，它将失去季度收益，"纸牌屋"[①]也将崩塌。

安然公司向其投资银行美林证券公司施压，要求对方购买油轮，并承诺在本季度结束后回购这些油轮。这让美林证券公司陷入了两难境地。"如果回购担保是真实的，那么这次出售就是一场骗局……如果安然公司不能保证回购，美林证券公司就要冒着损失700万美元的风险买下这些资产——尼日利亚的驳船。没人想要这些东西。"美林证券公司显然经过了一定的深思熟虑，但也没有深思太多，就同意了这一提议。计划成功了。2000年1月18日，安然公司宣布它达到了华尔街的要求。

这样的故事还有几十个，现在你应该对安然公司的经营方式有了充分的了解。如果某一个季度的业绩非常糟糕，无法弥补，这种计划肯定会失败。正如所有在互联网泡沫中崛起，但没有坚实收入和实际利润作为基础的公司一样，2001年，这种计划给公司带来了灾难。安然公司的特别之处主要在于其规模异常庞大。

崩塌来得非常快。维基百科上写道："在2000年年中，安然股票每股高达90.75美元，到2001年11月底，每股股价暴跌至不到1.00美元，此后股东们提起了400亿美元的诉讼。美国证券交易委员会

---

① 指不切实际无法实现的计划。——编者注

开始介入调查，其竞争对手休斯敦达力智公司（Dynegy）提出以极低的价格收购安然公司，但是交易失败了。2001年12月2日，安然公司根据《美国破产法》第11章之规定申请了破产。"

如此大规模的公司破产不仅令人感到沮丧，更是带来了悲剧性的后果。克利夫·巴克斯特（Cliff Baxter）毕业于纽约大学（New York University），1980年至1985年在空军服役，退伍前获得了上尉军衔。他在哥伦比亚大学获得工商管理硕士学位，1991年加入安然公司，一路晋升为首席战略官。2001年12月公司破产后，他计划于次年2月前往国会委员会作证。

大厦倾倒后，巴克斯特被控赔偿3000万美元。斯基林没有多少朋友，巴克斯特就是其中之一。2002年1月25日，巴克斯特在他的黑色奔驰轿车中，向自己的头部开了一枪。

2004年7月7日，肯尼思·李·莱因被起诉犯有包括证券诈骗、电信欺诈以及虚假陈述在内的11项罪状。2006年5月25日，陪审团裁定他犯有6项罪状，包括共谋罪和欺诈罪。在另一次审判中，西门·T.莱克三世（Simeon T. Lake III）法官判定他犯有4项罪行，包括欺诈罪和虚假陈述罪。2006年7月5日晚上，在科罗拉多州的阿斯彭（Aspen），肯尼思·李·莱在凌晨一点时起床去洗手间，结果心脏病发作，医治无效死亡。其他十几名高级管理人员也被法院定罪。

高层渎职影响了两万多名安然公司的员工，他们失去了工作。在安然公司位于休斯敦的明亮的总部大厦里，那些处在顶层的人做出了种种不负责任和违法的行为，导致了许多的个人悲剧，而这些悲剧永远不会被公之示众出。除了安然公司，与安然公司串通一气的审计机构安达信会计师事务所也突然崩溃，它的倒闭导致近三万人失业。斯基林呢？他怎么样了？

2001年8月14日，斯基林宣布从安然公司辞职。他对这一惊人举动的唯一解释是"个人原因"。他一直抱怨自己已经无法在生活中找到乐趣了。他想和孩子们一起度假，而不是忍受经营大公司的日常琐事。

斯基林在一个渴求了多年的岗位上只工作了六个月就辞职，其中的真正原因我们无从得知。他看起来的确十分抑郁，让周围的人非常担心。1997年，他的第一段婚姻以失败告终。他和第一任妻子有三个孩子（两个男孩和一个女孩），直到2002年才再婚。所以在这个无情的世界里，家不是天堂。然而，"个人原因"听起来不像世人所知的那个傲慢的且令人害怕和厌恶的斯基林所说的话。

麦克莱恩和埃尔金德说："如果他的辞职确实有一个特殊的个人原因，那么没有人……知道这个原因到底是什么。"但他们也怀疑斯基林很有可能发现了大厦将倾的迹象，于是提前逃离了。"很难发现任何证据证明斯基林——他曾经告诉《商业周刊》，说自己'从来没有在工作或生意中成功过'——曾经承认过他在安然失败了，甚至对他自己也没有承认过。"

在斯基林辞职的同一天，一个名叫谢伦·沃特金斯（Sherron Watkins）的会计师向肯尼思·李·莱递交了一封信，肯尼思·李·莱在斯基林辞职后再次担任首席执行官。在这封信中，沃特金斯写道："我特别担心安然公司会因会计舞弊丑闻而崩溃。"如果她知道这一点，那么斯基林恐怕也很难否认自己知道这一点。

斯基林的否认能力也不应被低估。公司破产后，斯基林在宣誓后接受了当时的众议院议员埃德·马基（Ed Markey）的质询，他说："国会议员，我可以再说一遍。当我辞职时，我非常明确地相信公司状况良好。"这是一个惊人的说法。这个证人要么是笨蛋，要么是骗子。

麦克莱恩和埃尔金德认为，斯基林辞职的真正原因是安然公司股票价格下跌。"不管安然公司的实际生意状况如何，如果安然公司股票能继续上涨，那么斯基林就可能不辞职了。当斯基林说自己离开是因为个人原因时，他并没有撒谎——股票的急剧下跌就是个人原因。对斯基林来说，安然公司的股票价格是他生命中最重要的个人事务之一。"

斯基林的辞职仍然是个谜。但我们知道的是，面对绝望的商业形势，让肯尼思·李·莱重新掌权是可笑的不当反应。不管怎样，斯基林在安然公司最需要他的时候逃之夭夭，这充分说明了此人的性格。许多人信任他，而他背弃了人们的信任，自己卷走了数千万美元。

安然公司确实即将"因会计舞弊丑闻而崩溃"。安然公司的会计问题为被称为《萨班斯—奥克斯利法案》（Sarbanes-Oxley）的立法改革提供了强大的推动力，这是两党（民主党与共和党）共同努力的结果，旨在禁止像安然公司这样滥用职权的做法。但安然公司的兴衰不仅仅是一个关乎会计行业的故事，它讲述的是斯基林这位浮夸的、被高估的、具有超凡魅力的商业领袖的故事，他构建了一种商业模式，这种模式只有在股价持续快速攀升、不停顿、不衰退、永远持续的情况下才能成功，这在现实商业世界中是不可能的。沃伦·巴菲特（Warren Buffett）有句名言，只有在潮水退去时，你才会知道谁一直在裸泳。现在潮水退去了，斯基林就像他出生时一样，赤裸裸地站在了人们面前。他没有"绝顶智慧"，他只是个骗子。

犯罪的代价是在监狱里服刑12年。陪审团认定他犯有共谋罪、内幕交易罪、向审计员作虚假陈述和证券欺诈等罪行。在斯基林服刑期间，他的父母去世了。他的小儿子约翰·泰勒·斯基林（John Taylor Skilling）在20岁时死于药物过量。他当时是加利福尼亚奥兰治市查普曼大学（Chapman College）通信专业的学生。是自杀吗？更多证据表明这是一次意外的用药过量。但用一位心理学家的话说："当一个年轻人钦佩并尊重的父亲犯下了滔天罪行，这可能对他造成严重的心理打击……"

克利夫巴克斯特死了。肯尼思·李·莱死了。约翰·泰勒死了。但斯基林依然生龙活虎，他正打算重返商界。他的这一计划肯定会让读者掩卷沉思。

一个人可以假装有魅力吗？确实可以。当今的商界如此需要超凡魅力，因此伪造魅力的机会也越来越多。斯基林有能力吸引大批追随者，却伪造了公司业绩。我们下一个故事讲的是一个人将个性的伪造延伸到产品的伪造。伊丽莎白·霍姆斯（Elizabeth Holmes）是乔布斯的崇拜者，同时她也在尽力模仿他。

霍姆斯登上了2014年6月12日《财富》杂志的封面。她是希拉洛斯公司（Theranos）的创始人和首席执行官。在封面上，她用一双蓝色的大眼睛凝视着读者。她穿着黑色的衣服，上身是乔布斯标志性的黑色高领套头衫。

她也模仿乔布斯的攻击性，封面上写着："为血液而生的首席执行官。"这个标题是对希拉洛斯公司业务的一语双关。霍姆斯提议通过血液检测的革命性发展来拯救生命，实现早期诊断，让患者可以接受更好的医疗保健服务，同时使医生能够更加迅速地对疾病展开治疗。和苹果公司的乔布斯一样，霍姆斯对自己的产品开发严格保密。但与乔布斯不同的是，她在出售任何东西之前，不只是通过《财富》杂志，而是通过整个媒体界宣布了自己的成功。

霍姆斯的惯用手段就是展示她所模仿的、虚假的魅力。她把自己假装成别人，然后去推销一种完全存在于她想象中的产品。

希拉洛斯公司的血液检测没有为客户提供可靠的检测结果。2014年，她的公司市值为90亿美元，2018年公司破产。如今她呈现在世界面前的形象就是一个骗子，这也证明了魅力的危险性。这一切是怎么发生的？

《财富》杂志封面的副标题是"伊丽莎白·霍姆斯和她神秘的希拉洛斯公司，旨在改革医疗保健。"《财富》杂志是第一个将霍姆斯作为封面主角的出版物。这篇文章对她极尽恭维。希拉洛斯公司［这个名字由治疗（therapy）和诊断（diagnosis）两个词拼合而成］当时有500名员工，并从投资者那里筹集了4亿多美元。用霍姆斯的来话说，"希拉洛斯公司的宗旨是做好事"。后来她经常重复一句话："不必过早地向你所爱之人说再见，我真的找不到还有什么能比这个更重要的了。"这两句话表明她在为社会做贡献，而不是在赚钱。希拉洛斯公司要建立一个"检测基础设施"，将血液检测结果立即传送给患者和医生，从而拯救生命。

《财富》杂志报道了霍姆斯的事迹之后，《福布斯》杂志紧随其后。该杂志也刊登了一篇关于霍姆斯的文章，题为《神奇的血液》（*Bloody Amazing*）。文章说她是"白手起家成为亿万富翁的最年轻的女性。"她以45亿美元的资产登上了"福布斯美国400富豪榜"，排名第110位，并登上了这期杂志的封面。此后不久，霍姆斯出现在《公司》杂志（*Inc.*）的封面上，标题为"下一个史蒂夫·乔布斯……"该杂志称，希拉洛斯公司现在的价值为100亿美元。

2014年对霍姆斯来说简直是超乎寻常的一年。杂志、报纸、广播和电视的采访接踵而至。她被《时代周刊》提名为100个世界上最具影响力的人物之一，受邀加入哈佛大学医学院研究员理事会，被当时的美国总统奥巴马任命为美国全球创业精神大使。我们不妨了解一下霍姆斯的身世和经历。

1984年2月3日，霍姆斯出生于华盛顿哥伦比亚特区，这大约是在苹果公司著名的"超级碗"广告播出两周之后。她的父亲是克里斯蒂安·拉斯马斯·霍姆斯四世（Christian Rasmus Holmes IV）。他是安然公司的副总裁，在安然公司丑闻爆发后之后，他在联邦政府中担任了许多高级职务。她的母亲诺尔·安妮·霍姆斯（Noel Anne Holmes）在国会工作，其父亲毕业于西点军校，在五角大楼担任高级官员。霍姆斯的高祖父是查尔斯·路易斯·弗莱施曼（Charles Louis Fleischmann），他是一位匈牙利犹太人，创立了弗莱施曼酵母公司（Fleischmann's Yeast）。1897年弗莱施曼去世之际，他成为美国最富有的人之一。他的子孙们过着奢侈的生活，恣意挥霍他们的财富。

霍姆斯的父母不是超级富豪，但肯定也算不上贫穷。他们有能力将她送到休斯敦的上等私立学校接受学前教育。他们花钱请了一位汉语家教，因此霍姆斯的汉语说得很流利。她们一家最终搬到了加利福尼亚州的伍德赛德（Woodside），这是硅谷消费最高的城镇之一。2001年秋天，霍姆斯考入斯坦福大学。

9岁时，霍姆斯给父亲写了一封信，信中说道："亲爱的爸爸，我想从生活中发现一些新东西，一些人类尚未知道的事情……"大约也是这个时候，一位亲戚问霍姆斯，长大后想做什么。霍姆斯毫不迟疑地回答："我要做一个亿万富翁。"她在潜意识里是否渴望获得像弗莱施曼拥有的那样巨额的财富？她是不是渴望重新过上昔日的奢华生活？还是说她真的想为世界创造一个全新的未来？这些目标未必会相互排斥。她是不是都想要呢？

霍姆斯过去是谁？现在是谁？她是不是所谓的"打着高尚事业的旗号行骗"的例子？2018年8月22日，勇敢的《华尔街日报》记者约翰·卡雷鲁（John Carreyrou）在参加吉姆·克拉默（Jim Cramer）的节目《我为钱狂》（Mad Money）时使用了这个表达，正是约翰的文章终结了希拉洛斯公司。

大二时霍姆斯从斯坦福大学退学。硅谷的魅力故事里经常出现从大学辍学的人物身上。如果她完成了大学学业，可能永远实现不了日后的"巨大成功"。她想要非凡的成功，第一步是创造一个硅谷神童白手起家的故事。

第二步是创办一家公司。她将公司命名为"实时治疗"（Real-Time Cures），但她放弃了这个名字，因为她觉得"治疗"这个词会引起怀疑，并且需要有结果。她希望公司定位于遥远的未来，现在并不重要。于是她将公司名字改成希拉洛斯，听起来像是一个神明的名字。该公司成立于2003年。直到2018年9月才停止运营。

2014年，公司发展迎来高潮，宣传报道铺天盖地。当年的董事会成员包括美国前国务卿乔治·舒尔茨（George Shultz）；美国前海军上将加里·拉夫黑德（Gary Roughead）；美国前国防部长威廉·佩里（William Perry）；美国前参议员萨姆·纳恩（Sam Nunn）；美国海军陆战队前将军詹姆斯·马蒂斯（James Mattis），后来成为特朗普政府的第一任国防部长；美国前参议员威廉·弗里斯特（William Frist），他也是一名外科医生；美国前国务卿亨利·基辛格（Henry Kissinger）；富国银行（Wells Fargo）前首席执行官理查德·科瓦切维奇（Richard Kovacevich）；贝克特尔集团董事长赖利·P.贝克特尔（Riley P. Bechtel），以及美国疾病防控中心前主任威廉·H.福奇（William H. Foege）。不用说，这是一个相当杰出的群体。

董事会成员还包括该公司首席运营官拉米什·巴尔瓦尼（Ramesh Balwani）。遇到霍姆斯时，他37岁，霍姆斯十八九岁（尚不清楚）。两人于2005年7月开始同居。2009年，巴尔瓦尼加入希拉洛斯公司。他学习过软件工程，并取得工商管理硕士（MBA）学位，但没有接受过医疗方面的训练。霍姆斯和巴尔瓦尼从未公开透露或向董事会透露他们住在一起的事。两人于2016

年春天分手。2019年，霍姆斯与27岁的威廉·埃文斯（William Evans）秘密结婚，据称埃文斯是加州连锁酒店埃文斯酒店集团（Evans Hotel Group）的继承人。也许她终于找到了真爱，但她现在即将接受审判，可能面临20年监禁。

希拉洛斯公司董事会的主席当然是霍姆斯。美国海军陆战队前将军詹姆斯·马蒂斯谈到她时说："她确实想在宇宙中留下印记——一个正面的印记。"（后一句话似乎是多余的。）詹姆斯·马蒂斯解释说："在军队中，领导者的远见卓识决定了部队的表现。我想再次追随一个具备这种领导力的人。"

一个显而易见的问题是：希拉洛斯公司究竟如何生存下来并且繁荣发展了15年？这家公司完全是一场骗局。它的技术一直没有成熟，也根本不可能应用于实际。然而，据估计，希拉洛斯公司筹集了10亿美元的资金。最大的投资者不是别人，正是鲁伯特·默多克，他向该公司投入1.25亿美元。最讽刺的是，《华尔街日报》的报道终结了希拉洛斯公司，而默多克正是这家报纸的老板。

霍姆斯的个人魅力是希拉洛斯公司现象出现的必要但不充分条件。她以多种方式塑造了自己的魅力形象。

第一，霍姆斯从来不会直接回答问题。当有人提出质疑，直接向她提问时，她会像一个优秀的拳击手那样快速地上下左右摆动身体，躲避对方的质疑之"拳"。

第二，霍姆斯懂得如何施展魅力。老年人尤其容易受到影响。看看2014年公司的董事会成员。那年乔治·舒尔茨94岁，亨利·基辛格91岁。2006年，阿瓦·特凡尼安也加入了希拉洛斯公司董事会，我们在前文提到过他，他曾与乔布斯在NeXT和苹果公司共事。他提出了许多疑问，结果次年就被赶出了董事会。2006年，特凡尼安45岁，还不到2014年舒尔茨和基辛格年龄的一半。

第一个识破霍姆斯的是一位名叫菲丽丝·加德纳（Phyllis Gardner）的女性，她是斯坦福医学院教授，在风险投资领域也有丰富的经验。她始终致力于提高女性在科学领域的地位，同时也担任导师。2002年，霍姆斯找到加德纳，向她讲了皮肤贴片的想法，这种贴片可以扫描人体，判断人体的感染情况，并自动提供相应的抗生素。加德纳告诉她，这个想法行不通，永远都不可能实现。后来霍姆斯再次去找她。加德纳告诉她这个想法不可能实现，但霍姆斯没有接受劝告。希拉洛斯公司成立时，加德纳告诉人们，霍姆斯不可信。加德纳曾说："这些年对我来说十分艰难，部分原因是女性都在崇拜她。我不希望她们崇拜骗子。"

2019年3月，加德纳说："我只希望她能被定罪。我只想看到她在黑色高领套头衫外面穿上橙色连体衣①。她让人们陷入危机，这是我不能原谅的。"

第三，霍姆斯可以在施展魅力的同时立刻收起自己的魅力。当有人以一种她认为不够忠诚的方式提出质疑时，她立刻收起魅力，摆出拒绝甚至是威胁的态度。

霍姆斯没有回头，也没有愧疚之情。2005年，她聘请了经验丰富的生物化学家伊恩·吉本斯（Ian Gibbons）担任希拉洛斯公司的

---

① 美国监狱囚服大多为橙色，这里是指霍姆斯被判刑入狱。——译者注

首席科学家。大家都说，吉本斯是个好人。希拉洛斯计划制造的产品接二连三地出现问题，他尽其所能地设计出技术解决方案。但他对自己的努力日渐灰心，霍姆斯和巴尔瓦尼也对他越来越失望。

2013年5月，吉本斯被传唤出庭作证。如果他说出实情，希拉洛斯公司所面临的无法解决的问题也将被暴露出来。但他也不愿意撒谎。他患上了抑郁症。2013年5月23日，就在出庭作证之前，吉本斯自杀了。他的遗孀联系了霍姆斯的办公室，将这一消息告诉她。霍姆斯让公司的一位代理律师给吉本斯的遗孀发去电子邮件，要求她归还所有与希拉洛斯有关的材料，而霍姆斯本人从未亲自联系过吉本斯夫人。

第四，霍姆斯拥有非凡的撒谎能力。当《华尔街日报》开始刊登约翰·卡雷鲁撰写的有关希拉洛斯公司的文章时，霍姆斯不止一次被问及相关问题。2015年10月16日，她参加了CNBC（美国全国广播公司财经频道）吉姆·克拉默的节目《我为钱狂》。吉姆·克拉默手里拿着《华尔街日报》问她："你认为这是怎么回事？"她的眼睛一眨也不眨，微笑着说："当你努力想要改变的时候，就会发生这样的事情。首先他们觉得你疯了，然后他们打击你，再然后，突然之间你改变了世界。"这9分30秒的采访是一场精彩的表演。霍姆斯毫不退让，表现出极大的自信。

作为具有超凡个人魅力的人物，温斯顿·丘吉尔（Winston Churchill）非常熟悉说真话与不说真话的情况，他在1952年写道："在战时，真相是如此宝贵，要用谎言来护卫。"在希拉洛斯公司的核心层没有真相，那里始终处于"战时"，然而这片空白地带却被一个巨大的谎言所包围。"谎言中心"的领导者是霍姆斯，站在她身旁的是她的男朋友巴尔瓦尼。他们指挥着保安人员、私家侦探和律师，这些人的专长是恐吓对手。

第五，霍姆斯的自我展示也是她塑造个人魅力形象的重要手段。在约翰·卡雷鲁所撰写的关于霍姆斯的书和无数篇文章中，这一点也被频繁提及。记者们关注她的穿着和说话方式，以及她注视着谈话对象的样子。经常被提到的就是无处不在的黑色高领套头衫。

她还练就了低沉的嗓音。当她和别人谈论工作时，她的嗓音会比自己本来的声音低八度。据说，这使她那些原本并不严肃的话具备了一种庄严感。然后是她的眼睛。她有一双明亮湛蓝的大眼睛，所有关于她的文章都说她眨眼的次数比其他人少。

和乔布斯一样，她也会让许多人陷入近乎催眠的状态。这是她的"现实扭曲力场"。她身上有些东西会让你愿意相信她。那到底是什么呢？就是上文讨论的所有要素的结合。你愿意相信她，因为这比不相信她更加容易。她是硅谷需要的人。在这个因以男性为主宰而饱受批评的环境中，她不仅是一位成功的女性——硅谷也有其他成功女性，还是一家市值数十亿美元的公司创始人和首席执行官。这才是让她登上头版新闻的原因。

那些与她互动的人（当然不是所有人），似乎都在她的诱导下呈现出某种状态，促使他们自愿停止怀疑。她摆出的强有力的姿态发挥了作用。

这是我们从霍姆斯的职业生涯的惨败中所得到的一个重要教训。超凡魅力有用，但这作用未必是无限期的，它视情况而定。你可以愚弄一些人……大量严肃的学术著作都能支持这一主张。超凡魅力的作用有正面的，也有负面的。如果它扭曲了现实，那么这样的魅力就是危险的。

在这么漫长的岁月里，霍姆斯以一种完全不现实的方式展示着公司的成功，在这个过程中，她在想什么，我们无从得知。是否像她的投资者、董事会成员、员工和着了魔的追随者一样，她自己也是个人魅力的牺牲品？

为什么要在这一章中讲这样两个故事？从表面上看，这两个故事完全不同。

负责保证安然公司健康发展的人反过来对安然公司展开了系统性的掠夺，这种事在美国商界屡见不鲜。杰弗里·斯基林、肯尼思·李·莱、安迪·法斯托和他们的同伙的所作所为似乎与19世纪60年代的"伊利战争"（Erie War）没有什么区别，当时丹尼尔·德鲁（Daniel Drew）、吉姆·菲斯克（Jim Fisk）和杰伊·古尔德（Jay Gould）为了争夺伊利铁路建设的控制权，与科尼利厄斯·范德比尔特（Cornelius Vanderbilt）展开斗争。古尔德、菲斯克和德鲁竭尽所能地窃取了一切，德鲁说："伊利铁路现在什么也没有了。"斯基林离开安然后，安然公司什么也没有了。

19世纪的那些"经济恐龙"①比21世纪的经济恐龙更加丰富多彩。例如，德鲁向华尔街推出了一种在当时看来十分新颖的金融

---

① 经济恐龙是作者的比喻，指那些像恐龙一样，对其他公司或在金融市场大肆掠夺的人。——编者注

工具——"掺水股票"。这相当于安然公司的特殊目的实体。掺水股票是指被人为夸大价值的股票，这当然也是安然公司的专长。这个词的起源非常有趣。在进入华尔街之前，德鲁曾做过牛贩子。据说他会先让牛缺水，然后让牛舔舐盐砖，在这些牛被出售前给它们喝水，从而增加体重。德鲁也是卖空的先驱。他警告说："如果一个人卖出自己没有的东西，那等待他的不是赔偿买主损失就是进监牢。"安然公司的人没有那么诗情画意，但从头至尾都不诚实。

从表面上看，希拉洛斯公司与它们不一样。它由一位富有个人魅力的、迷人的年轻女性掌舵，她在创立公司时还只是个十八九岁的年轻女性。希拉洛斯公司呈现出的形象似乎是一家以人类福祉为本的公司。霍姆斯表示，自己之所以选择建立公司，而不是非营利组织，是因为她认为企业能够更好地实现那些高尚的目标。正如霍姆斯反复重申的那样，"希拉洛斯公司的宗旨是做好事"。

安然公司出现的金融欺诈与金融本身一样具有悠久的历史。但希拉洛斯公司的爱迪生血液检测设备完全是一项关于未来的技术黑箱。这项突破性的工程将解决现有血液检测实验室永远无法解决的问题，因为就现状而言，现有的血液检测实验室已经做得足够好了。

斯基林做过的一些事情——公开将一位提出合理问题的分析师称为"混蛋"，为他所谓的适者生存的世界而自豪，让那些他认为太蠢而无法"明白"（他经常这么说）他的生意的人感到害怕——在很大程度上与霍姆斯完全不一样。霍姆斯一心只想逢迎。

但这两个故事有很多共同之处。

安然公司和希拉洛斯公司都依附于名人，这是这两家公司的第一个共同点。两家公司的董事会都是明星云集。安然公司每年两次邀请比尔·克里斯托尔（Bill Kristol）和保罗·克鲁格曼（Paul Krugman），讨论未来发展。他们一次能够得到25 000美元的报酬。该公司与布什家族的亲密关系也不是秘密。安然公司杰出公共服务奖的获得者包括纳尔逊·曼德拉（Nelson Mandela）、科林·鲍威尔（Colin Powell）、米哈伊尔·戈尔巴乔夫（Mikhail Gorbachev）和艾伦·格林斯潘（Alan Greenspan）。2001年，格林斯潘获奖后，第二年这个奖项就取消了。希拉洛斯公司的董事会成员更是大人物中的佼佼者。这些名人的名单足以写满一整本书，其中还包括比尔·克林顿，他对霍姆斯赞赏有加。这两家公司都依靠与名人的关系，避开了监管者窥探的目光，也打消了公司里那些秉持良知、明辨是非对错的员工的疑虑。

这两家公司的第二个共同特点是，它们生动地诠释了解除管制的危险性以及公共监督对私营企业的重要作用。20世纪70年代，美国开始解除商业管制。到1975年，华尔街的解除管制已经全面展开。10年后，美国开始对航空公司解除管制。在罗纳德·里根的第一次就职演说中，有这么一句名言："政府不是问题的解决手段，政府就是问题本身。"2000年6月，肯尼思·李·莱在伦敦发表了一场演讲，阐述了解除管制所带来的奇迹效果。"如果你需要证据，那么安然公司的股票在过去10年间升值了9倍就是证据。未来10年，我们将再次实现这样的升值。"肯尼思·李·莱预测道。

事实证明，他的预测错了。如果股票价格上涨是解除管制的理由，那么股票价格下跌时是否应该加强管制？美国联邦政府也这么认为。2002年的《萨班斯—奥克斯利法案》旨在"提高公司根据证券法所进行的自身财务状况披露的准确性和可靠性，从而保护投资者……"当然，2008年的金融危机表明，在某些情况下，政府干预是解决问题的唯一办法。不受管制的个人贪欲才是问题所在。

2015年，希拉洛斯公司之所以能够与沃尔格林公司①（Walgreens）在亚利桑那州建立合作关系，唯一的原因是该州通过了一项法律，允许居民在没有医生诊断单的情况下进行血液检测。约翰·卡雷鲁称"这项法案事实上是由希拉洛斯公司自己草拟的"。如果这项法案没有通过，亚利桑那州人民的健康将得到更好的保护，免受希拉洛斯公司的威胁。

霍姆斯曾含蓄地向记者暗示，希拉洛斯公司的血液分析仪将提供给驻守阿富汗的美国士兵使用。但事实并非如此，因为美国陆军要求美国食品和药品管理局证明这些设备的性能符合要求。而希拉洛斯公司从不打算出示这种认证，因为它的技术从未得到过应用。这就是一个教训。下一次当你听到有人说政府就是问题本身的时候，你需要再三考虑。

霍姆斯和斯基林属于同一类人，因为他们都证明，在这个现代社会，在我们看到了那么多公司欺诈之后，我们依然会上当受骗。他们都精通说谎。的确，他们的谎言"好"得惊人，足以愚弄许多聪明人，但谎言总有被戳破的一天。

---

① 沃尔格林公司是美国一家知名的药品、食品零售连锁公司。——编者注

许多魅力型领导者都取得了伟大的成就。我们如何才能从真品中分辨出赝品，找出假装有魅力的领导者和真正有魅力的领导者之间的区别？个人魅力什么时候能发挥作用？个人魅力什么时候是真的？追随者会在什么情况下兴高采烈地追随？如何判断在魅力型领导者的公开展示背后是否有一个值得为之奋斗的可实现的愿景？

商业基本原理迟早都会发挥作用。这些产品必须有用，必须有人来购买产品。早期的投资者想要卖出他们的股票，而后来的投资者必须愿意买进股票。"现实扭曲力场消失后，事情的本来面目就会暴露出来。"对霍姆斯和斯基林来说，他们欺骗市场的结果是为自己和他人带来了一场灾难。

我们可以引用本杰明·富兰克林1758年的畅销作《财富之路》（*The Way to Wealth*）中的话，那是至理名言："对于别人过于信赖别人是造成许多悲剧的原因。在这世上，人之所以得救，不是靠信仰，而是靠没有信仰。"

第15章

美国商业史中的超凡魅力：昨天和今天

让我们对本书的主题进行简单的概述。本书将美国商业史分为三个阶段。一般来说，在第一阶段——从1945年至20世纪70年代中期，超凡魅力在美国商业中只起了非常微小的作用。这个时代典型的首席执行官是哈洛·柯蒂斯。在这个时期，超凡魅力不是必需品，因为美国是世界经济的领头羊。首席执行官们都是行政人员，穿灰色法兰绒西装。

埃德温·兰德明显是一个例外，他是一位极具魅力的首席执行官，创造了一种新技术，即显摄影。作为美国商界魅力型领袖的典范，史蒂夫·乔布斯非常钦佩兰德，兰德的远见卓识、精湛的技术以及表演技巧共同塑造了他那迷人的个性。

在第二个时期，从20世纪70年代中期到90年代中期，我们可以看到越来越多魅力型商界人士。其中包括李·艾柯卡、山姆·沃尔顿、玫琳凯·艾施、迈克尔·米尔肯和詹姆斯·戈德史密斯爵士。

当克莱斯勒汽车公司陷入绝境时，李·艾柯卡拯救了它。他的自传成为当时同类书中的畅销作品。

山姆·沃尔顿体现了超凡魅力在零售业中的作用。面对似乎占据了优势地位的竞争对手——特别是凯马特公司（Kmart）和西尔斯百货公司——他让我们看到，在一个历史悠久的行业中如何用新的形象击败竞争对手，这些竞争对手认为明年依然如今年一样，只要躺在过去的功劳簿上，便可节节攀升，高枕无忧。

玫琳凯·艾施向我们展示了一名"局外人"群体中的女性如何创建一家成功的公司。她所推销的不只是化妆品，还有她自己。她告诉与公司签约的女性："我能做到的事情你们也一样能够做到。"

在这一时期，美国的商界基本处于从管理资本主义向投资者资本主义的过渡。这种说法可能有点夸张，但也不无道理。迈克尔·米尔肯和詹姆斯·戈德史密斯向我们证明了这一点，他们虽然不是正式任命的首席执行官，但他们基本上承担了首席执行官的责任。迈克尔·米尔肯以"垃圾债券"作为武器，并吸引了一批狂热的追随者。詹姆斯·戈德史密斯是1987年电影《华尔街》（*Wall Street*）中劳伦斯·怀尔德曼爵士（Sir Lawrence Wildman）的原型（这个姓氏肯定不是随便取的）。詹姆斯·戈德史密斯对固特异轮胎公司的袭击，让我们看到了新兴投资者如何挑战传统管理模式下的公司。在这个时期，商界需要具备超凡魅力的首席执行官。

本书所探讨的美国商业史的第三阶段开始于1995年。1995年8月发生了科技史上最重要的两个事件。一是微软公司推出Windows 95操作系统。二是网景公司首次公开募股，表明互联网已经成为一股不容忽视的力量。从那时起，我们进入了魅力型企业领导的时代。这个时代的特点是技术崛起，企业领导开始与消费者互动。

在这一部分的第一章中，我们重新回到了乔布斯的故事。他所创立的电脑公司NeXT失败了，他"额外加注"的皮克斯公司却取得了惊人的成功。从1985年到1997年的十几年间，他离开了苹果公司，获得了成长，学会了如何利用自己的魅力，将一家濒临破产的公司转变为我们今天所熟知的苹果公司。

在随后的一章里，我们讨论了奥普拉·温弗瑞的崛起之路。她的成长经历不可思议，令人惊叹。作为美国商业史上最有魅力的非洲裔女性，她在自己所关注的每一种传播媒介中都树立了一个新的影响力典范。

然后我们了解了埃隆·马斯克，他从南非经由加拿大，最后来到美国。本书开篇讨论了哈洛·柯蒂斯时代的汽车工业以及通用汽车公司的光辉岁月。而马斯克通过特斯拉公司革新这个行业。特斯拉汽车引人瞩目，但马斯克离经叛道的行为使其在发展过程中出现了非受迫性失误。[①]

接下来的一章展示了乔布斯在苹果公司创造的奇迹，至此，乔布斯的故事就讲完了。

我们可以将美国商业历史的发展概括为三个阶段。

阶段1——管理与魅力

战后超凡魅力发展史的第一阶段可以称为"穿灰色法兰绒西装"阶段。这一阶段是工作造就了人，而不是人造就工作。它的标志是组织结构图，由通用汽车公司的小艾尔弗雷德·斯隆进行了完善。对1600万从战场上回来的退伍军人来说，这是一个舒适的环境。这个阶段从第二次世界大战结束一直持续到20世纪70年代中期。

---

① 这个词形容犯了不该犯的错误。——编者注

这一阶段提供了适合制造业大企业的思想结构和等级制度。事件按顺序发生，一切顺理成章。人们的目标是融入，而不是打破陈规。这符合当时的经济和文化需求，也符合当时首席执行官的经验，把他们放到现在来看，这些首席执行官应该是公共关系副总裁。人们不需要超凡魅力，企业也不需要魅力。这一阶段是反魅力的阶段，脚踏实地的日常管理才是主流。

阶段2——过渡

20世纪70年代中期步入成年的劳动者与他们的父辈的生活经历完全不同。几乎没有人感受过军队中一板一眼的生活。那个时代的很多人都经历过风起云涌的美国社会思想变革。

越南战争和水门事件深深地动摇了这些美国人的爱国主义思想。人们渴望更加包容的环境。所有只接收男性学员的院校都开始实行男女同校。受过教育的社会阶层更加普遍地认识到历史上美国白人对非洲裔美国人所犯下的罪行。从人口组成和历史的角度来看，盎格鲁—撒克逊白人男性之外的群体也需要有一个立足之地。

1968年夏天，在美国民主党全国代表大会期间，一群年轻人在芝加哥街头引发暴乱，10年后，他们成为企业的初级管理人员。在经济滞胀的环境下，他们想要一些不同于父辈的奋斗目标。

他们胆量十足，但缺乏耐心。

1975年，微软公司成立，次年苹果公司成立，两家公司的创始人都曾从大学辍学。两人都不赞成IBM的军事思维模式。事实上，很难想象在20世纪50年代，会有人给公司起"苹果"这样的名字。他们希望将技术大众化，并将公司总部从东部和中西部地区搬到了西部。哈洛·柯蒂斯的时代正在向史蒂夫·乔布斯的时代过渡，前者赞赏既定的程序和线性管理模式，后者则坚持见微知著。

与此同时，金融业也吸引了新一代企业家，他们不再为制度而生，不再被嘲笑是"为人工作"，而是为打破制度而生。想想迈克尔·米尔肯，他每天早上4点30分出现在贝弗利山的X形秘密办公室里，从事着神秘的交易，早年间发了一大笔财。对他来说，斯隆模式的组织结构是荒谬的，只会给公司带来大笔的开销。迈克尔·米尔肯需要个人魅力，而不是等级制度，才能使他的企业运转起来。

迈克尔·米尔肯推动了美国公司运营的新方法。那些已经存在了几十年并已融入所在社区的公司突然"加入新游戏"。金融家们使用新的金融工具，创造了一个自19世纪铁路大战以来从未出现过的公司控制权市场。[①]

阶段3——新规则

到20世纪90年代中期，第二阶段播下的种子开始开花。风

---

① 公司控制权市场亦称"接管市场"，由各个不同管理团队相互竞争公司资源管理权的市场。——编者注

险资本开始在私营公司中发挥前所未有的作用。风险投资已有悠久的历史，最早的书面记录可以追溯到19世纪30年代的捕鲸业。请注意，"风险"（venture）一词在诞生时是"冒险"的意思（adventure）。在互联网时代，聪明的年轻人都在寻找冒险机会。

互联网时代迅速成为信息时代和社交媒体时代。到了21世纪初，无论他们愿意与否，大公司的高管都成了公众人物。

2014年微软首席执行官萨提亚·纳德拉（Satya Nadella）就是一个典型的例子。他最近表示，如果公司不采取措施应对气候变化，我们的世界"将完全处于危险境地"。当纳德拉谈论未来时，他表现出广博的见识、乐观的心态，提出了令人信服的观点。而像微软公司这样实力强大的公司的高管们都会在公共政策的问题上表态。

我们之所以对乔布斯非常了解，不仅因为有关他的传记就超过了半打，还因为他的初恋情人和他们的孩子也为他写书。现在连曾经的世界首富杰夫·贝佐斯发给情人的短信都可以在网上找到。这些超级明星高管完全没有藏身之处。

在第三阶段，我们看到了一个全新的世界。它要求高管公开露面。人们非常需要超凡魅力。超凡魅力的一些方面可以通过学习获得，而另一些方面则不能。

真正有超凡魅力的商业领袖可以说是天才。但不幸的是，这种天赋往往伴随着其他缺点。魅力型商业领袖不会让共情和简单的人类行为准则成为妨碍其实现雄心壮志（例如拯救人类和移民火星）的"绊脚石"。一个如此珍视超凡魅力的世界必将充满不确定性和多变性。一个社会能承受多大程度的不确定性，这是一个悬而未决的问题。

如今，有关公司高管的文章和图书都会提到"超凡魅力"一词。事实上，有些公司也会被描述成魅力型公司。但20世纪50年代并非如此。那时候，小艾尔弗雷德·P.斯隆所描述的工作就是高管在做的事情。他们的任务是提高股东的投资回报，因为股东的资本处于风险之中，"公司的运营首先应符合股东的利益"。

斯隆的自传毫无魅力可言，这也是它对当今美国商界领袖影响不大的原因之一。斯隆时代的通用汽车公司拥有近乎垄断市场的实力。而今天的我们生活在一个全球竞争的时代。

斯隆方法的问题并非在于他的建议对今天没有意义。公司仍然需要赚钱。问题在于，只有利润是不够的。现代的公司高管必须成为真正的领导者，他们要做的不仅仅是赚钱，还要创造。他们必须激励别人，超凡魅力的重要之处就体现在这里。魅力型领导者处于历史转折的关头，他们将未来带到了现在。正如马克斯·韦伯所说，要成为一名鼓舞人心的领导者需要一定的天赋。魅力型领导者关注的是制造一种无序状态，从而突破预期，激励人们朝新的方向前进，他们更依赖希望，而不是理性或经验。

如果一个人具备超凡魅力的天赋，就需要对其进行打磨。超凡魅力是一种社会建构。没有人可以靠自己的力量拥有超凡魅力。乔布斯是一个典型的例子。在苹果公司第一阶段的工作中，他还是一颗未经雕琢的璞玉。经过与埃德·卡特穆尔、劳伦·鲍威尔的相处以及生活的磨砺，12年后，乔布斯重返苹果，接下来的故事就尽人皆知了。

我们已经看到，人也可以伪造超凡魅力。当今的商界如此需要超凡魅力，因此伪造超凡魅力的机会也越来越多。霍姆斯和斯基林都利用了这种需求。

本书所讨论的是一般趋势，但也有例外，不一而足。埃德温·兰德是不同于当时一般公司高管的人。华特·迪士尼（1901—1966年）也是一个例外，如果本书要对这些例外情况进行汇总，他也值得单独书写一章。

本书提到的人物都是公司高管，其中许多人是公司创始人。还有许多魅力型领导者存在于其他公司内部，但由于篇幅的限制，我们只能将他们略去不谈。

就目前而言，全球知名的成功企业家中也不乏缺乏超凡魅力的人，即存在例外的情况。其中最重要的人物是扎克伯格。乍一看，他似乎符合所有条件。他创建了一家非常成功的公司，拥有超乎想象的雄厚资产。在一个快速扩张的行业里，脸书迅速发展。然而，没有人会说他是个有超凡魅力的人。他的确去过乔布斯在创建苹果公司之前在印度静修的地方。如果扎克伯格希望通过这种方式获得超凡魅力，那他会失望而归。

2019年10月23日，扎克伯格作为证人出席了美国众议院金融服务委员会（Financial Services Committee of The House of

Representatives）的听证会，这件事充分证明，扎克伯格缺乏超凡魅力。但我听说，脸书内部人员对他有不同的看法，认为他是极有个人魅力的人。

尽管人们认为扎克伯格永远都不必为生计犯愁，但他那不当的笨拙表现依然对脸书造成了伤害，更严重的是，他似乎还没有认识到公司所造成的影响，包括利用仇恨牟利、散布谎言、助长网络暴力等。维基百科有一个很长的条目，名为"对脸书的批评"。《名利场》（Vanity Fair）最近刊登了一篇文章，称扎克伯格是"科技界获得骂声最多的人"。

扎克伯格证明了超凡魅力是领导者"撬动世界"的杠杆，但它只是众多杠杆中的一个。如果你不具备超凡魅力，也无法开发超凡魅力（我们从扎克伯格身上暂时看不出他有开发超凡魅力的迹象），你必须更加依赖其他杠杆。其中包括先行者优势所带来的行业地位、功能失调的企业监管所带来的对公司的独裁式控制，以及公司其他富有魅力的高管的帮助。如果你的产品或服务像脸书〔及其旗下的照片墙和瓦次普（WhatsApp）〕一样能够吸引数十亿用户，那么公司显然可以利用他正在销售的产品来为自己增加魅力。

有一个例子可以证明魅力型领导力是不可持续的。魅力型领导者不考虑"精细和复杂"的问题，他们关注的是"愿景"。魅力型领导力就是要"突破极限"。

如果埃隆·马斯克循规蹈矩，那么今天的马路上就不会有特斯拉汽车。他的公司对交通工具的电气化做出了重要的贡献。除非汽车、卡车和公共汽车不再使用化石燃料，否则我们与气候变化的较量终将失败。这关系到人类的存亡。特斯拉公司的诞生是一个人的成就，他通过PayPal赚取了大量财富，原本可以尽情享受人生。到目前为止，他对社会的贡献似乎远远超过了他的过失。

在讨论魅力型领导力的可持续性时，我们发现一个人很难将自己的魅力型领导力传递给另一个人。大多数公司在魅力传承上都失败了，并因此成为按照理性管理的"官僚机构"。

对于公司这样的世俗机构而言，魅力传承十分困难。有些公司只能在一段时间内勉强完成传承。亚瑟·罗克（Arthur Rock）曾为英特尔公司提供部分原始资本，他说"英特尔公司离不开罗伯特·诺伊斯（Robert Noyce）、戈登·摩尔（Gordon Moore）和安迪·格罗夫。他们三人接力支撑着公司。"这些人的成就非凡，但他们的继任者缺乏超凡魅力，也没有取得这样的成功。

通用电气公司（General Electric）的案例更加鲜明地体现了魅力型领导力传承的重要性。从1981年到2001年，杰克·韦尔奇（Jack Welch）担任通用电气公司的首席执行官。1999年，《财富》杂志称赞他为"20世纪最佳经理人"。韦尔奇说："我的成就将取决于我的继任者在未来20年里将公司发展得如何。"

据《纽约时报》报道："韦尔奇先生为通用电气公司带来了急需的活力和魅力，他精简了通用电气公司臃肿的组织机构。如果他在金融危机期间继续留任，或许会重新获得杰弗里·伊梅尔特（Jeffrey Immelt）先生未能实现的增长（伊梅尔特是韦尔奇精心挑选的继任者）。"

"但是，几乎没有人把韦尔奇先生当成管理榜样，而他在通用电气公司所倡导的大公司管理模式——在严格的纪律约束下，只要你的市场份额是第一或者第二，你就可以成功地管理任何业务——已经丧失了光彩……"纽约大学商学院的一位教授说："延续一个传奇总是不容易的。"由于通用电气公司在伊梅尔特时代的失败，没有人再将韦尔奇视为传奇。

值得一提的是，政府对公司活动的限制并不是呈线性发展的。在南北战争后的几年里，美国公司明显摆脱了政府的约束。在"进步时代"（大约从1900年至1918年），政府，特别是联邦政府，比以往更加积极地监管公司，甚至开始监管铁路行业的定价——这是当时国家最重要的行业。

伴随着政府监管力度的加大，各公司的魅力型领导力也开始衰落。像洛克菲勒、安德鲁·卡内基（Andrew Carnegie）、皮尔庞特·摩根、阿马萨·利兰·斯坦福（Amasa Leland Stanford）和科尼利尔斯·范德比尔特（Cornelius Vanderbilt）这样的名字——记者马修·约瑟夫森（Matthew Josephson）将他们称为"强盗资本家"——比他们20世纪初的继任者要出名得多。用一位历史学家的话来说："当19世纪的商业巨头们退休以后，他们的继任者的影响力似乎降低了。没有人将纽约中央银行的威廉·C.布朗（William C. Brown）与范德比尔特家族相提并论，或者将乔治·古尔德（George Gould）和小约翰·D.洛克菲勒（John D. Rockefeller Jr.）与他们的父亲相提并论；也没有人将美国钢铁公司挑剔的老板埃尔伯特·加里（Elbert Gary）视为……与安德鲁·卡内基一样的公众人物……商业的重心正在从个人转向公司，从独创性转向集成培训，从信仰'竞争为王'转变为恪守合作共赢和利润稳定的实事求是的信念。"

诚然，现代美国公司非常需要超凡魅力。这里需要思考的问题是，在过去，超凡魅力曾让位给官僚主义，那么在未来，是否还会发生类似的事情？马克斯·韦伯说，超凡魅力不可能存在于官僚环境中。然而，也许下面这一猜想在未来会得到验证：20年后的公司领导人将更像哈洛·柯蒂斯，而不是史蒂夫·乔布斯。

霍姆斯只是一个最新的例证，体现了一位魅力型商界领袖的人设崩塌。20年前，魅力型领导者是安然公司的首席执行官斯基林。他的"超凡魅力"导致了一场规模巨大的破产。我们也不难在斯基林和霍姆斯之间找出其他在超凡魅力上失败的人物。

我们也有理由回到哈洛·柯蒂斯时代的传统。没有人会说他有超凡魅力，但他是一个诚实的人。他签下的数字是真实的。他不会像霍姆斯、斯基林这样去伤害别人。

尽管如此，我依然认为商界对魅力型企业领导者的需求会增加。我从历史学家的角度得出这样的结论，也是说说我并不比任何人更擅长预测未来，但我的结论并非仅仅以本书的研究为基础，而是基于我半个世纪以来对美国商业史的研究。

魅力型企业领导者能做哪些普通企业领导者做不到的事情？他们可能在三个方面卓有成就。

第一，魅力型企业领导者本人会打破社会树立的屏障，这些屏障会阻碍所谓的"局外人"抵达企业成功的制高点。在前面几章中，我们已经看到奥普拉·温弗瑞和玫琳凯·艾施如何实现了这一目标。

第二，魅力型企业领导者能让更多的人了解其产品的魅力。我们有充分的理由相信，未来世界的技术会更加复杂。让我们回顾过去，寻找一些证据支持。大约90年前，家用电冰箱在美国上市。每个人都知道它的用途，人人都知道如何操作它，不需要别人教。但当个人电脑上市时，它的用途就不那么简单了。未来像电脑一样的产品会越来越多，而像电冰箱一样的产品会越来越少。我们需要一位有超凡魅力的商业领袖来讲故事、说隐喻，从而释放未来消费技术的力量。乔布斯说，电脑是"头脑的自行车"。这样的比喻提升了他的个人魅力。

第三，在未来，魅力型企业领导者可以使企业自身的目标与对企业员工的追求相一致。如今机器人已经走上了装配线，员工，特别是技术公司的员工，都将成为知识型员工。这些人都可以选择去其他公司工作。

把这些员工与企业绑定在一起，将是企业领导者需要完成的一项重要任务。这一目标可以通过愿景来实现。乔布斯一直相信电脑会成为大众市场的产品。应该将它展示给消费者，而不是强行推销给他们。消费者之所以能与苹果公司的产品联系在一起，是因为（正如乔布斯所坚持的那样）它们的设计结合了审美方面的考虑。苹果公司的产品是兼具使用功能与审美功能的。"购买iPad的第一天，"一个12岁的女孩说，"我亲吻了它，和它说了晚安。"人们不会亲吻丑陋的产品。苹果公司始终重视产品的设计。

乔布斯凭借直觉认为工程师应该像艺术家一样。还记得吗？他曾让所有参与麦金塔电脑制作的人在产品上签名。这种将技术与人文情怀相结合的愿望来自苹果公司的高层，至今仍弥漫在公司中。如果没有这种结合，不仅产品的吸引力会降低，在苹果公司工作的意义也会遭受质疑。

拉尔夫·沃尔多·爱默生（Ralph Waldo Emerson）在1841年撰写了《自立》（Self Reliance），那是一篇不朽的杰作。文中写道："一种机构无非是某个人的延长了的影子……"任何好的论点都值得夸大宣传，这篇文章也是。但当你看到一家公司陷入危机时，这种说法就值得思考了。

本书提供了许多这样的案例。玫琳凯在丈夫猝然离世的情况下创立了自己的公司，而李·艾柯卡则为垂死的克莱斯勒汽车公司注入了新的活力，类似的例子还有很多。在对超凡魅力进行定义时，艾柯卡强调了信任在创造超凡魅力中的重要性。

有些人认为，"超凡魅力"一词不适用于商业。哈佛商学院名誉教授约翰·科特（John Kotter）撰写了大量关于商业领导力的文章，他坚持认为，商业领导力没有任何"神秘"之处。他认为，商业领导力"与'魅力'或其他独特的个性特征无关"。李·艾柯卡对此不以为然。

回想一下，马克斯·韦伯在谈及超凡魅力时，提到了"具有超自然或超人的、至少是特别罕见的力量和素质"的人。在面对世俗世界时，"超自然"和"超人"是一种延伸。然而，几个世纪以来，超凡魅力经历了"从宗教观念到社会学概念再到日常用语的转变"。在今天的商业新闻中，你经常能看到这个词。

我们提到了超凡魅力所经历的三个阶段。第一个阶段是约翰·科特描述的世界。在商界很难看到超凡魅力。在第二阶段，我们可以看到有超凡魅力的人，但仍然是少数。在第三阶段，人们开始需要超凡魅力。

推动这一转变的力量之一是通信技术的变化。哈洛·柯蒂斯是怎样成为公众人物的？今天我们所使用的让商业领导者成为明星的媒体基础设施在20世纪50年代还没有建立起来。从第二次世界大战结束到20世纪60年代，每个工作日晚上的电视新闻长度只有15分钟。即使在那时，唯一的商业新闻是股市，主要是三类产业的股市涨跌：工业、铁路和公用事业。那时几乎没有专门播报商业新闻的节目。从1950年到1958年，每个周六早间会播放《摩登农夫》（*Modern Farmer*）节目，但没有类似的商业节目。

那时的企业是充满官僚主义机构，不鼓励个人崇拜。如果哈洛·柯蒂斯把自己打扮成一个有魅力的领导者，会被视为没有品位。事实上，这可能会让他丢了工作。

到了第二阶段，越来越多的商界人士愿意将自己定位为至少具有潜在魅力的领导者。在自己的领域里，玫琳凯无疑是魅力四射的人物。同理，山姆·沃尔顿也是。他之所以举世闻名，是因为他的商店遍布各地，也因为他的公司取得了了不起的成功，使他拥有了惊人的财富。

李·艾柯卡自己上电视打广告，并且精心撰写了一本畅销的自传，从而成为公众人物。在他的自传中，他不仅讲述了自己的故事，还为克莱斯勒汽车公司做了广告，并在这个过程中表达了强烈的爱国热情。

到了20世纪80年代，大众媒体逐渐认识到，魅力型商业领袖的故事有相当大的商业市场。随着有线电视的出现，媒体界也经历了一场革命。1980年，特德·特纳（Ted Turner）创立了CNN（美国有线电视新闻网）。这是一个每天24小时不间断播送节目的电台。它需要故事，而商界可以为它提供故事。

到了第三阶段，CNBC等有线电视频道专门播送商业节目。《我为钱狂》于2005年首播，由吉姆·克拉默主持。吉姆·克拉默的资讯娱乐节目不仅有商业评论，还有对重要商业人物的采访。这样的节目在1995年都是不可思议的，更不用说1955年了。吉姆·克拉默看起来像一个在狂欢节上招揽顾客的人，但他不是傻瓜，也精通华尔街之道。他毕业于哈佛学院和哈佛法学院，曾在高盛集团工作，管理自己的对冲基金，此外他还是一位畅销书作家。

吉姆·克拉默在《我为钱狂》中采访了霍姆斯两次。第二次采访的时间是2015年10月16日，前文已经提过。第一次采访发生在5个半月前的4月27日。这一次的采访值得一看，因为它引出了一个重要的问题——你如何才能发现欺诈？

吉姆·克拉默在旧金山采访了霍姆斯，背景是金门大桥。他说："希拉洛斯公司是一家革命性的诊断公司，它能够让人们更好地管理自己的身体，同时它颠覆现有的医疗保健模式，这种模式对客户——也就是你——来说价格昂贵、效率低下且非常痛苦。这是一家革命性的公司，它即将改变医疗保健行业，就像亚马逊改变了零售业，英特尔和微软公司改变了计算机行业，苹果改变了手机行业一样。它有巨大的影响力。"基于这种宣传，你该如何凭借自己的判断力分析霍姆斯口中的"技术"的真实性？

自信的男人，或者像霍姆斯这样自信的女人，并不少见。历史学家丹尼尔·J.布尔斯廷（Daniel J.Boorstin）曾分析过"创业精神"，这种精神在吸引欧洲移民向美国西部迁徙时发挥了重要作用。"这种精神让人们愿意冒更大的风险……毫不奇怪，他们（即创业者）由于热情奔放，有时就把愿景和现实混淆了起来……［就像一位早期的（报纸）编辑所说的那样］他们'有时候会销售还没有正式生产出来的东西'。"

这绝不是严格意义上的美国现象。1837年，汉斯·克里斯蒂安·安徒生（Hans Christian Andersen）在丹麦发表了故事《皇帝的新衣》（*The Emperor's New Clothes*）。故事讲述的是一个虚荣的皇帝买了一套华丽的"新装"，但愚蠢的人看不见这件衣服。当然，这套新装根本不存在。这就是安然公司的故事。批评该公司的人被认为过于愚蠢，因此无法"理解"其中的价值，他们被嘲笑为"笨蛋"。

计算机产业的诞生具有一个重要的特征，即营销无限的可能性。正如一位早期的微软工程师所说："我们可以销售一个承诺并实现它……事实上，我们销售的所有东西都不是一般意义上的产品。我们销售的是承诺。"

"雾件"（vaporware）一词由一位微软工程师在1982年创造，是指一个未完全实施或根本就不会实施的产品概念。微软公司目前的市值超过1万亿美元。你如何分辨一个承诺是否能够兑现？

特斯拉汽车是未来的汽车，还是"雾件"汽车？如何区分怀疑主义和犬儒主义？

这些问题很难回答。贝萨尼·麦克莱恩曾表示，她关注的是"不属于该体系的局外人"。她认为，卖空者比其他人更有可能仔细阅读条文，并"在监管体系方面发挥重要作用"。当然，他们也有私心，他们希望股票价格下跌。但麦克莱恩认为，这是对那些想提振股票价格的人的重要制衡。卖空者确实在揭露安然公司的事件中发挥了重要作用。但他们不能在希拉洛斯公司的事件中发挥任何作用，因为该公司从未上市。

一个人可能会提出一些常见的建议。如果你特别希望某件事是真实的，那么你需要特别小心。试着跳出促销宣传的陷阱，用一种新的眼光去看待一家公司。请记住，在《皇帝的新衣》中，揭露骗局的是一个孩子，他一点也不怕被人说无知。

但不幸的是，即使万事俱备，我们也没有识别欺诈的良方。像安然和希拉洛斯这样的公司还会再次出现。也许每一次，当投资者或员工看到一位魅力四射的领导者时，他们有可能见到的是下一个比尔·盖茨或乔布斯，还有可能是下一个斯基林或霍姆斯。

如果你也想成为一名领导者，那么超凡魅力是一个有利的工具，可以为你提供不可限量的支持。超凡魅力将市场交易（你工作，我付钱）转变为社会阶层上升阶梯（跟随我，你将成为一个更有成就的人）。你将完成一生中最优秀的作品（如乔布斯）；你将彻底改变交通方式并将人类带向火星（如马斯克）；你将降低每个人的生活成本（如山姆·沃尔顿）；你将把女性变得更为美丽（如玫琳凯）……

如果你是一名追随者，就可能对这个目标有所怀疑，甚至觉得这个目标根本不可能实现（如移民火星）。魅力型企业领导者要求你相信他，不要用怀疑来限制自己，不管你的怀疑多么合理。魅力型企业领导者会说："相信我，我知道你能做到。"也就是说，你能完成分配给你的所有任务，从而帮助这位魅力型企业领导者实现目标。"你能做到！"这是玫琳凯的母亲经常对她说的话。

超凡魅力的核心困境在于有超凡魅力的人可以领导别人（如山姆·沃尔顿），也可以误导别人（如霍姆斯）。事实上，他们可以在某个时期误导他人（如NeXT时期的乔布斯），又在另一个时期领导他人（如1997年重返苹果公司以后的乔布斯）。

超凡魅力会使追随者将自己的理性置之脑后，全心全意地追随领导者。它能鼓舞人心，令人神往，同时也充满了危险。

从这本书所呈现的内容中，我们可以总结一些建议。第一，一个心怀抱负但缺乏超凡魅力的领导者应该学习如何改变这种状况。超凡魅力的某些组成部分可以通过后天习得。知道自己缺乏超凡魅力，并渴望成为一个有超凡魅力的人，这是你需要迈出的重要一步。应该怎么做呢？

这里不提供入门方法。我的建议是先阅读约翰·安东纳基斯及其同事发表在《哈佛商业评论》（*Harvard Business Review*）上的文章《学习魅力》（*Learning Charisma*）。内容简单易懂。

超凡魅力不应被视为一种二元现象（即你要么有超凡魅力，要么没有超凡魅力），而应被视为一个连续体。安东纳基斯在文章中提出的一系列常识性措施可能无法帮助你成为乔布斯，但至少不会让你成为扎克伯格，从这方面来说，他的文章很有价值。

第二，不要轻信媒体所写或所说的东西。为了在塑造超凡魅力的过程中朝着正确方向前进，一项重要的措施是控制你发布的信息和你的公众形象。当人们想到马斯克时，他们想到的是不受约束的创造力。当他们想到蒂姆·库克时，他们想到的是正直的品格。这两种形象都不是偶然形成的。

公共关系管理非常困难。你要有自己的计划，记者和评论员也有自己的规划。如果你成功了，你就会读到你想读的内容，听到你所卖的产品。牢记这一点。就连斯基林和霍姆斯都做到了。

第三，永远不要忘记，人们最终会知道真相。你要找出真相。为此，你必须清楚地表明你确实想知道真相。你在领导阶梯上爬得越高，就离现实越远。

正如安迪·格罗夫所说，雪在外围融化。在商界，魅力型企业领导者会在企业的外围投入大量时间。如果我们对那些失败的商人加以研究，就会再一次看到，"这些首席执行官都是最后一个知道真相的人"。商业领袖必须设法做到无所不在，这样才能富有魅力。

这是一项艰巨的任务。但是对那些无所畏惧的领导者来说，成功的结果使得这一切都非常值得。

致谢

本书的完成离不开众人的支持，在此特表感谢。自1978年开始从事研究以来，我的每一个研究项目都得到了哈佛大学商学院贝克图书馆（Baker Library）的支持，它为我提供的帮助是无可估量的。杰夫·克罗宁（Jeff Cronin）与凯瑟琳·瑞安（Kathleen Ryan）为我提供了重要的数据，有些数据的获取过程十分艰难。对于我的请求，他们总能及时给予支持。哈佛大学商学院的研究部也提供了帮助，资助了图书的采购，并提供了其他图书馆资源。

在哈佛商学院高级教员中心，卢斯·委拉斯凯兹（Luz Velazquez）向我详细介绍了玫琳凯的工作方针。卢斯的同事保拉·亚历山大（Paula Alexander）也热心地提供了帮助。

罗塞塔出版社（Rosetta Books）首席执行官亚瑟·科里班诺夫（Arthur Klebanoff）对本书抱有坚定的信心。他完整阅读了本书初稿，提出大量改进建议。此外，我还要感谢罗塞塔出版社的布莱恩·斯库尼克（Brian Skulnik）和我的编辑米娜·萨缪尔（Mina Samuels）。

罗伯特·M.萨斯曼（Robert M.Sussman）阅读了本书初稿，并撰写了长篇的评论，为我提供了极有价值的意见。我还要感谢好友鲍勃，在1980年我出版第一本书时，他就为我提供过帮助。哈佛大学商学院讲师兼《商业历史评论》（*Business History Review*）联合编辑沃尔特·弗里德曼（Walter A.Friedman）也阅读了初稿，提出了许多宝贵建议。沃尔特还鼓励我在《商业历史评论》上发表一篇关于乔布斯传记的评论文章。

汤姆·尼古拉斯（Tom Nicholas）是哈佛大学商学院的名誉教授（William J.Abernathy Professor），在撰写本书的过程中，他提供了许多宝贵的观点和想法。例如，他所提供的埃德温·兰德的新案例与他的教学成绩一样出色。他的风险投资史研究是衡量所有同类研究的标杆。

感谢我的朋友迈克尔·迪林（Michael Dearing）和戴维·鲁本（David Ruben）。迈克尔·迪林是一位非常成功的企业家，在他的帮助下，我不再是"纸上谈兵"，而是生动地了解了企业的内部运作机制。戴维·鲁本的敏锐双眼使我避免遗漏任何信息。

最要感谢的是里德·E.洪特（Reed E. Hundt）。他对本书涉及的问题提供了深刻的见解。他是一位富有同情心且直言不讳的批评家，他凭借其丰富的商业经验、受训成为诉讼律师的经历、在董事会工作多年的经验以及对人文学科的热爱，极大地丰富了本书的内容。对此我深表感激（不仅仅是因为他在这本书上对我提供的帮助）。

此外我还要感谢纳撒尼尔·洪特（Nathanial Hundt）、朱莉娅·路易斯·沃特金斯（Lewis Watkins）和迈克·罗伯茨（Mike Roberts）。

感谢数十年来我所教过的成千上万的学生，成为他们的老师令我感到万分荣幸和欣慰。自1979年以来，我一直在为攻读工商管理硕士学位的学生和前来进修的高管们教授商业史课程。在这些岁月里，我从他们身上学到的远比他们从我身上学到的要多。谨以本书表达我的感激之情。

参考文献

书籍

Amelio, Gil And William L. Simon. *On The Firing Line: My 500 Days At Apple.* New York: HarperBusiness, 1998.

Ash, Mary Kay. *Mary Kay.* New York: Harper & Row, 1987.

_____, *The Mary Kay Way: Timeless Principles From America's Greatest Woman Entrepreneur.* Hoboken, NJ: Wiley, 2008.

Barnouw, Erik. *A Tower In Babel.* New York: Oxford University Press, 1966.

_____, *The Golden Web.* New York: Oxford University Press, 1968.

_____, *The Image Empire.* New York: Oxford University Press, 1970.

_____, *Tube of Plenty.* New York: Oxford University Press, 1975.

Bernstein, Irving. *Turbulent Years.* Boston: Houghton Mifflin, 1971.

Bonanos, Christopher. *Instant: The Story of Polaroid.* New York: Princeton Architectural Press, 2012.

Boorstin, Daniel J. *The Americans: The National Experience.* New York: Knopf, 1965.

Brennan, Chrisann. *The Bite in the Apple.* New York: St. Martin's Press, 2013.

Brennan-Jobs, Lisa *Small Fry.* New York: Grove Press, 2018.

Brown, Jackie. *Ask Me About MARY KAY: The story behind the bumper sticker on the pink Cadillac.* Durham, CT: Strategic, 2010.

Bruchey, Stuart W. *Robert Oliver: Merchant of Baltimore.* Baltimore: The Johns Hopkins University Press, 1956.

Bruck, Connie. *The Predators' Ball: The Inside Story of Drexel Burnham and the Rise of the Junk Bond Raiders.* New York: Simon & Schuster, 1988.

Bryman, Alan. *Charisma & Leadership in Organizations.* London: Sage, 1992.

Butcher, Lee. *Accidental Millionaire: The Rise and Fall of Steve Jobs at Apple Computer.* New York: Paragon House, 1988.

Carreyrou, John. *Bad Blood: Secrets and Lies in a Silicon Valley Startup.* New York: Knopf, 2018.

Carroll, Paul. *Big Blues: The Unmaking of IBM.* New York: Crown, 1993.

Catmull, Ed. *Creativity, Inc.: Overcoming the Unseen Forces that Stand in the Way of True Inspiration.* New York: Random House, 2014.

Cervantes, Miguel de. *Don Quixote.* London: Sovereign, 2014.

Chandler, Jr., Alfred D., Thomas K. McCraw, and Richard S. Tedlow. *Management Past and Present: A Casebook on the History of American Business* Cincinnati: South-Western, 1996.

Cheit, Earl F., Ed. *The Business Establishment.* New York: Wylie, 1964.

Collier, Peter and David Horowitz, *The Fords: An American Epic.* New York: Summit, 1987.

Collins, Jim. *Good To Great.* New York: HarperCollins, 2001.

Collins, Jim and Morten T. Hansen, *Great by Choice.* New York: Harper-Collins, 2011.

Doctorow, E.L. *Ragtime.* New York: Bantam, 1976.

Michael B. Dougan, Michael B., *Arkansas Odyssey: The Saga of Arkansas from Prehistoric Times to Present.* Little Rock: Rose Publishing, 1994.

Douglass, Frederick. *The Complete Works of Frederick Douglass.* Madison & Adams Press, 2018.

Du Bois, W.E.B. *The Souls of Black Folk.* New York: Dover, 1994.

Eastman, Joel W. *Styling vs. Safety: The American Automobile Industry and the Development of Automotive Safety, 1900-1966.* Lanham, MD: University Press of America, 1984.

Emerson, Ralph Waldo. *Essays – First Series.* 1882.

Erikson, Erik H. *Gandhi's Truth: On the Origins of Militant Nonviolence* New York: Norton, 1970.

Fierstein, Ronald K. *A Triumph of Genius: Edwin Land, Polaroid, and the Kodak Patent War.* Chicago: Ankerwyke, American Bar Association, 2015.

Foster, Lawrence G. *Robert Wood Johnson: The Gentleman Rebel* (State College, PA: Lillian Press, 1999.

Friedman, Milton. *Capitalism and Freedom.* Chicago: University of Chica-go Press, 1962.

Galbraith, John Kenneth. *American Capitalism: The Concept of Countervailing Power.* Boston: Houghton Mifflin, 1952.

Grove, Andrew S. *Only The Paranoid Survive: How To Exploit The Crisis Points That Challenge Every Company.* New York: Doubleday, 1996.

Halberstam, David. *The Fifties.* New York: Open Road Integrated Media, 2012.

Hammond, Bray. *Banks and Politics in America.* Princeton: Princeton University Press, 1957.

Hickman, W. Braddock. *Corporate Bond Quality and Investor Experience.* Princeton: Princeton University Press, 1958.

Hounshell, David A. and John Kenley Smith, Jr. *Science and Corporate Strategy: Du Pont R& D, 1902—1980.* Cambridge England: Cambridge University Press, 1988.

Hutchins, Chris and Dominic Midgley, *Goldsmith: Money, Women, and Power* London: Neville Ness House, 2015.

Iacocca, Lee. *Iacocca: An Autobiography.* New York: Bantam, 1984.

_____, *Talking Straight.* New York: Bantam, 1988.

_____, *Where Have All the Leaders Gone?* New York: Scribner's, 2007.

Illouz, Eva. *Oprah Winfrey and the Glamour of Misery: An Essay on Popular Culture.* New York: Columbia University Press, 2003.

Isaacson, Walter. *Steve Jobs.* New York: Simon & Schuster, 2011.

Johnson, James Weldon. *God's Trombones: Seven Negro Sermons in Verse.* New York: Penguin, 2008.

Josephson, Matthew. *The Robber Barons: The Great American Capitalists, 1861- 1901.* New York: Harcourt, Brace & World, 1934.

Joyce, James. *Ulysses.* EBook #4300.

Kahney, Leander. *Tim Cook: The Genius Who Took Apple to the Next Level.* New York: Penguin, 2019.

Kelley, Kitty. *Oprah: A Biography.* New York: Random House, 2011.

Keynes, John Maynard. *The Economic Consequences of the Peace.* New York: Harcourt, Brace and Howe, 1920.

Khurana, Rakesh. *Searching for a Corporate Savior: The Irrational Quest for Charismatic CEOs.* Princeton: Princeton University Press, 2002.

Kocienda, Ken. *Inside Apple's Design Process during the Golden Age of Steve Jobs.* New York: St. Martin's Press, 2018.

Lawrence, D.H. *Studies in Classic American Literature.* 1923. https://en.wikisource.org/wiki/Studies_in_Classic_American_Literature/Chapter_1.

Lebergott, Stanley. *The Americans: An Economic Record.* New York: Norton, 1984.

Levy, Lawrence. *To Pixar and Beyond: My Unlikely Journey with Steve Jobs To Make Entertainment History.* Boston: Mariner, 2017.

Levy, Steven. *Facebook: The Inside Story* New York: Penguin, 2020.

_____, *The Perfect Thing.* New York: Simon & Schuster, 2006.

Lewis, David L. *The Public Image of Henry Ford: An American Folk Hero and His Company.* Detroit: Wayne State University Press, 1976.

Livesay, Harold C. *American Made: Shapers of the American Economy.* Boston: Pearson, 2012.

Love , Steve and David Geffels. *Wheels of Fortune: The Story of Rubber in Akron.* Akron, Ohio: University of Akron Press, 1999.

Manes, Stephen and Paul Andrews. *Gates.* New York: Simon & Schuster, 1994.

McCraw, Thomas K. *American Business: 1920-2000: How It Worked.* Wheeling, Illinois: Harlan Davidson, 2000.

_____, ed. *Creating Modern Capitalism: How Entrepreneurs, Companies, and Countries Triumphed in Three Industrial Revolutions.* Cambridge, MA: Harvard University Press, 1995.

McElheny, Victor K. *Insisting on the Impossible: The Life of Edwin Land* Cambridge, MA: Perseus, 1988.

McLean, Bethany and Peter Elkind. *The Smartest Guys in the Room: The Amazing Rise and Scandalous Fall of Enron.* New York: Penguin, 2013.

Mitchard, Jacquelyn. *The Deep End of the Ocean.* New York: Penguin, 1996.

Morris, Charles. *Tesla: How Elon Musk and Company Made Electric Cars Cool and Remade the Automotive and Energy Industries.* Smashwords, 2017.

Nader, Ralph. *Unsafe At Any Speed.* New York: Grossman, 1965.

Nathan, John. *Sony.* Boston: Houghton Mifflin, 1999.

Nevins, Allan and Frank Ernest Hill. *Ford: The Times, The Man, The Company* New York: Scribner's, 1954.

Newcomer, Mabel. *The Big Business Executive; The Factors that Made Him.* New York: Columbia University Press, 1955.

Nicholas, Tom. *VC: An American History.* Cambridge, MA: Harvard University Press, 2019.

Nilsen, Sarah and Sarah E. Turner. *The Colorblind Screen: Television in Post-Racial America.* New York: New York University Press, 2014.

Ortega, Bob. *In Sam We Trust.* New York: Random House, 1998.

Poe, Edgar Allan. *The Complete Poems of Edgar Allan Poe.* e-books.Adelaide. edu.au.

Potts, John. *A History of Charisma*. London: Palgrave Macmillan, 2009.

Rattansi, Ali. *Racism: A Very Short Introduction*. London: Oxford University Press, 2020.

Riesman, David. *The Lonely Crowd: A Study of the Changing American Character*. New Haven: Yale University Press, 1961.

Roazen, Paul. *Freud: Political and Social Thought*. New Brunswick, NJ: Transaction Publishers, 1999.

Rosenzweig, Phil. *The Halo Effect*. New York: Free Press, 2014.

Schlender, Brent and Rick Tetzeli, *Steve Jobs: The Evolution of a Reckless Upstart into a Visionary Leader*. New York: Crown, 2015.

Sculley, John. *Odyssey: Pepsi to Apple... A Journey of Adventure, Ideas, and the Future*. New York: Harper & Row, 1987.

Sloan, Jr., Alfred P. *My Years with General Motors*. New York: Doubleday, 1963.

Sobel, Robert. *Dangerous Dreamers: The Financial Innovators from Charles Merrill to Michael Milken*. Washington, D.C.: Beard Books, 2001.

Stobaugh, Robert and Daniel Yergin, Eds. *Energy Future*. New York: Random House, 1979.

Stross, Randall E. *Steve Jobs & the NeXT Big Thing*. New York: Macmillan, 1993.

Tedlow, Richard S. *Andy Grove: The Life and Times of an American*. New York: Penguin, 2006.

_____, *Denial: Why Business Leaders Fail to Look Facts in the Face – and What To Do About It*. New York: Penguin, 2011.

_____, *Giants of Enterprise: Seven Business Innovators and the Empires They Built*. New York: HarperBusiness, 2001.

_____, *New and Improved: The Story of Mass Marketing in America*. New York: Basic Books, 1990.

_____, *The Rise of the American Business Corporation*. Chur, Switzerland: Harwood Academic Publishers, 1991.

Travis, Trysh. *The Language of the Heart: A Cultural History of the Recovery Movement from Alcoholics Anonymous to Oprah Winfrey*. Chapel Hill: University of North Carolina Press, 2013.

Vance, Ashlee. *Elon Musk: Tesla, SpaceX, and the Quest for a Fantastic Future*. New York: HarperCollins, 2015.

Vance, Sandra E. and Roy V. Scott, *Wal-Mart: A History of Sam Walton's Retail*

Phenomenon. New York: Twayne, 1994.

Vogelstein, Fred. *Dogfight*. New York: Farrar, Strauss and Giroux, 2013.

Walton, Sam with John Huey. *Made in America: My Story*. New York: Bantam, 1993.

Julian Lewis Watkins, *The 100 Greatest Advertisements: Who Wrote Them and What They Did*. New York: Dover, 1959.

Max Weber, *Economy and Society: An Outline of Interpretive Sociology*, Eds. Guenther Roth and Claus Wittich. Berkeley: University of California Press, 1978.

Weber, Max. *The Protestant Ethic and the Spirit of Capitalism*. New York: Scribner's, 1958.

Wensberg, Peter C. *Land's Polaroid: A Company and the Man Who Invented It*. Boston: Houghton Mifflin, 1987.

White, Lawrence J. *The Automobile Industry since 1945*. Cambridge, MA: Harvard University Press, 1971.

Whyte, William H. *The Organization Man*. Philadelphia: University of Pennsylvania Press, 2002.

Wiebe, Robert H. *Businessmen and Reform: A Study of the Progressive Movement*. Chicago: Quadrangle, 1962.

Wilson, Bryan R. *The Noble Savages: The Primitive Origins of Charisma and Its Contemporary Survival*. Berkeley: University of California Press, 1975.

Wilson, Sloan. *The Man in the Gray Flannel Suit*. Cambridge, MA: Perseus, 1955.

Winfrey, Oprah. *The Path Made Clear: Discovering Your Life's Direction and Purpose*. New York: Flatiron Books, 2019.

_____, *What I Know For Sure*. New York: Flatiron Books, 2014.

Woodward, Bob and Carl Bernstein, *The Final Days*. New York: Simon & Schuster, 1976.

Young, Jeffrey S. and William L. Simon. *iCon: Steve Jobs, The Greatest Second Act in the History of American Business*. New York: Wiley, 2005.

文章

"'Big Bill' Knudsen turned Chevrolet into a powerhouse: His crosstown move after a clash with Henry Ford turned out to be a windfall for GM," *Automotive News*, October 31, 2011, https://www.autonews.com/article/20111031/CHEVY100/310319979/big-bill-knudsen-turned-chevrolet-into-a-powerhousehttps://"Chrysler aid cleared in final day's session," *CQ*

Almanac, 1979, in CQ Almanac 1979, 35th ed. Washington, DC: Congressional Quarterly, 1980. http://library.cqpress.com.ezp-prod1.hul.harvard.edu/cqalmanac/cqal79-1185075.

"A Genius and His MAGIC CAMERA," *Life*, October 27, 1972.

"A Million Little Lies: Exposing James Frey's Fiction Addiction," *The Smoking Gun*, January 4, 2006, http://www.thesmokinggun.com/documents/celebrity/million-little-lies.

Alfred, Randy. "April 3, 1973: Motorola Calls AT&T... by Cell," *Wired,* https://dynallc.com/april-3-1973-motorola-calls-att-by-cell-wiredapril-2008/.

Amadeo, Kimberly. "Mark-to Market Accounting; How It Works, and Its Pros and Cons," https://www.thebalance.com/mark-to-market-accounting-how-it-works-3305942.

Andersen, Hans Christian. "The Emperor's New Clothes," H.C. Andersen Centre, Andersen.sdu.dk, https://andersen.sdu.dk/vaerk/hersholt/The-EmperorsNewClothes_e.html.

"Andrew Grove: Man of the Year," *Time*, December 29, 1997.

Anestakis, Dimitri. "Lee Iacocca Saves Chrysler, 1978-1986," *Business and Economic History* online, Vol. 5 (2007), http://www.thebhc.org/publications/BEHonline/2007/anastakis.pdf.

Antonakis, John, Marika Fenley, and Sue Liechli, "Can Charisma Be taught? Tests of Two Interventions," *Academy of Management Learning and Education*, Vol. 10, No. 3 (2011) https://journals.aom.org/doi/10.5465/amle.2010.0012.

Antonakis, John, Nicolas Basterdoz, Philippe Jacquart, and Boas Shamir, "Charisma: An ill-defined and ill-measured gift," *Annual Review of Organizational Psychology and Organizational Behavior,* Vol. 3:293-319, March, 2016, https://www.annualreviews.org/doi/abs/10.1146/annurev-orgpsych-041015-062305.

Antonakis, John, Marika Fenley, and Sue Liechti, "Learning Charisma," *Harvard Business Review*, June, 2012.

Askew, Tim, "The Generalist and The Entrepreneur... And Steve Jobs," *Inc.,* April 30, 2018, https://www.inc.com/tim-askew/the-generalist-entrepreneur-steve-jobs.html.

Baila, Morgan, "Phyllis Gardner warned everyone about Elizabeth Holmes—but no one listened," refinery 29, March 19, 2019, https://www.refinery29.com/en-us/2019/03/226452/phyllis-gardner-elizabeth-holmes-professor-interview-the-inventor.

Barnes, Bart, "Auto Industry Giant Henry Ford II Dies," *Washington Post*, September 30, 1987.

Bell, Daniel, "The Company He Keeps," *New York Review of Books*, March 19, 1964.

Bell, Emma, and Scott Taylor, "Vernacular mourning and corporate memorialization in framing the death of Steve Jobs" https://journals.sagepub. com/doi/10.1177/1350508415605109.

Beschloss, Michael, "Changing the Market in an Instant," *New York Times,* July 5, 2015.

Biddle, Sam, "Samsung Exposes Blatant iPhone Jealousy," *Gizmodo*, August 7, 2012, https://gizmodo.com/474052195.

"Bill Gates on making 'one of the greatest mistakes of all time,'" Tech-Crunch.com. June 22, 2019, https://techcrunch.com/2019/06/22/billgates-on-making-one-of-the-greatest-mistakes-of-all-time/.

Bill Gates says his 'greatest mistake ever' was failing to create Android at Microsoft," www.aol.com/article/finance/June 24, 2019.

Bilton, Nick, "'He's F---king Destroyed This Town': How Mark Zuckerberg Became the Most Reviled Man in Tech," *Vanity Fair*, November 6, 2019, https://www.vanityfair.com/news/2019/11/how-mark-zuckerberg-became-the-most-reviled-man-in-tech.

Blumberg, Peter, "Elizabeth Holmes Loses Request to Throw Out Criminal Charges," Bloomberg.com, October 13, 2020, https://www.bloomberg. com/news/articles/2020-10-13/elizabeth-holmes-loses-request-tothrow-out-criminal-charges.

Boffey, Daniel, "Apple admits Briton DID invent iPod, but he still not getting any money," *Daily Mail*, September 8, 2008, https://www.dailymail. co.uk/news/article-1053152/Apple-admit-Briton-DID-invent-iPod-hesgetting-money.html.

Bowles, Nellie, "In 'Small Fry,' Steve Jobs Comes Across as a Jerk. His Daughter Forgives Him. Should We?" *New York Times*, August 23, 2018.

Brandom, Russell, "If Tesla goes up in smoke, it won't be because Elon Musk bet a blunt: executive departures are a bigger problem than a little weed smoke," *The Verge*, September 17, 2018, https://www.theverge. com/2018/9/7/17832154/elon-musk-blunt-tesla-stock-problems-executive-retention.

Brown, Mike and Jake Kleinman, "SpaceX Mars City," *Inverse,* November 20, 2020, https://www.inverse.com/innovation/spacex-mars-city-werner-herzog.

Cakebread, Caroline, "People will take 1.2 trillion digital photos this year—thanks to smart phones," *Business Insider*, August 31, 2017, https://www.businessinsider.com.au/12-trillion-photos-to-be-takenin-2017-thanks-to-smartphones-chart-2017-8.

Capretta, Lisa, "Oprah And Her Audience Losing It Over An iPod In 2003 Is Pure Magic, " *OWN*, April 28,2016, Huff Post, https://www.huffpost.com/entry/oprah-audienceipod-2003_n_57213a28e4b0f309baefb140.

Carr, David, "A Triumph of Avoiding the Traps," *New York Times*, November 22, 2009.

_____, "How Oprahness Trumped Truthiness," *New York Times,* January 30, 2006.

_____, "Oprah Puts Her Brand on the Line," *New York Times*, December 24, 2007.

Chokshi, Niraj, "Elon Musk Says Tesla Share Price Is Too High," *New York Times*, May 1, 2020.

Clifford, Tyler, "Capitalism 'will fundamentally be in jeopardy' if business does not act on climate change, Microsoft *CEO* Satya Nadella says," CNBC, January 16, 2020.

Colvin, Geoffrey, "The Ultimate Manager," *Fortune*, November 22, 1999.

Costello, Sam, "How Many iPhones Have Been Sold Worldwide," Lifewire, December 27, 2019, https://www.lifewire.com/how-many-iphoneshave-been-sold-1999500.

_____, "This is the number of iPods sold all-time," *Lifewire,* December 13, 2019, https://www.lifewire.com/number-of-ipods-sold-alltime-1999515.

Crandall, Robert W., "The Effects of U.S. Trade Protection for Autos and Steel," Brookings Papers on Economic Activity, 1:1987, https://www. brookings.edu/wp-content/uploads/1987/01/1987a_bpea_crandall.pdf.

Decker, Jeffrey Lewis, "Saint Oprah," *Modern Fiction Studies*, Vol. 52, No. 1 (spring, 2006) p. 169, https://www.jstor.org/stable/26286927.

Defree, Suzanne, "Apple IPO makes instant millionaires," *EDN*, December 12, 1980*, https://www.edn.com/apple-ipo-makes-instant-millionaires-december-12-1980/.

Dormehl, Luke, "Apple introduced iTunes store 13 years ago today," April 28, 2016 https://www.cultofmac.com/425543/apple-introduced-itunesstore-13-years-ago-today/.

Drucker, Peter F., "Why *My Years with General Motors* is must reading" in Sloan, *My Years with General Motors.*

Dvorsky, George,"Humans Will Never Colonize Mars," *Gizmodo*, July 30, 2019, https://gizmodo.com/humans-will-never-colonize-mars-1836316222.

Elliott, Stuart, "The Media Business: Advertising; A New Ranking of the '50 best Television Commercials' Ever Made," *New York Times*, March 14, 1995.

Ellis, Blake, "Apple topples Microsoft's throne," CNN money, May 27, 2010.

"Elon Musk," *Esquire.com*, October 1, 2008, https://classic.esquire.com/article/2008/10/1/elon-musk.

"Elon Musk's 'Evil' Father," *The Sunday Times*, March 15, 2019, https://www.driving.co.uk/news/elon-musks-evil-father-baby-stepdaughter/. Fernandez, Alexia, "Who is Sunny

Balwani," *People*, March 27, 2019.

"Flamboyant Goldsmith Dies of Heart Attack," BBC, "Politics 97," http://www.bbc.co.uk/ news/special/politics97/news/07/0719/goldsmith.shtml.

Franklin, Benjamin, "The Way to Wealth, as clearly shown in the Preface of an old Pennsylvania Almanack, entitled Poor Richard Improved" reprinted in Alfred D. Chandler, Jr., Thomas K. McCraw, and Richard S. Tedlow, *Management Past and Present: A Casebook on the History of American Business* (Cincinnati: South-Western, 1996).

Franklin, Eric, "The $200 iPod Touch now has some legit competition," CNET, July 13, 2019, https://www.cnet.com/news/200-ipod-touch-hassome-legit-competition/.

Franzen, Carl, "The History of the Walkman: 35 Years of Iconic Music Players, *The Verge*, July 1, 2014, https://www.theverge.com/2014/7/1/5861062/sony-walkman-at-35.

Gavenas, Mary Lisa ,"Ash, Mary Kay," https://doi.org/10.1093/anb/9780198606697. article.1002284.

Glass, Andrew, "Supreme Court orders Du Pont to divest itself of GM stock," June 3, 1957 reproduced in Politico, June 3, 2018, https://www. politico.com/story/2018/06/03/supreme-court-order-du-pont-divestitself-of-gm-stock-june-3-1957-615544.

"Goldsmith talks back; Sir James Goldsmith challenges Lee Iacocca's book," *The Sunday Times*, July 17, 1988.

"Sir James Goldsmith," *telegraph.co.uk* obituaries 7720479, https://www.telegraph. co.uk/ news/obituaries/7720479/Sir-James-Goldsmith.

"Sir James Goldsmith," *The Telegraph*, July 21, 1997.

Gordon, John Steele, "The Ordeal of Charlie Wilson," *American Heritage,* Vol. 46, Issue 1 (February-March, 1995).

Greenspan, Aaron, "Reality Check: Tesla, Inc.," *PlainSite,* January 7, 2020, https://www. plainsite.org/realitycheck/tsla.pdf.

Grub, Jeff, "How Games helped make Elon Musk the real-Life Tony Stark," *venturebeat. com*, April 17, 2015, https://venturebeat.com/2015/04/07/how-games-helped-make-elon-musk-the-real-life-tony-stark/.

Gurman, Mark and Dana Hull, "Former chief Tesla engineer Doug Field returns to Apple," *Bloomberg*, August 10, 2018, https://www.bloomberg. com/news/articles/2018-08-10/ former-chief-tesla-vehicle-engineerdoug-field-returns-to-apple.

"Harlow H. Curtice is dead at 69; Retired Head of General Motors," *New York Times*, November 4, 1962.

Hartmans, Avery and Kat Tenbarge, "How to pronounce 'X ?A-Xii,' the name Elon Musk and Grimes gave their new baby," *Business Insider*, May, 2020, https://www. businessinsider.com/how-to-pronounce-x-ae-a-12-elon-musk-grimes-baby-name-2020-5.

Healy, Paul M. and Krishna Palepu, "The Fall of Enron," *Journal of Economic Perspectives*, Vol. 17, No. 2 (spring, 2003) https://www-jstor-org. ezp-prod1.hul.harvard. edu/stable/3216854?seq=1#metadata_info_tab_contents.

Heilbron, Johan, Jochem Verheul, and Sander Quak, "The Origins and Early Diffusion of 'Shareholder Value' in the United States," *Theory and Society*, October 12, 2013, https:// link.springer.com/article/10.1007/s11186-013-9205-0.

Hernandez, Bryan Anthony, "California Declares Oct. 16 Steve Jobs Day,"*Mashable*, October 14, 2011, https://mashable.com/2011/10/14/steve-jobs-day-california-october-16-stanford/.

Hicks Jonathan P., "Goodyear Buys Out Goldsmith," *New York Times*, November 21, 1986.

Higgins, Bill, "Oprah's First Show: How She Became Who She Is Today," *The Hollywood Reporter,* May 19, 2011, https://www.hollywoodreporter. com/news/oprah-s-first-show-how-190319.

Higgins, Tucker, "Democratic Presidential Candidates Disown Biden's Comments about Segregationist Senators in Personal Terms," CNBC, June 19, 2019, https://www.cnbc. com/2019/06/19/democrats-slam-biden-over-comments-on-segregationist-senator.html.

Hodgson, Godfrey , "William H. White Obituary," *The Guardian*, January 15, 1999.

Hollandsworth, Skip, "Hostile Makeover," *Texas Monthly* (November, 1995).

Hormby, Tom, "The Rise and Fall of Apple's Gil Amelio," *Low End Mac*, August 10, 2013, https://lowendmac.com/2013/the-rise-and-fall-of-apples-gil-amelio/.

Hunter, Marjorie, "James O. Eastland Is Dead at 81; Leading Senate Foe of Integration, *New York Times*, February 20, 1986.

Iacocca, Lee, "Lee Iacocca on Chrysler's Bankruptcy," *Newsweek*, April 29, 2009. http://images.chron.com/content/news/photos/ 02/04/11/letter/letter2. jpg.

"Inquest Held Unlikely in Curtice Kill; Canadian Crown Attorney Maintains Shooting 'Accident,'" *Palm Springs Desert Sun* - November 19, 1959, p.2.pdf.

Irfan, Umair, "Elon Musk's tweet about taking Tesla private has triggered a federal lawsuit," *Vox,* September 28, 2018, https://www.vox. com/2018/9/27/17911826/elon-musk-tesla-sec-twitter-lawsuit.

James, Susan Donaldson, "John Taylor Skilling, Ex-Enron Chief's Son, Dies of Possible

Overdose," ABC News, February 4, 2011.

James, William to H. G. Wells, September 11, 1906, https://wist.info/james-william/5715/.

"John Riccardo, Chrysler *CEO* Who Helped Recruit Iacocca, Dies at 91," *Automotive News*, February 14, 2016, https://www.autonews.com/article/20160214/OEM02/160219923/john-riccardo-chrysler-*CEO*-whohelped-recruit-iacocca-dies-at-91/.

Judge, Paul C., "Selling Autos by Selling Safety," *New York Times*, January 26, 1990.

Junod, Tom, "Triumph of His Will," *Esquire*, November 15, 2012, https://www.esquire.com/news-politics/a16681/elon-musk-interview-1212/.

Kayama, Hayley Tsu, "Steve Jobs Dies: Reaction to his Death," *Washington Post*, October 15, 2011.

Kim, Sung Ho, "Max Weber", *The Stanford Encyclopedia of Philosophy* (Winter 2019 Edition), Edward N. Zalta (ed.), https://plato.stanford.edu/archives/win2019/entries/weber/.

Kurylko, Diana T., "Ford had a better idea in 1956, but found that safety didn't sell," *Automotive News*, June 26, 1996, https://www.autonews.com/article/19960626/ANA/606260836/ford-had-a-better-idea-in-1956-but-it-found-that-safety-didn-t-sell.

Le Tran, Anne "The History of the Car Radio: from Morse Code to Mixtapes,"https://esurance41.rssing.com/chan-11821666/latest.php.

Lee, Felicia R., "Cosby Defends His Remarks About Poor Blacks' Values," *New York Times*, May 22, 2004.

Lehrer, Jonah, "Steve Jobs, 'Technology Alone Is Not Enough,'" *The New Yorker*, October 7, 2011.

Leskin, Paige, "Theranos founder Elizabeth Holmes has reportedly gotten married in a secret wedding," *Business Insider*, June 17, 2019, https://www.businessinsider.com/elizabeth-holmes-theranos-everything-about-fiance-william-billy-evans-2019-3.

_____, "Watch a high schooler be completely unimpressed when Amazon *CEO* Jeff Bezos shows up to his computer-science class," *Business Insider*, October 21, 2019.

Levy, Steven, "An Oral History of Apple's Infinite Loop," https://www.wired.com/story/apple-infinite-loop-oral-history.

Lohr, Steve , "Apple, a Success at Stores, Bets Big on Fifth Avenue," *New York Times*, May 19, 2006.

Luce, Henry R., "The American Century," *Life*, February 17, 1941.

"Man of the Year: First among Equals," *Time*, January 2, 1956.

Markovits, Daniel, "How McKinsey Destroyed the Middle Class, *Atlantic*, February 3, 2020.

Katie Marsal, "iPod: How big can it get?" *AppleInsider*, May 24, 2006, http://www.appleinsider.com/articles/06/05/24/ipod_how_big_can_it_get.html.

Marshall, Aarian and Alex Davies, "Tesla is (finally!) Selling the Model 3 for $35,000," *Wired*, February 28, 2019, https://www.wired.com/story/tesla-model-3-35000-price-autopilot-self-driving-stores-closing/.

Masters, Kim, "John Lasseter's Pattern of Alleged Misconduct Detailed by Disney/Pixar Insiders," *The Hollywood Reporter*, November 21, 2017, http://www.hollywoodreporter.com/news/john-lasseters-pattern-alleged-misconduct-detailed-by-disney-pixar-insiders-1059594.

Matousek, Mark, "Elon Musk slammed one of Tesla's founders by calling him the worst person he's ever worked with," *Business Insider*, February 10, 2020, https://www.businessinsider.com/elon-musk-tesla-cofounderworst-person-hes-worked-with-2020-2.

Max, D. T., "The Oprah Effect," *New York Times,* December 26, 1999.

McCracken, Harry, "Polaroid's SX-70: The Art and Science of the Nearly Impossible," *technologizer.com*, https://www.technologizer.com/2011/06/08/polaroid/.

McDowell, Edwin, "Publishing: 'Iacocca' Reaches Millionth Copy," *New York Times,* December 14, 1984.

Mcfadden, Robert D., "Lee Iacocca, Visionary Automaker Who Led Both Ford and Chrysler, Is Dead at 94," *New York Times*, July 2, 2019.

McPherson, James M., "Parchman's Plantation," *New York Times*, April 28, 1996.

Miller, Mike "Smith Barney Sues Goodyear, Goldsmith, charging Buyback Broke Securities Law," *Wall Street Journal*, December 8, 1986.

Morrison, Toni, "Comment," *The New Yorker*, October 5, 1998.

Moss, Caroline, "Former Apple *CEO* Is Being Sued By Ex-Wife For Allegedly Hiding $25 Million During Divorce," *Business Insider*, January 26, 2015, https://www.businessinsider.in/Former-Apple-*CEO*-John-Sculley-Is-Being-Sued-By-Ex-Wife-For-Allegedly-Hiding-25-Million-During-Divorce/articleshow/46022442.cms.

Moss, J. Jennings, "Tesla co-founder J.B. Straubel steps down as CTO," *Silicon Valley Business Journal, https://www.bizjournals.com/sanjose/news/2019/07/24/tesla-co-founder-jb-straubel-steps-down-as.html.*

Musk, Justine Wilson, "'I Was a Starter Wife': Inside America's Messiest Divorce," *Marie Claire*, September 10, 2018, https://www.marieclaire. com/sex-love/a5380/millionaire-starter-wife/.

Ngo, Sheireso, "The Sickening Reason Why Elon Musk Called His Father a 'Terrible

Human Being,'" *Showbiz Cheat Sheet*, June 11, 2013, https://www.cheatsheet.com/health-fitness/the-sickening-reason-why-elon-muskcalled-his-father-a-terrible-human-being.html/.

O'Kane, Sean, "Play the PC Game Elon musk wrote as a pre-teen," *The Verge,* June 19, 2015, https://www.theverge.com/2015/6/9/8752333/elon-musk-blastar-pc-game.

Parloff, Roger, "This *CEO* Is Out for Blood," *Fortune*, June 12, 2014.

Peck, Janice, "Oprah Winfrey: Cultural Icon of Mainstream (White) America" in Sarah Nilsen and Sarah E. Turner, *The Colorblind Screen: Television in Post-Racial America* (New York: New York University Press, 2014).

_____, "Talk about Racism: Framing a Popular Discourse of Race on Oprah Winfrey," *Cultural Critique*, No. 27 (Spring, 1994), https://www.jstor.org/stable/1354479?seq=1.

Mcfadden, Robert D., "Lee Iacocca, Visionary Automaker Who Led Both Ford and Chrysler, Is Dead at 94," *New York Times*, July 2, 2019.

"Polaroid's Land: Here Come Those Great New Cameras," *Time*, June 26, 1972.

"Politics: Industrialist Who Led Anti-Europe Crusade," http://www.bbc. co.uk/news/special/politics97/news/07/0719/obit.shtml.

Poss, Jane, "Edwin Land dead at 81; Polaroid chief left image on industry," *Boston Globe,* March 2, 1991.

Ramsey, Lydia, "The Stanford professor who rejected one of Elizabeth Holmes early ideas explains what it was like to watch the rise and fall of Theranos," *Business Insider*, March 18, 2019, https://www.businessinsider. in/the-stanford-professor-who-rejected-one-of-elizabeth-holmess-earlyideas-explains-what-it-was-like-to-watch-the-rise-and-fall-of-theranos/articleshow/68468364.cms.

Roberts, Ken, "Insult to Injury: Foreign Manufacturers Now Making More Cars in U.S. than U.S. Companies," *Forbes*, January 22, 2018.

Scales, Delia, *Medium*, July 29, 2018, https://medium.com/@wikihospitals/who-is-the-young-stanford-grad-with-long-blond-hair-a-tightbody-in-clinging-black-dresses-red-2509680200e8.

Sheetz, Michael, "SpaceX valuation rises to $33.3 billion as investors look to satellite opportunity," CNBC, May 31, 2019, https://www.cnbc. com/2019/05/31/spacex-valuation-33point3-billion-after-starlink-satellites-fundraising.html.

Shiel, Jr., MD, William C., "Medical Definition of Cachectic," medterms medical dictionary, medicinenet, https://www.medicinenet.com/cachectic/definition.html.

"Sir James Goldsmith," *telegraph.co.uk* obituaries 7720479, https://www.telegraph.co.uk/

news/obituaries/7720479/Sir-James- Goldsmith.

Henry Nash Smith, "The Search for a Capitalist Hero: Businessmen in American Fiction" in Earl F. Cheit, Ed. *The Business Establishment* (New York: Wylie, 1964).

Spiegel, Mark, "Tesla No Longer Even A Growth Company; Going Bankrupt: Shortseller," *Yahoo! Finance*, July 4, 2020, https://www.yahoo.com/now/tesla-no-longer-even-growth-121604978.html.

Stevens, Matt, and Matthew Haag, "Jeffrey Skilling, Former Enron Chief, Released after 12 Years in Prison," *New York Times*, December 22, 2019.

Stewart, James B. and Philip Revzin, "Sir James Goldsmith, As Enig-matic as Ever, Bales Out of Goodyear," *Wall Street Journal*, November 21, 1986.

Strauss, Neil, "Elon Musk: The Architect of Tomorrow," *Rolling Stone*, November 15, 2017, https://www.rollingstone.com/culture/culture-features/elon-musk-the-architect-of-tomorrow-120850/.

Stuart, James B., "Did Jack Welch Model Sew Seeds of G.E. Decline?" *New York Times*, June 15, 2017.

Sull, Donald N., Richard S. Tedlow, and Richard S. Rosenbloom, "Managerial Commitments and Technological Change in the U.S. Tire Industry," *Industrial and Corporate Change* Vol. 6, No. 2 (1997).

Tedlow, Richard S., "The Sky above and the Mud below: Two Books about Steve Jobs." *Business History Review* 94, no. 4 (Winter 2020): 835–852.

"Tesla's Elon Musk says tweet that led to $20 million fine 'worth it,'" Reuters, October 27, 2018, https://mobile.reuters.com/article/amp/ca/idUSKCN1N10K2.

Margaret Thatcher, "Speech celebrating the memory of Sir James Goldsmith," November 13, 1997, Margaret Thatcher Foundation.

"The Fall of Enron," Bloomberg.com, December 26, 2001, https://www. bloomberg.com/news/articles/2001-12-16/the-fall-of-enron.

"The Mackintosh Mouse, Making the Macintosh: Technology and Culture in Silicon Valley," https://web.stanford.edu/dept/SUL/library/mac/. "The Power of a Book Club to Boost Sales," http://alinefromlinda.blogspot. com/2015/04/the-power-of-book-club-to-boost-sales.html.

Tripsas, Mary and Giovanni Gavetti, "Capabilities, Cognition, and Inertia: Evidence from Digital Imaging," *Strategic Management Journal*, Vol. 21 (2000).

Urban, Tim, "The Elon Musk Blog Series," Wait But Why, Kindle edition, 2015.

"Veda Anderson, widow of former GM labor chief, recalls her husband's tragic death," https://baggyparagraphs.wordpress.com/2012/02/20/veda-anderson/.

Villasanta, Arthur, "Elon Musk 'Too Embarrassed' To Put His Tiny Invention In A Tesla," *International Business Times,*November 18, 2019, https://www.ibtimes.com/elon-musk-too-embarrassed-put-his-tiny-invention-tesla-2868829.

Waldman, Katy, "'Small Fry' Reviewed: Lisa Brennan-Jobs's Mesmerizing Discomfiting Memoir," *The New Yorker*, September 16, 2018.

Ward, John William, "The Meaning of Lindbergh's Flight," *American Quarterly*, Vol. 10, No. 1 (spring, 1958).

Warner, Stuart, "25 years ago: Driving back the raider at the gates of Goodyear Tire and Rubber Co.," *Cleveland.com*, November 27, 2011; updated January 12, 2019, https://www.cleveland.com/business/2011/11/25_years_ago_driving_back_the.html.

Weisul, Kimberly, "How Playing the Long Game Made Elizabeth Holmes a Billionaire," *Inc.,* https://www.inc.com/magazine/201510/kimberly-weisul/the-longest-game.html.

White, Theodore H., "The Danger from Japan," *New York Times*, July 28, 1985.

"Why Steve Jobs said meeting the founder of Polaroid was 'like visiting a shrine,'" *The Economist*, March 29, 2015.

Whyte, William H., "Patrolling Guadalcanal,"February 16, 2010., history. net from Whyte's *A Time of War*, https://www.historynet.com/patrolling-guadalcanal.htm.

Wired staff, "Straight dope on the iPod's Birth," https://www.wired. com/2006/10/straight-dope-on-the-ipods-birth/.

Zeltchik, Steven, "Oprah Winfrey's Prince Harry and Meghan interview netted her $7 million and 17 million viewers. It also validated her larger business strategy," *Washington Post*, March 8, 2021.

Zoglin, Richard, "Oprah Winfrey: Lady with a Calling," *Time* Magazine, August 8, 1988.